Poignardé dans le dos

Poignardé dans le dos

Affronter le mal de dos
dans une société surmédicalisée

Nortin M. Hadler, M.D.

**Traduit de l'anglais par
Fernand Turcotte**

**Presses de
l'Université Laval**

Les Presses de l'Université Laval reçoivent chaque année du Conseil des Arts du Canada et de la Société de développement des entreprises culturelles du Québec une aide financière pour l'ensemble de leur programme de publication.

Nous reconnaissons l'aide financière du gouvernement du Canada par l'entremise du Fonds du livre du Canada pour nos activités d'édition.

Cet ouvrage est la traduction de *Stabbed in the back: confronting back pain in an overtreated society* par Nortin M. Hadler.

Mise en pages : In Situ inc.
Maquette de couverture : Laurie Patry

ISBN 978-2-7637-9082-4
PDF 9782763710822

LES PRESSES DE L'UNIVERSITÉ LAVAL
www.pulaval.com

Table des matières

Tableaux et figures

Figures

Tableaux

Préface à l'édition française

Le professeur Nortin Hadler est assurément un très bon rhumatologue clinicien, mais aussi un excellent chercheur et pédagogue. Tous les participants aux affrontements médico-chirurgicaux, réunis le mercredi à l'Hôpital Cochin autour des pathologies rachidiennes complexes qui leur sont soumises, se rappellent ses interventions. Elles étaient toujours argumentées par des références scientifiques pertinentes. Les doutes qu'il opposait à certaines solutions thérapeutiques envisagées nous révélaient cette sorte de « scepticisme éclairé » qui est un peu devenu la marque de fabrique de ses ouvrages.

C'est en 1988 que j'ai eu le plaisir et la chance de me lier d'amitié avec lui. Il était venu à Paris pour faire un travail de recherche de six mois dans mon secteur d'activité à l'Hôpital Cochin. Il s'intéressait depuis déjà plus de 15 ans aux aspects diagnostiques, épidémiologiques, socioprofessionnels et thérapeutiques des lombalgies à travers le monde, et il venait faire une étude comparative des systèmes de couverture sociale des pathologies de l'appareil locomoteur et plus particulièrement du rachis dans différents pays européens.

À la lecture de son curriculum vitae, je me demandais alors pourquoi le brillant interniste et professeur d'immunologie qu'il était au début de sa carrière avait changé son parcours académique pour orienter sa spécialisation vers le mal de dos et la médecine du travail. Il nous révèle dans ce livre, que c'est l'impasse dans laquelle il s'est trouvé devant les questions et les attentes des malades, lors de ses premières consultations rhumatologiques, qui l'a incité à consacrer à ces sujets plus de 30 ans maintenant de sa vie de médecin et chercheur. Ses très nombreuses publications dans des revues médicales internationales prestigieuses et plusieurs livres remarquables

jalonnent ce parcours et témoignent de la qualité de son engagement.

Une fois de plus, le titre choisi par le professeur Nortin Hadler
pour son livre donne le ton des pages qui suivent et préfigure l'hu-
mour de l'auteur. On comprend vite que c'est le vaste et complexe
système de l'industrie des traitements tournant autour du juteux
« mal de dos » et les réponses socioéconomiques inadaptées ou déma-
gogiques choisies par les sociétés qui nous poignardent dans le dos.
Tout le développement du livre est le contraire d'une attaque en
traître de la médecine et encore moins des individus lombalgiques.
L'auteur s'adresse au public non médical souffrant du mal de dos, ou
susceptible d'en souffrir un jour, pour l'informer et l'aider, mais sans
complaisance et surtout sans conformisme. Il le fait avec un discours
si didactique et scientifiquement argumenté que son livre a sa place
aussi dans la bibliothèque des médecins, des chirurgiens et des différents soignants qui prennent en charge des patients lombalgiques.

Ce que j'ai appelé plus haut scepticisme éclairé est composé
chez lui d'un subtil dosage de doute, nécessaire au scientifique, d'un
regard lucide et ironique sur l'industrie de la santé et d'une authentique compassion pour les malades. Un tel mélange bouscule forcé-
ment le « médicalement correct » qui cerne malades et thérapeutes. Il
démonte une à une les constructions pathogéniques élaborées à
partir d'examens d'imagerie injustifiés ou mal interprétés et dans
lesquelles le pouvoir de conviction des zélateurs l'emporte sur la
démonstration par l'évaluation. Loin de nier la pénibilité d'une douleur lombaire chronique, il cherche à démontrer que cette situation
embarrassante peut être gérée le plus souvent par le lombalgique lui-
même. Il rappelle clairement que toute douleur résulte certes d'une
lésion locale, mais que sa persistance au-delà de quelques semaines
fait intervenir de multiples facteurs de chronicité, psychologiques,
comportementaux, sociaux, voire historiques et politiques.

C'est la quête débridée d'une lésion locale réparable, ou d'une
détérioration acquise indemnisable, qui fait entrer le lombalgique
dans la spirale infernale de la surmédicalisation, et des fuites en avant
chirurgicales. Il endosse alors le statut stigmatisant de malade qui
voit sa gêne fonctionnelle passagère se transformer en incapacité
durable et en vrai handicap, surtout quand les traitements adminis-
trés se compliquent.

Les réflexions que Nortin Hadler nous fait partager tout au long de l'ouvrage sont étayées par une connaissance exhaustive de la littérature médicale dont il montre les difficultés d'interprétation. Il est en effet un des auteurs qui a su le mieux mettre en évidence les « effets d'annonce » des résultats de traitements par une présentation tendancieuse des calculs statistiques. Il démontre ici – comme dans d'autres de ses publications – comment les annonces de réduction impressionnante du risque d'être malade, grâce à l'effet d'un traitement, embellissent la réalité des résultats quand elles ne prennent en compte que le calcul du risque relatif et occultent les valeurs du risque absolu. La présentation des données brutes avec calcul du risque absolu serait souvent moins enthousiasmante pour le médecin prescripteur et moins alléchante pour le malade. Il rappelle aussi pourquoi la démonstration de l'efficacité d'un traitement, même dans un essai bien mené, c'est-à-dire clinique et aléatoire, est insuffisante si les bénéfices observés ne sont pas de grande taille, et surtout s'ils ne sont pas confrontés à l'évaluation des risques de complications à long terme et associés à une vraie démonstration d'une amélioration durable de la qualité de vie.

J'aime enfin le voir s'élever contre l'altération de la fonction d'expert dès lors que celui-ci a des liens d'intérêt avec l'industrie qui fabrique et vend les médicaments ou le matériel chirurgical. Il est un des rares parmi nous à dire que les déclarations de conflit d'intérêts annoncées au bas d'un travail de recherche clinique pourraient masquer quelque chose de malsain. Elles ne font office que d'une minuscule et inutile feuille de vigne, car, pour lui, aucun lien ne devrait tout simplement exister entre l'industrie des traitements et les experts qui évaluent leur efficacité.

En bousculant nos certitudes, ce livre aura l'immense avantage de faire réfléchir médecins et chirurgiens sur leurs pratiques, et contribuera sans doute à réduire les peurs et les croyances nuisibles des lombalgiques.

Michel Revel
Professeur de médecine physique et réadaptation
Université Paris 5
Hôpital Cochin

Préface

L'étude et la compréhension des implications cliniques, sociales et systémiques de la lombalgie constituent la plus grande partie des recherches que j'ai menées pendant une trentaine d'années. Je me suis joint à la faculté de médecine de l'Université de Caroline du Nord (UNC) en 1973, mon premier emploi après bien des années de formation à titre de clinicien enseignant et chercheur formé pour l'étude des causes de l'arthrite au niveau fondamental.

Me rendant à ma première consultation de rhumatologie, j'arborais avec fierté une plaquette m'identifiant comme professeur adjoint de médecine et j'étais persuadé de tout savoir ce qu'il fallait de l'arthrite rhumatoïde, du lupus, de la sclérodermie et des autres maladies systémiques constituant le domaine de la rhumatologie universitaire. Mon premier patient fut un homme robuste de quarante ans qui semblait inquiet et souffrant.

« Docteur, me dit-il, je me suis fait mal au dos et je ne sais pas si je peux aller travailler. »

S'il m'avait dit « mon dos est de plus en plus raide depuis l'adolescence », j'aurais pu l'aider avec sa spondylite ankylosante. Mais je n'avais aucune expérience ni connaissance d'aucune information qui soit pertinente pour sa souffrance, la douleur lombaire ; la notion même que son dos ait pu être blessé sans qu'il puisse se souvenir d'un événement précis ni d'un accident qui aurait pu causer la blessure, m'échappait. Il en était de même pour sa perception qu'il fût trop limité par sa douleur lombaire pour continuer à travailler. Je l'ai examiné et l'ai rassuré en signalant qu'il ne présentait aucune lésion manifeste tout en reconnaissant que je ne savais pas que dire ni que faire d'autre. Je lui ai suggéré que puisque cela faisait déjà quelques mois qu'il se trouvait confronté à ce problème, il devrait continuer à faire face jusqu'à ce que je le revoie dans une quinzaine, alors que je me serais préparé pour mieux le conseiller.

Ces deux semaines s'avérèrent captivantes. J'ai lu abondamment; la documentation scientifique portant sur la lombalgie était pléthorique mais presque toute constituée d'anecdotes, de préjugés et de travail improvisé. J'ai consulté mes collègues et leurs avis étaient de la même farine. Plusieurs collègues plus âgés m'ont conseillé de ne pas perdre de temps sur le problème de ce patient : «Tu es trop bon biochimiste pour te préoccuper d'un sujet qui n'ait rien à voir avec l'université», m'ont-ils répondu. Je n'ai pas retenu leur conseil et j'ai entrepris le pèlerinage intellectuel qui a donné cet ouvrage.

Certains des chapitres qui suivent font le point sur l'état des connaissances présentement disponibles à propos de la plainte initiale de ce patient. D'autres dressent l'inventaire des aspects du problème que la science s'est avérée incapable de résoudre. D'autres portent sur les interactions survenant entre les arts de guérir et la connaissance dans un contexte comprenant des considérations sociales, des faits historiques, des contraintes politiques et des facteurs psychologiques qui transforment la souffrance de la lombalgie en une maladie débilitante sinon complètement invalidante. La physiopathologie de la colonne vertébrale permet de rendre compte de la douleur mais c'est le contexte qui crée l'infirmité.

Cette évidence s'imposa tôt, pendant la première quinzaine pendant laquelle j'ai secoué bien des arbres dans l'espoir qu'en tombe la pomme de sagesse dont j'avais besoin. Pour que je puisse comprendre quelque chose à l'expérience de vivre avec une lombalgie, il fallait que j'aille au-delà des limites du domaine que j'avais étudié jusqu'ici. À ma grande surprise, je me pensais prêt pour le faire, mais avec le passage du temps, j'ai dû déchanter. Il est certain que je connaissais la méthode scientifique et que j'acceptais ses contraintes. Je savais aussi que le soin des malades n'est pas une opération de biologie moléculaire ni n'en sera jamais une.

Je suis devenu universitaire à une époque où trois domaines d'action étaient dévolus aux professeurs; l'enseignement, la recherche et l'administration de l'institution. Pendant toute ma carrière, je

suis parvenu à me défiler de l'administration mais, c'est ma philosophie que l'enseignement de la médecine clinique requiert de l'expertise clinique. L'enseignement et l'expertise cliniques ont donc
accaparé tout mon temps jusqu'à maintenant. J'ai entendu les plaintes de milliers de patients et j'ai appris à écouter attentivement. Il n'y
a personne qui soit malade dans le vide et il n'y a pas de souffrance
qui illustre mieux cet aphorisme que la lombalgie régionale. J'étais
déterminé à comprendre cela et résolu à en poursuivre toutes les
ramifications dès mon premier contact avec le patient qui m'avait
dit : « Docteur, je me suis blessé au dos et je ne sais plus si je peux
aller travailler. »

Trente-cinq ans plus tard, je sais comment répondre à cette
demande. Quand vous aurez achevé la lecture de *Poignardé dans le
dos*, vous le saurez vous aussi.

Remerciements

David Perry est le rédacteur en chef de University of North Carolina Press. Il est aussi mon collègue et est devenu un ami. Il a piloté *Malades d'inquiétude* au travers du labyrinthe de l'édition et en a fait autant avec *Poignardé dans le dos*. Ce faisant il a enseigné à ce médecin-écrivain comment devenir un écrivain-médecin. Je lui suis très reconnaissant des efforts avec lesquels il soutient mon travail.

Je suis aussi redevable à la communauté de professionnels qui œuvrent à UNC Press. Dino Battista, Gina Mahalek et Laura Gribbin sont responsables de la présentation de l'ouvrage et Jay Mazzochi pour l'élégance de sa prose.

* * *

Je tiens à remercier le traducteur Colin Turcotte pour l'assistance professionnelle qu'il a donnée à cette traduction.

F.T.

Introduction

Vivre une année sans souffrir de lombalgie n'est pas normal.

La lombalgie est une affliction intermittente de la vie. Il n'y a personne qui lui échappe bien longtemps. Qui plus est, il n'existe pas de méthode permettant d'éviter le prochain épisode qui ait fait la preuve de son efficacité après avoir été soumise à une évaluation scientifique. Être bien portant ne signifie pas l'évitement de la lombalgie ; il s'agit plutôt de disposer de l'énergie nécessaire pour l'affronter et la surmonter d'une manière efficace chaque fois qu'elle s'amène.

Presque tous les gens dont on parlera dans ce livre ont souffert de lombalgie régionale et c'est la seule variété de lombalgie dont on discutera. J'ai conçu ce terme pour un éditorial du *New England Journal of Medicine*, il y a plus de vingt ans[1]. La lombalgie régionale est le mal de dos qui afflige les gens qui sont par ailleurs bien portants. Elle survient inopinément, soudainement, pendant le décours d'activités familières et qui sont habituellement inoffensives. Il s'agit là du mal de dos ordinaire, de la lombalgie de tous les jours. On prendra le soin d'examiner quelques complications plus fréquentes de la lombalgie régionale, plus particulièrement le « nerf coincé » qui fait irradier la douleur dans la jambe. On ne discutera pas des causes inhabituelles de la lombalgie comme le cancer métastatique, les infections ou les maladies inflammatoires de la colonne vertébrale. On ne parlera pas non plus des douleurs du dos pouvant découler d'un accident ou d'autres types de traumatismes.

Pendant que j'en suis à parler des choses qui ne seront pas traitées dans ce livre, permettez que je précise qu'il n'est pas non plus un manuel pour se traiter soi-même. Tout comme ce n'est pas un traité

1

de médecine. *Poignardé dans le dos* entend expliquer la construction d'une « maladie » et des énormes entreprises que ce processus a engendrées pour la « guérir », sinon la « mitiger » quand le traitement est tenu en échec. L'industrie qui en découle a sa propre dynamique en dépit du solide corpus de connaissances scientifiques montrant que la lombalgie est une affliction construite par la société plutôt qu'une maladie authentique. La conception américaine de la santé, celle qui veut qu'on affronte et persévère et le porte-monnaie américain écopent lourdement.

Il y a longtemps qu'on aurait dû prendre d'assaut l'industrie du mal de dos. Il n'y a pas de lecteur qui ne verra pas quelques-unes de ses conceptions ou même quelques-uns de ses préjugés remis en cause par des chapitres de ce livre. Plusieurs contesteront la validité d'informations présentées, parfois avec irritation. Après tout, personne n'a échappé à la lombalgie ; on connaît tous quelqu'un qui a souffert atrocement et probablement d'autres dont la vie est entravée par un « mauvais dos ». Je ne suis pas là pour tourner le fer dans les plaies des gens qui souffrent. Mais je ne connais pas d'autre moyen d'alerter ceux qui n'ont pas encore eu le temps d'en devenir victimes, peut-être aussi quelques-uns qui le sont déjà, que de dénoncer énergiquement et clairement le *statu quo* en appuyant mes affirmations sur des connaissances que la société a ignorées jusqu'ici.

Les aspects cliniques de la lombalgie régionale ainsi que ses divers traitements sont discutés dans les chapitres du milieu de l'ouvrage. Mon projet est d'illustrer la manière dont l'état des connaissances disponibles devrait éclairer l'art du traitement. Il existe de nombreux énoncés scientifiques qui sont pertinents, reproductibles et quantifiables en relation avec la lombalgie. Une partie des connaissances mène à des énoncés qui contredisent le sens commun. Plusieurs mettent en cause la légitimité de la « pratique usuelle ». Tous sont difficiles à mettre en application en raison de la sagesse traditionnelle entourant la lombalgie. Il n'est jamais facile de changer des attitudes et des habitudes enracinées. C'est dans l'espoir de mettre en branle le changement que j'ai écrit ce livre.

Au cours des âges, multiples ont été les hypothèses causales et les notions thérapeutiques qu'on a infligées aux malheureux cherchant de l'aide pour affronter un mal de dos. Plus souvent qu'autrement, il arrive que l'aide fournie coïncide avec le soulagement de la douleur. Il s'en trouvera alors bien peu, parmi ceux qui ont recouru à la « cure », pour se trouver capables de tenir leur « guérison » pour une coïncidence. Il s'en trouve peu parmi les « guéris » pour envisager la possibilité qu'ils aient pu être dupés et qu'il est possible qu'ils aient peut-être pu évoluer aussi favorablement sans la « cure ». C'est ainsi que les « cures » s'établissent et confortent leurs dispensateurs et leurs promoteurs, qui sont certains que leurs réussites établissent d'une manière incontestable la validité de leur diagnostic de la cause et l'efficacité de leur traitement. Au prochain épisode de lombalgie, le croyant convaincu retournera consommer une autre cure. S'il arrive que le résultat soit moins satisfaisant, on conclura que ce dernier épisode de lombalgie est plus grave que le précédent et qu'il faut envisager l'ajout d'un autre type de traitement. De cette manière, la société finit par persuader une foule de gens que les thérapeutes détiennent la solution pour leur lombalgie d'aujourd'hui, sinon pour celle du mois prochain. La vérification de la validité d'autant de croyances entremêlées, parallèles autant que fermement établies, constitue un défi gigantesque pour la science.

Un des secrets les mieux gardés des réussites de la méthode scientifique est que le défi de cette vérification a été largement surmonté. Au cours des vingt dernières années, non seulement a-t-on pu vérifier la validité d'un grand nombre de théories concernant la prévention de la lombalgie, mais encore est-on parvenu à évaluer un grand nombre de traitements. Il n'y en a pas un qui n'ait pas été ébranlé et la plupart se sont avérés indéfendables. Chacun des chapitres du milieu traite d'une des chapelles constituant les piliers principaux du système actuel dont elles tirent prospérité et autorité : le médecin, le praticien de médecine alternative et le chirurgien. Dans la mesure où chaque chapelle se fonde sur des croyances non prouvées, sinon improuvables pour des motifs méthodologiques, elles constituent toutes autant de communautés sectaires de praticiens. Plusieurs patients et la plupart de leurs thérapeutes se rebiffent à l'idée de soumettre leurs traitements à l'épreuve des faits. Ils se replient sur des arguments métaphysiques et ils disposent des moyens et de l'autorité pour influencer en leur faveur tant la cité que la sagesse traditionnelle. Tout ce que je peux faire est d'espérer que ce livre dotera ses lecteurs de la clarté de vue leur permettant de tirer leur épingle du jeu quand il leur faudra se pointer dans ce marché. Je sais bien que longue est la durée du temps séparant le moment où l'on acquiert ses préjugés de celui où l'on doit faire un choix avisé ; cette durée peut compter plusieurs décennies. Tout ce que je puis espérer, c'est que la sagesse finisse par prévaloir un jour sur les inté-rêts sectaires et les arguties métaphysiques.

Dans ce livre, plusieurs objectifs se rapportent à la politique de la santé. Je viens juste d'énoncer le premier. Le second vise la notion stipulant que la lombalgie régionale soit une blessure. Les derniers chapitres s'attaquent précisément à cette notion. Avant les années 1940, on n'aurait jamais osé envisager qu'une lombalgie eût pu être une blessure, pas plus qu'on ne le ferait aujourd'hui pour expliquer un mal de tête. Ce changement n'est pas qu'une modifica-tion de l'étiquetage ; c'est une illustration du déterminisme linguisti-que qui a accompagné l'émergence d'un mouvement cherchant à améliorer la sécurité en milieu de travail.

Dans la première moitié du XXe siècle, il n'y avait presque pas d'ouvriers américains qui bénéficiaient d'une assurance maladie autre que celle qui était prévue par les mécanismes d'indemnisation des travailleurs pour les accidents survenant en milieu de travail. Un travailleur blessé est indemnisé pour ses soins médicaux et son salaire est protégé advenant une invalidité. Il ne faut donc pas s'étonner qu'une hernie inguinale ne devienne étiquetée de « rupture », ce qui la transforme en blessure indemnisable. La lombalgie devait suivre rapidement le même chemin. Je peux expliquer ces origines en termes sympathiques. Toutefois la transformation de la lombalgie régionale en blessure n'a guère procuré d'avantages au travailleur souffrant d'une lombalgie régionale. Bien au contraire, cela a multi-plié les motifs de griefs pour les travailleurs et consolidé l'empire de ceux qui en tirent une splendide prospérité. La phrase « Je me suis blessé le dos au travail » et les programmes d'indemnisation des acci-dents du travail sont interdépendants. Au cours des deux dernières décennies, cette interdépendance a été soigneusement étudiée et les résultats sont sans équivoque.

Les derniers chapitres de *Poignardé dans le dos* démontent la mystification ergonomique, en montrant la primauté du contexte du milieu de travail sur le contenu des tâches ; on y montre aussi en quoi notre manière de définir l'invalidité est fondamentalement incorrecte. Encore ici, mon espoir est que la raison finisse par prévaloir sur les intérêts particuliers qui soutiennent le *statu quo*, de sorte qu'arrive le jour où le malheur du travailleur assailli d'une « blessure au dos » suscitera un traitement sympathique plutôt que la mise en œuvre d'approches prédisposant à la souffrance persistante et à l'invalidité. Cela ne surviendra pas tant qu'on ne comprendra pas pourquoi un travailleur en vient à tenir un ennui de la vie courante, une lombalgie régionale, pour une cause d'infirmité. Ces chapitres, plus que tous les autres, procèdent de mes propres recherches des trente dernières années[2].

J'ai beaucoup écrit sur la notion contemporaine du bien-être[3] et sur la manière avec laquelle la construction sociale de cette notion promeut la dispensation de services de santé irrationnels[4]. La lombalgie d'aujourd'hui en constitue un exemple de premier choix. Et ses implications pour une réforme des services de santé sont manifestes et convaincantes.

Le chemin conduisant à ma compréhension présente du problème fut tortueux. Les hypothèses ne naissent pas dans le vide ; elles procèdent toujours en partie du passé. Ceux qui détiennent des enjeux et qui disposent d'autorité trouvent toujours le moyen de faire prévaloir leur opinion, sinon leurs préjugés. La recherche sur la lombalgie est un cas d'espèce. Et voilà que cette recherche arrive enfin à produire des résultats reproductibles.

Dans une métaphore, on pourrait imaginer plusieurs entreprises se faisant concurrence pour percer un tunnel à travers une montagne de préjugés en relation avec la lombalgie. Chacune se donne un point de départ différent. Leur avancée dépend du soutien qu'elles obtiennent et leur progression est rendue erratique par les faux départs et les obstacles imprévus. Chacune dispose de son propre commanditaire ayant des objectifs précis en matières de prévention, de causalité et de traitement. Il est rare qu'elles partagent leurs secrets. En fait, elles s'ignorent systématiquement en dehors du tintamarre de leur circulation sur des voies adjacentes. Chaque excavation produit des montagnes de résidus, le détritus des hypothèses rejetées, à l'entrée de leur tunnel. Ce livre compare ces tunnels d'une manière qui n'intéresse pas les foreurs eux-mêmes. La plupart de ces sociétés d'excavation sont en train d'émerger sur l'autre versant de la montagne. Le lecteur de *Poignardé dans le dos* sera parmi les premiers à découvrir qu'elles parviennent toutes à la même sortie commune.

Un

Trois stigmates de naguère sur les dos d'aujourd'hui

La lombalgie dont on souffre de nos jours diffère grandement de la lombalgie qui affligeait les générations d'antan. La lombalgie d'aujourd'hui n'a rien à voir avec le lumbago de votre grand-père. Il n'y a pas de doute que la douleur est la même. Nul doute non plus que l'éventualité de ressentir de la douleur soit la même. Mais l'intensité de la douleur éprouvée, la manière d'y faire face, l'explication de cette douleur et la variété des traitements potentiels sont toutes différentes. Cette variabilité qui est survenue dans l'histoire et entre les gens atteste des faits qui restent inconnus au sujet de la cause et de la « cure » de la lombalgie.

La lombalgie n'est pas singulière en cela. Les sociétés médiévales ont trouvé toutes sortes d'explications pour la peste noire, allant des boucs émissaires à la métaphysique. De nos jours, la connaissance de la biologie de la bactérie *Pasteurella pestis* et la compréhension de sa transmission de l'animal à l'homme ont mis fin à ces manières de penser. L'ingéniosité de la médecine pour traiter la phtisie, même après qu'on eut su qu'il s'agissait de tuberculose pulmonaire, paraissait inépuisable. La luminothérapie en traitement de cette maladie a remporté un prix Nobel ; les cures de repos étaient en vogue partout tandis que certaines interventions chirurgicales paraissent maintenant bizarres avec le recul du temps. Tout cela disparut rapidement après que Selman Waksman eut découvert la streptomycine, ce qui lui valut un prix Nobel pour son traitement réellement efficace.

La lombalgie a tout au moins une histoire aussi pittoresque. Comme nous n'avons toujours pas d'idée précise de ce qui est la cause de la lombalgie régionale, de nouveaux chapitres de cette histoire continuent de s'écrire aujourd'hui. Grâce à une analyse scientifique irréfutable, nous disposons maintenant d'une solide compréhension des implications cliniques, politiques et sociales de cette expérience douloureuse. Certaines des notions qui ont été tenues pour des faits démontrés par les générations d'antan s'avèrent aussi fantaisistes que pittoresques ; certaines semblent increvables en dépit des preuves scientifiques qui les contredisent tandis que d'autres ont une histoire qui remonte loin dans le passé.

La sciatique

Dans la Genèse 32 : 26, Jacob lutte avec un « homme » qu'on soupçonne le plus souvent d'être un ange : « Lorsque l'ange comprit qu'il serait incapable de terrasser Jacob, il frappa sinon fractura la cavité articulaire de sa hanche ; si bien que la hanche de Jacob se foula tandis qu'il luttait avec lui. » Quelques versets plus loin, dans la Genèse 32 : 32-33, « le soleil se leva pour Jacob alors qu'il croisait Penuel [le visage de Dieu] boîtillant sur sa hanche ». Jacob poursuivit sa route, ce qui permet de présumer qu'il a bien guéri puisqu'il n'y a plus aucune mention de sa boiterie. Aussi bien dans la version hébraïque que dans celle du roi James, on attribue la cause de la boiterie de Jacob aux principaux nerfs de la cuisse. Les traductions modernes sont plus précises, pointant, quant à elles, le nerf sciatique. Pendant des millénaires, les douleurs de la hanche et les anomalies des structures nerveuses locales ont été imbriquées. Le nom grec de la « hanche », *ischion*, est la racine éthymologique commune du nom de l'os contenant la cavité articulaire (*ischium*), de son nom français et de la sciatique*.

---

*   Si l'expérience de Jacob a laissé une trace, c'est dans la tradition juive plutôt qu'en anatomie macroscopique. « Par conséquent, de nos jours les Fils d'Israël s'interdisent de manger le tendon d'un muscle de la cuisse quand celle-ci se trouve disloquée de la cavité articulaire de la hanche, pour le motif que l'ange a frappé la hanche de Jacob sur le tendon disloqué. » Qu'entend-on exactement par « tendon » ? L'hébreu *gid Ha-nashe* se traduit mal. La Bible du roi James en fait le « tendon de la cuisse » ; d'autres versions classiques optent pour le « creux de la cuisse ». Peu importe la traduction, les principaux nerfs de la cuisse ont longtemps été tenus

Les anciens nous ont aussi transmis d'autres notions pour expliquer la lombalgie. Imhotep, le médecin légendaire et prolifique du pharaon vers 2800 avant Jésus-Christ, a fait sa marque en tant qu'astrologue et prêtre, ainsi qu'à titre d'architecte et d'ingénieur ayant été l'entrepreneur responsable de la construction d'une des pyramides en escalier. Imhotep profita de cette expérience pour observer et documenter les blessures des ouvriers occupés à un labeur aussi dangereux qu'harassant. La lombalgie a droit à des traitements détaillés dans ses écrits[1].

Dans un manuscrit connu sous le nom de Papyrus Edwin Smith, Imhotep décrit son examen d'un homme souffrant « d'une entorse d'une vertèbre de sa colonne vertébrale ». Alors qu'il dit à l'homme : « Dépliez maintenant vos deux jambes [...] ce dernier les rétracte toutes les deux immédiatement en raison de la douleur émanant de la vertèbre de sa colonne vertébrale souffrante. » Le manuscrit se termine juste au moment où Imhotep commence à décrire le traitement d'une entorse au bas du dos.

Dès l'époque élisabéthaine, pareille entorse était tenue pour être le prix de la paillardise, ce qui est plutôt loin de ses origines bibliques. Prenons pour exemple les répliques suivantes de *Measure for Measure* de Shakespeare, alors qu'une prostituée, Mistress Overdone, entre en scène :

Lucio. Oyez, Oyez, voici venir madame Circonstances Atténuantes ! J'ai contracté autant de maladies sous son toit qu'il n'en vient à —

Deuxième gentilhomme. À qui, je vous en prie ?

Lucio. Qu'on en juge !

---

pour l'explication de la boiterie de Jacob. Les traductions modernes s'en prennent plus précisément au nerf sciatique. Par exemple, les éditions du Cerf et la Bible de Bayard traduisent toutes deux l'affliction de Jacob ainsi : « Il a touché le creux de la hanche de Jacob, le nerf sciatique. » À ce jour, la tradition juive orthodoxe stipule que toutes les traces du nerf sciatique, du nerf péroné commun et de presque tous les autres vaisseaux principaux retrouvés dans l'arrière-train d'un animal doivent être enlevées (« déveinées ») avant que la viande ne soit tenue pour cachère et propre à la consommation humaine. Cette stipulation, expliquée en détails par les Sages du Talmud (Chullin 91a), est fondée sur des passages de la Genèse, et non sur les lois alimentaires rédigées plus tard et codifiées dans le Lévitique 11 et le Deutéronome 14.

Deuxième gentilhomme. À trois mille douleurs par an.

Premier gentilhomme. Oui, et plus encore.

Lucio. Une couronne française en plus.

Premier gentilhomme. Vous voyez toujours des maladies en moi ; mais vous êtes dans l'erreur : je suis bien portant.

Lucio. Non pas, comme on dirait, en santé ; mais aussi bien portant que les choses qui sont creuses : vos os sont creux ; l'immoralité n'a fait de vous qu'une bouchée.

Premier gentilhomme. Comment donc ! Laquelle de vos hanches tient la sciatique la plus profonde ?

Les notions métaphysiques de cette nature ne distinguaient pas la lombalgie de la sciatique. Au XIXe siècle, anatomistes et médecins ont commencé à faire cette distinction en devenant attentifs aux problèmes du nerf sciatique qu'on tenait pour responsable de la transmission de la douleur dans la jambe. C'est à Charles Lasègue qu'on attribue le mérite d'avoir fait entrer ce problème dans l'ère moderne, quand il eut observé que l'intensité de la douleur de la jambe dépendait du degré d'étirement du nerf que commandaient différentes postures[2]. C'est à ses élèves que revint la tâche de décrire le test classique pour la sciatique. Le signe de Lasègue est présent quand la flexion de la hanche d'une jambe étendue provoque ou exacerbe une douleur. Lorsqu'une jambe étendue est ramenée sur la hanche au-delà de trente degrés, le nerf sciatique est sous tension, ce qui provoque de la douleur pour quelqu'un souffrant de sciatique.

La colonne du rail

Plusieurs maladies attribuables à la Révolution industrielle, des infirmités aux expositions à des produits toxiques, ont accablé l'Angleterre victorienne. Même le rail, en tant que locomotive du progrès, inquiétait en raison des déraillements et des risques liés aux emplois de l'industrie ferroviaire. Mais aucune affliction n'a su captiver l'intérêt populaire autant que la « colonne du rail » reconnue dans les années 1860. La colonne du rail n'était pas le destin néfaste s'abattant sur les ouvriers ou les clients blessés lors d'accidents provoquant des traumatismes ; c'était plutôt la souffrance affligeant les passagers exposés aux vibrations et aux secousses survenant lorsqu'on se trouve assis dans un wagon en mouvement.

La notion même de cette maladie a trouvé son promoteur le plus déterminé en John Eric Erichsen, un jeune chirurgien dans la trentaine qui, professeur à l'University College London, à Londres, et chirurgien de la reine, avait écrit un traité intitulé *The Science and Art of Surgery: A Treatise on Surgical Injuries, Diseases, and Operations* (1885). Pour Erichsen, il était raisonnable de penser que la colonne vertébrale, à l'instar du cerveau, puisse souffrir d'une « commotion » découlant de traumatismes de moindre intensité. En 1866, il fit paraître une collection de six essais portant sur ce sujet dans *Railway and other Injuries of the Nervous System*. Mon exemplaire personnel est annoté par son premier propriétaire, un certain Thomas Pendle de Plymouth qui, de toute évidence, tenait pour irréfutables les arguments avancés par Erichsen, comme c'était le cas pour plusieurs membres de la profession médicale et du public. La colonne du rail était un problème sérieux. Pendle était particulièrement épris d'une déclaration sinistre d'Erichsen affirmant : « Je n'ai jamais connu de patient qui ait guéri *complètement et entièrement, de sorte qu'il revienne au même état de santé que celui dont il jouissait avant l'accident* » (les italiques sont dans l'original, p. 138). Circuler sur les rails impliquait la « vitesse du mouvement, l'inertie de la personne blessée, la soudaineté de son arrêt, l'impuissance des victimes et la perturbation naturelle de la pensée, dérangeant même les plus braves [...] toutes circonstances qui augmentent nécessairement la gravité de la blessure afférente au système nerveux » (p. 9). Toutes ces vibrations et tous ces chocs peuvent susciter des « symptômes paralytiques » pouvant persister pendant des années. Et de plus en plus de passagers y succombaient en effet, plusieurs recourant même aux tribunaux pour obtenir réparation.

Erichsen en conclut que cette maladie chronique envahissante était causée par un ramollissement de la moelle épinière, une réorganisation moléculaire. Sa conclusion se fondait sur son examen des victimes : « L'état de la colonne sera présumé comme étant la cause réelle de tous ces symptômes. En l'examinant par la pression ou la percussion, ou par l'application d'une éponge chaude, on découvrira qu'elle est douloureuse, et que sa sensibilité est exacerbée à un, deux ou trois endroits [...] la cervicale supérieure, la dorsale médiane et les régions lombaires [...] la colonne perd sa souplesse naturelle en raison de cette douleur» (p. 102).

La position d'Erichsen prédomina initialement en Angleterre, mais sa thèse suscita plusieurs contestations partout ailleurs, et l'on entendit bientôt des critiques aussi en Angleterre. Les controverses entourant la «maladie d'Erichsen» ont perduré au cours des cinquante années qui suivirent[3]. À Boston, G. L. Walton, un professeur de neurologie de Harvard, fut très vite persuadé que la «colonne du rail» était un problème fonctionnel et du comportement se manifestant sous formes de céphalées, d'insomnie et d'irritabilité, donc qu'il s'agissait plutôt de «cerveau du rail». À Paris, Jean Martin Charcot, neurologue célèbre et chef du service de médecine de la Salpêtrière, classait la «colonne du rail» dans l'hystérie et en attribuait les symptômes à «l'auto-suggestion». Même Erichsen, peu avant sa mort en 1896, concéda qu'il était plus approprié d'évoquer la «névrose», sinon la «neurasthénie», que la «commotion de la colonne» en termes de théories physiopathologiques. On a certes proposé que tout ce brouhaha ait été une bénédiction pour la psychothérapie pour le motif que, soucieux de limiter leur responsabilité, les chirurgiens et les médecins du service ferroviaire devinrent des défenseurs résolus de la psychothérapie[4]. Après tout, le traité de médecine plus influent du début du XXᵉ siècle consacrait une section aux «névroses traumatiques» et utilisait les exemples du «cerveau du rail et de la colonne du rail» comme illustrations de ce phénomène, aussi tard qu'en 1926[5].

La colonne du rail a cependant laissé une marque de plus longue durée sur le gros bon sens. La notion que le mal dos puisse faire partie d'une maladie répandue, envahissante et débilitante, persiste aujourd'hui. Tout comme persiste la notion qu'une telle souffrance puisse découler d'un traumatisme léger.

La hernie du disque intervertébral

La Révolution industrielle a poursuivi son cours à fort coût pour l'humanité. Par exemple, qu'adviendrait-il du sort d'un ouvrier assez grièvement blessé pour devenir incapable de travailler? La charité ou l'itinérance seraient-elles ce que la société pouvait offrir de mieux? Le monde ouvrier de la fin du XIXᵉ siècle bouillonnait de colère et de mécontentement. Ferdinand Lassalle, Karl Marx, Upton Sinclair, Jack London, George Orwell et plusieurs autres ont donné une voix à cette colère. Le mouvement syndical et les tribunaux se sont manifestés. La révolution était dans l'air. Dans cette atmosphère, Otto Von Bismarck émergea comme le génie politique qui éliminerait cette agitation. Sous sa gouverne, la législature de la Prusse créa une « monarchie du bien-être[6] ».

Le plan comptait une assurance santé universelle. L'assurance était cependant variable en ce qui regardait l'attribution des indemnisations pour invalidité. Un salarié qui s'était blessé durant son travail, et qui devenait incapable de travailler, était tenu pour plus méritant et devenait admissible à une indemnité de remplacement de son salaire. La loi était clairement rédigée pour le travailleur qui avait été victime d'un accident du travail grave ayant causé le décès, sinon la perte d'un membre ou toute autre infirmité grave. Les maladies professionnelles, comme celles qui découlent d'exposition à des produits toxiques, n'étaient pas comprises dans cette législation ; d'autres lois allaient éventuellement être promulguées à cette fin.

Il se trouva d'emblée des travailleurs pour réclamer des indemnités pour des occurrences moins catastrophiques. Le « poignet du télégraphiste » et la « crampe de l'écrivain » devinrent des cris de ralliement pour les syndicats, ce qui leur valut l'attention des médias en Angleterre et ailleurs au début du XXᵉ siècle, mais cela ne dura pas longtemps. Ces problèmes se retrouvèrent bientôt relégués dans la catégorie de la « névrose traumatique » avec la colonne du rail. Et, à cette époque, la colonne du rail était plus susceptible de poireauter dans des procédures de contentieux que de hanter les administrateurs des programmes d'indemnisation pour accidentés du travail.

Tout cela a changé en 1934, quand un neurochirurgien d'expérience et un jeune orthopédiste du Massachusetts General Hospital créèrent « la hernie du disque intervertébral[7] ». D'après leur observation scientifique, le noyau du disque peut faire protrusion en rupturant le disque et comprimer les structures voisines. Mais leur contribution la plus significative restera celle de l'étiquetage ; une rupture est une déchirure ; par conséquent, une rupture est une blessure, peu importe la cause. Tous les hommes de loi agissant dans des organismes d'adjudication d'indemnités pour accidents du travail ont tendu l'oreille. Quand on attribuait la cause de la lombalgie régionale d'un ouvrier à une hernie d'un disque intervertébral, le travailleur avait donc été «blessé» au travail, ce qui lui donnait droit à la protection de l'assurance contre les accidents du travail.

Joseph Barr, le plus jeune auteur de cet article important, rédigea vingt ans plus tard un autre article en collaboration avec John C. Nemiah, un psychiatre célèbre de Harvard. Dans ce nouvel article, Barr reconnut avoir été conscient des conséquences sociopolitiques de l'étiquette «hernie du disque intervertébral» au moment de son invention, et en être maintenant venu à en déplorer les conséquences psychologiques[8]. L'expérience de la lombalgie régionale ne serait plus jamais la même.

Donc ceux qui, parmi nous, sont atteints de lombalgie régionale et ceux qui les traitent ont entamé le XXIe siècle avec ces trois legs:

1. L'identification d'une cause précise de la lombalgie, la sciatique en particulier, est très pertinente.

2. La lombalgie peut être un symptôme-sentinelle d'un mal très répandu, pouvant être chronique et résulter d'un traumatisme léger.

3. Les exigences physiques de certaines tâches coutumières, et habituellement accomplies sans peine, peuvent blesser notre dos. Après tout, il est possible que notre système musculo-squelettique s'use tout comme les métaux peuvent finir par fatiguer.

Ces notions dont nous avons hérité sont tellement bien enracinées qu'elles font maintenant partie du gros bon sens. Elles colorent l'expérience de la lombalgie et contraignent le raisonnement clinique. Sans oublier qu'elles dictent les politiques de santé publique avec une détermination débordant sur plusieurs autres enjeux. *Poignardé dans le dos* tente de faire avancer le gros bon sens pour le mettre à niveau avec les connaissances actuelles et ainsi faciliter la progression rationnelle de nos manières de penser et de réagir à la lombalgie, pour en venir à réviser la façon avec laquelle nous construisons et administrons notre politique sur la santé destinée à atténuer cette souffrance.

Deux

Aïe, j'ai mal au dos

La science de l'épidémiologie tire ses racines de l'étude des épidémies et de leurs causes. En épidémiologie classique, on observe un phénomène – le scorbut, par exemple –, on formule une hypothèse en rapport avec la cause et l'on teste l'hypothèse. Le médecin écossais James Lind établit la relation entre la consommation des fruits citrins et la prévention du scorbut. Le médecin londonien John Snow rattacha une éruption de choléra survenant dans le quartier Soho à l'eau provenant d'une fontaine du quartier. Il est facile de faire des observations. La propension à construire des inférences à portée causale est une caractéristique de l'intelligence humaine. Reconnaître quelles inférences peuvent être vérifiées tient du génie. La réussite des tests de vérification relève de la science. Lind et Snow étaient des scientifiques parce qu'ils ont testé leur hypothèse, Lind en prescrivant des limettes et Snow en persuadant les marguilliers de la paroisse de démonter le manche de la pompe de Broad Street. Aujourd'hui, les épidémies relèvent toujours du domaine de l'épidémiologie; bien qu'elles soient plus rares, elles n'ont certes pas disparu. Un rôle primordial de l'épidémiologie moderne est issu de cette tradition voulant qu'on teste une exposition soupçonnée d'avoir une portée causale. Le fait de se fonder sur la guérison pour établir la preuve d'une association causale ou, à défaut d'une guérison, sur une amélioration notable, a suscité le développement de l'essai clinique aléatoire (ECA), lequel sera au centre de notre attention au cours des prochains chapitres.

L'épidémiologie moderne a entrepris un programme beaucoup plus vaste. Une partie de ce programme relève de l'épidémiologie descriptive, laquelle s'emploie à documenter l'incidence (nouveaux cas survenant pendant une période de temps précise) et la prévalence (nombre de cas présents dans une population à un moment dans le temps) des infections et des maladies. Pour y parvenir, on doit s'appliquer à la définition de la maladie et à la méthode d'échantillonnage nécessaire pour une population particulière. Un troisième rôle de l'épidémiologie moderne consiste à déterminer si les associations cliniques sont peu susceptibles de survenir par hasard. Pour réaliser ces tâches, il faut d'abord définir le résultat attendu, c'est-à-dire l'effet sur la santé, ainsi que les causes présumées, sinon les expositions. Ensuite, on doit concevoir une étude capable de déterminer si une relation quantifiée est aussi susceptible de se manifester par le seul hasard. Quand ce n'est pas le cas, il persistera toujours un doute quant à savoir s'il n'y aurait pas une influence, ou une autre association n'ayant pas été mesurée, qui expliquerait mieux la relation qu'on a détectée. Toute l'épidémiologie, mais surtout ce type d'exercice particulier, est à la merci de deux maraudeurs méthodologiques : le biais et la confusion.

Par biais, on entend l'action d'une erreur systématique affectant le mesurage. Le « paradoxe de Berkson » en constitue un bon exemple. Berkson était un épidémiologue pionnier de la clinique Mayo, qui dessert deux populations de patients : les résidents du comté d'Olmstead où est sise la clinique et les patients de tous les horizons qui y ont été envoyés. Berkson comprit que n'importe quelle paire de maladies avait beaucoup plus de risques de survenir chez un même patient dans le groupe des patients qui ont été dirigés vers la clinique que dans celui provenant de la population du comté. Parce que les gens qu'on a envoyés à la clinique comptent beaucoup plus de manifestations inhabituelles des maladies, comme deux maladies affligeant simultanément un même patient.

La confusion est l'influence de facteurs importants qu'on ne connaît pas ou qu'on n'a pas mesurés. Par exemple, la plupart des accidents de la route causant la mort surviennent quand on roule entre quarante et soixante-douze kilomètres à l'heure. Avant de conclure que rouler plus lentement ou plus rapidement est plus sécuritaire, on doit savoir si la plupart des déplacements surviennent entre quarante et soixante-douze kilomètres à l'heure. Ce qui est le cas. Quand on tient compte de la probabilité de rouler à n'importe quelle vitesse, les résultats sont radicalement différents : rouler plus vite est beaucoup plus dangereux.

Le biais et la confusion hantent toutes les études épidémiologiques. De plus, beaucoup d'associations ne sont pas univoques : il est rare que cela soit aussi simple que l'association entre la vitamine C et le scorbut. Pour beaucoup de maladies, l'association causale est multivariée ; l'âge, le statut socioéconomique, la scolarité, l'indice de masse corporelle, le dosage du cholestérol et beaucoup d'autres choses connues, inconnues, sinon inconnaissables, sont associés causalement au décès par crise cardiaque. Le fardeau de l'épidémiologie moderne consiste à les mesurer, à soupeser leur influence et à espérer que les facteurs confondants les plus fondamentaux ne restent pas inaperçus. L'étude des lombalgies n'a pas échappé aux fausses conclusions résultant des insuffisances de la conception des études, et c'est là le moins qu'on puisse dire.

L'épidémiologie communautaire du mal de dos

Pendant des générations, les épidémiologistes qui étudiaient la lombalgie et ses traitements ont été confinés à l'échantillonnage à l'aveuglette. Les échantillons à l'aveuglette, aussi appelés échantillons écologiques, sont faits de populations facilement accessibles puisque, au fond, les sujets qui en font partie viennent d'eux-mêmes à votre bureau. Certains des épidémiologistes cités auparavant étaient aussi des cliniciens qui tenaient pour très pertinente l'expérience acquise auprès de leurs patients. Certains étaient curieux des indices qu'ils pourraient tirer des données administratives rassemblées par les cliniques, les hôpitaux, les agences gouvernementales et les assureurs. Là encore, on croyait que ces données consolideraient l'état de la connaissance sur la lombalgie. Il en est résulté que ce qu'on pensait connaître de la lombalgie reflétait la seule perspective de l'observateur, et non pas celle du patient.

On compte littéralement des centaines de milliers d'articles proposant des inférences fondées sur l'observation des patients d'un clinicien en particulier, d'un groupe de cliniciens, d'une clinique ou d'un hôpital. La colonne du rail d'Erichsen, dont on a parlé au chapitre précédent, constitue un exemple classique. Si Erichsen s'était donné le mal d'aller se promener dans le quartier East London, il aurait découvert qu'environ 15 pour cent des habitants se seraient qualifiés pour son diagnostic malgré qu'ils n'aient jamais voyagé hors du quartier. Les études d'observation fondées sur l'expérience clinique souffrent toutes et toujours d'orgueil démesuré : on présume, en effet, que quiconque est sain d'esprit et souffre d'une lombalgie demandera à être traité, si bien que ce qu'on voit à la clinique est représentatif du mal tel qu'il se vit dans la population. Cet orgueil démesuré porte à une certaine désinvolture pour le biais et là confusion.

Les observations fondées sur l'expérience clinique ne constituent pas le seul brouillard qui encombre la littérature. Bien d'autres encore proviennent des archives des compagnies d'assurance, des hôpitaux, des gouvernements et ainsi de suite. Ces sources sont encore plus « pratiques » puisqu'on n'a souvent même pas besoin de bouger de son bureau pour recueillir les données. Toute conclusion dérivée de tels ensembles de données devrait être tenue comme étant encore plus fragile que les inférences provenant de la clinique. Des biais et des confusions se cachent là aussi, sans oublier les problèmes d'exactitude, encore plus importants. Après tout, ces données ont été rassemblées pour servir les objectifs de l'agence qui les a ramassées. D'habitude, ces données sont collectées à des fins de facturation et de vérification administrative plutôt que pour mesurer les nuances de l'exposition ou de l'évolution du malaise. Les assureurs sont intéressés par la lombalgie qualifiée de blessure indépendamment des facteurs de méprise qui influencent cette qualification. Les ensembles de données des indemnités pour accidents du travail, par exemple, ont très peu en commun avec les données administratives sur les admissions aux hôpitaux ou les visites aux cliniques pour cause de lombalgie.

L'épidémiologie moderne reconnaît l'utilité limitée de l'échantillonnage à l'aveuglette, des ensembles de données administratives et des devis d'études restreints à l'expérience du malaise plutôt qu'à l'interface de la souffrance avec le recours. Pareilles études exigent des chercheurs qu'ils utilisent des échantillons qui n'ont rien à voir avec les échantillons à l'aveuglette. En épidémiologie communautaire, les chercheurs vont dans les communautés et discutent avec les gens pour évaluer et définir leurs expériences et suivre le décours de leurs maladies. L'univers des gens qui souffrent de lombalgie régionale est illustré à la figure 1. Cet univers comprend ceux qui souffrent en silence, ceux qui consultant le médecin et ceux qui entament un recours pour l'indemnisation d'une « blessure ».

FIGURE 1. La fâcheuse situation de la lombalgie régionale

L'iceberg de la morbidité

Lois Verbrugge a amorcé la notion d'« iceberg de la morbidité » il y a plus de vingt ans en argumentant que les échantillonnages à l'aveuglette ne révèlent qu'une fraction des maux affectant la population. Elle était des chercheurs engagés dans l'analyse de la Health in Detroit Survey, dont les résultats ont été publiés en 1987[1]. Pour cette étude, on a recruté un échantillon aléatoire de 600 adultes prêts à tenir un journal. À la fin de chaque jour, les participants consignaient tous les symptômes qu'ils ressentaient ainsi que ce qu'ils faisaient pour y remédier. Sur une période de six semaines, les femmes éprouvaient certains symptômes pendant presque trois semaines et les hommes, environ deux, peu importe l'âge. Les symptômes signalés les plus fréquemment étaient les problèmes respiratoires, suivis de près par les problèmes musculosquelettiques. La moitié de ces personnes ont eu un ou plusieurs symptômes musculosquelettiques au cours des six semaines et le symptôme typique était susceptible de persister une semaine. C'est la douleur musculosquelettique qui était, de loin, la plus commune, la courbature venant loin derrière. En outre, la moitié des personnes atteintes s'inquiétaient de la gravité du problème. Cela fait beaucoup de personnes souffrantes au sein de la communauté.

C'est au dos et à la jambe supérieure qu'on signale les symptômes musculosquelettiques les plus fréquents, ceux-ci comptant pour près de la moitié de tous les problèmes relevés. Tous ces épisodes de douleur musculosquelettique régionale étaient passagers. Il faudrait suivre beaucoup plus de gens, plus longtemps que six semaines pour observer quoi que ce soit de plus désastreux. Les symptômes du genou, du cou, du pied et de la main ont eu une incidence similaire et près de quatre fois moindre que celle des problèmes du dos et de la jambe.

La Health in Detroit Survey étant fondée sur la tenue d'un journal quotidien, on a pu consigner des expériences qui autrement seraient tombées dans l'oubli. Le registre quotidien donne une perspective des défis communs susceptibles d'ébranler notre perception du bien-être et c'est pour ce motif que j'ai commencé l'introduction en écrivant : « Vivre une année sans souffrir de lombalgie n'est pas normal. » Être bien portant ne requiert pas d'éviter en permanence le mal de dos ni n'importe quel autre problème musculosquelettique régional, sans oublier les céphalées, les brûlements d'estomac et tant d'autres maux. Ce type d'expérience étant inévitable au cours de la vie, on n'a probablement pas même besoin d'une stratégie permettant de les affronter, stratégie qui pourrait comprendre une part de déni de ces problèmes, sinon d'indifférence. Être bien portant requiert de disposer de certaines ressources personnelles capables de faciliter une adaptation efficace, comme le montrent d'autres travaux d'épidémiologie communautaire.

Des variations du rappel de la lombalgie

Les études utilisant le journal quotidien, à l'instar de la Health in Detroit Survey, révèlent que la lombalgie régionale constitue une affliction très fréquente et très répandue de la vie. Toute étude fondée sur une méthode moins immédiate de collecte des données est susceptible d'être affectée par le problème de la fiabilité du rappel des épisodes récents et antérieurs. Des douzaines d'études communautaires réalisées aux États-Unis et ailleurs ont porté sur la lombalgie régionale. Les conclusions tirées de ces études se ressemblent, mais c'est la variabilité des résultats qui étonne le plus. Une partie de cette variabilité dépend de la méthodologie utilisée car l'étude d'un épisode de lombalgie survenu il y a une semaine, un mois, un trimestre ou une année, requiert des méthodes différentes. Plus grande est la durée de l'intervalle étudié, plus le souvenir se trouve télescopé dans les derniers mois ou les dernières semaines. La manière utilisée pour décrire la lombalgie dans l'étude importe grandement, elle aussi. La recherche porte-t-elle sur les épisodes de lombalgie pris un à un ou bien sur une douleur plus généralisée, incapacitante, associée à de l'absentéisme du travail, ou une souffrance qui amène la personne au cabinet du médecin, ainsi de suite? Chacune de ces nuances va modifier la population échantillonnée, mais ce ne sont pas les facteurs déterminants les plus critiques des résultats de ces études. Les déterminants les plus critiques relèvent du caractère psychosocial de la population étudiée. Plutôt que de présenter un recueil de ces études, je me concentrerai sur quelques-unes d'entre elles qui sont aussi exemplaires que révélatrices.

La National Health Interview Survey (NHIS) est réalisée depuis longtemps par les Centers for Disease Control and Prevention, le National Center for Health Statistics, et le U.S. Census Bureau. Chaque année, un échantillon représentatif des ménages des États-Unis est sélectionné. Chaque ménage est contacté par courrier et un interviewer qualifié le visite dans le but de remplir le questionnaire en personne. L'étude compte une gamme étendue de questions ayant pour objectif de définir la « santé » de la nation. Quelque part dans le questionnaire se trouve une question portant sur l'occurrence d'une lombalgie au cours des trois derniers mois, lombalgie persistant au moins une journée sans être insignifiante. Dans l'enquête de 2002, laquelle comptait 31 000 adultes de plus de 18 ans, environ 17 pour cent ont rapporté une lombalgie isolée au cours des trois mois précédents[2]. L'extrapolation à l'ensemble de la population suggère que plus de 15 millions d'adultes américains souffrent de lombalgie tous les trois mois. Le tableau 1 présente les statistiques descriptives. Comme on peut le voir, de 14 à 20 pour cent des Américains dans plusieurs catégories se rappellent d'une journée ou plus de lombalgie au cours des trois derniers mois. Cela signifie que la plupart des gens qui ont consigné une lombalgie d'une durée d'une semaine dans leur journal de la Health in Detroit Survey ne s'en souviennent pas six semaines plus tard. Mais plusieurs, peut-être le tiers, s'en rappellent.

Il y a des limites à ce qu'on peut déduire clairement des statistiques descriptives du tableau 1. Par exemple, les Américains plus âgés et retraités sont plus susceptibles de signaler une lombalgie que les adultes plus jeunes qui n'ont jamais travaillé. Il est possible que cela n'ait rien à voir avec les expositions au travail, étant donné que les travailleurs retraités sont susceptibles d'être plus vieux et que les plus âgés sont retraités ; donc le vieillissement pourrait être le facteur le plus déterminant. Il en va de même pour certaines variables associées qui pourraient expliquer la plus grande prévalence chez les Caucasiens par comparaison avec les minorités. Il existe des méthodes statistiques, des formes d'analyse multivariée, qui permettent de corriger l'influence d'une variable sur une autre. En outre, les analyses multivariées permettent de chercher s'il existe des associations entre le signalement d'une lombalgie avec des conditions médicales ou psychologiques et des habitudes nocives pour la santé – associations ne se détachant pas des caractéristiques sociodémographiques du tableau 1 ni d'autres variables évaluées dans l'enquête.

Il se trouve que les gens qui signalent une lombalgie sont plus susceptibles d'avoir d'autres conditions médicales importantes, souvent même tout un assortiment. Ils sont aussi plus susceptibles d'avoir un surplus de poids et de consommer du tabac et de l'alcool. Le descripteur « plus susceptibles » est trop vague pour se passer d'une définition. Ces analyses multivariées permettent de calculer un taux de prévalence de la lombalgie par rapport à une variable d'intérêt. On exprime cela en « rapport de cotes », lequel peut ne pas être identique au nombre exact, mais en être assez près pour ne pas survenir seulement par hasard, (« l'intervalle de confiance à 95 pour cent »). Pour les problèmes médicaux coïncidents (comorbidités) et les habitudes nocives pour la santé, le rapport de cotes est autour de 1,3, avec un intervalle de confiance allant de 1,1 à 1,5. Cela signifie que quiconque déclare une lombalgie est plus susceptible, peut-être 30 pour cent plus susceptible, de signaler aussi une autre condition médicale ou une habitude nocive pour la santé.

TABLEAU 1

Variables associées avec la prévalence de la lombalgie
dans le National Health Interview Survey de 2002

Population totale	Sous-groupe	Pourcentage
Groupe d'âge	18-24	5,0
	24-34	15,9
	35-44	16,2
	45-44	17,3*
	55-64	18,6*
	> 65	19,7*
Sexe	Masculin	16,5
	Féminin	17,6*
Race/Ethnicité	Caucasiens, non hispanophones	17,9
	Noirs, non hispanophones	15,6*
	Autres non hispanophones	14,2*
	Hispanophones	14,1*
Scolarité	Moins que secondaire	18,5
	Secondaire ou DEP	17,8
	Un peu d'université	17,5
	Baccalauréat ou équivalent	15,9*
	Plus qu'un baccalauréat	14,0
Statut civil	Marié	17,3
	Déjà marié	18,7*
	Jamais marié	14,3*
	Conjoint de fait	19,3
Situation d'emploi	Travaille présentement	15,9
	Retraité	19,9*
	A déjà travaillé	20,0*
	N'a jamais travaillé	12,9

*   Statistiquement différent de façon significative par rapport au premier niveau de chaque groupe.

Source : T. W. Strine et J. M. Hootman, « U.S. National Prevalence and Correlates of Low Back and Neck Pain among Adults », *Arthritis and Rheumatism* (*Arthritis Care and Research*), 57 (2007) : 656-665.

Donc, 56,5 pour cent des gens qui n'ont pas eu mal au dos ou dans le cou au cours des trois mois précédents avaient un surplus de poids, tandis que 64,3 pour cent de ceux qui ont eu ces douleurs étaient obèses. Cette petite différence absolue – huit pour cent – surviendrait rarement par hasard. Si cette différence était plus grande, donc si le rapport de cotes était plus élevé, on l'expliquerait moins probablement par un facteur de confusion, une covariable qu'on aurait omise ou pas pu mesurer, qui serait cachée quelque part. Il est possible que les gens qui ont un surplus de poids, qui sont aussi plus susceptibles de souffrir de plusieurs maladies, soient habitués, sinon plus à l'aise, de signaler toutes sortes d'afflictions de la vie courante. Plutôt que d'avoir plus de lombalgies, les obèses seraient plus aptes à s'en rappeler. Ce n'est peut-être qu'une supposition, mais ce n'est pas un facteur de confusion négligeable. Pour ce motif, la plupart d'entre nous sommes très prudents avec les rapports de cotes dont la valeur est moindre que 2,0, surtout quand la différence absolue est petite.

Un autre ensemble d'associations tirées de la NHIS porte sur les facteurs psychologiques (tableau 2). Il se dégage des études comme celle de la NHIS une image de la qualité de vie du sous-groupe de la population qui se rappelle de lombalgies importantes. Dans ce groupe, les gens tendent à avoir plus de maladies, à signaler plus d'habitudes nocives pour la santé et à connaître une existence plus ingrate. Par contre, la NHIS est une étude transversale établissant un cliché de la population à un moment précis, ne disant rien de la dynamique avec le passage du temps ; en d'autres mots on ne sait pas quel facteur est la charrue et quel facteur est le bœuf. Ces gens sont-ils tristes parce qu'ils ont mal dans le dos, ou sont-ils plus susceptibles de se souvenir de leur dernier épisode de lombalgie parce qu'ils sont tristes et moins tolérants à tout nouveau défi menaçant pour la perception de leur bien-être ? Les études transversales ne peuvent pas répondre à cette question. On a besoin d'un tout autre modèle d'étude, une étude longitudinale observant les gens pendant le passage du temps, ce qui est beaucoup plus exigeant pour les chercheurs.

Ce sont donc les études transversales qui sont beaucoup plus souvent réalisées parce qu'elles permettent de sonder rapidement des associations potentielles. Au fil des ans, plusieurs pays ont entrepris des études ressemblant à la NHIS. En raison de l'importance des lombalgies dans l'absentéisme au travail, les Britanniques réalisent depuis longtemps des études par voie postale sur la prévalence de la lombalgie d'une durée de vingt-quatre heures ou plus pendant l'année précédente et ses relations avec des facteurs occupationnels. Quand l'étude effectuée en 1987-1988 a été comparée à l'étude effectuée dix ans plus tard, on a remarqué que la prévalence de la lombalgie était passée de 36 à 49 pour cent, bien que les lombalgies assez douloureuses pour empêcher une personne d'enfiler ses bas n'aient pas augmenté[3]. Cette prévalence en hausse du souvenir d'une lombalgie dans la communauté n'était pas surprenante étant donné que le nombre des consultations pour une lombalgie et celui des jours de congé de maladie imputables à la lombalgie étaient aussi en hausse marquée, assez pour qu'un épidémiologiste britannique demande : « La vie est-elle devenue de plus en plus douloureuse ?[4] » Il a par la suite postulé que la hausse de la prévalence de la lombalgie était explicable par de nombreux facteurs, dont la vie plus sédentaire des personnes souffrantes, une certaine insatisfaction pour la vie quotidienne et une sensibilisation accrue du public pour cette affliction.

TABLEAU 2
Facteurs psychologiques associés à la lombalgie
dans la National Health Interview Survey de 2002

Caractéristiques	Rapport de cotes (intervalle de confiance à 95 %)
Toujours ou la plupart du temps au cours de derniers 30 jours	
Tellement triste que rien ne pouvait me remonter	1,5 (1,2-2,0)
Nerveux	1,9 (1,5-2,2)
Anxieux et agité	1,7 (1,5-2,0)
Désespéré	1,5 (1,1-1,9)
Tout est pénible	1,8 (1,5-2,2)
Cas potentiels de maladie mentale sérieuse	1,8 (1,5-2,3)

Note : Tous ces rapports de cotes sont ajustés statistiquement pour tenir compte de toutes les variables sociodémographiques du tableau 1 ainsi que pour la comorbidité. Toutes sont significatives statistiquement étant donné que l'intervalle de confiance ne dépasse pas 1,0. Si c'était le cas, le rapport de cotes serait assez susceptible d'être l'unité, ce qui signifie que la possibilité d'une différence de la prévalence devrait être prise avec un grain de sel. Il s'agit là néanmoins de rapports de cotes marginaux.

Source : T. W. Strine et J. M. Hootman, « U.S. National Prevalence and Correlates of Low Back and Neck Pain among Adults », *Arthritis and Rheumatism* (*Arthritis Care and Research*), 57 (2007) : 656-665.

Aussi épidémique que la lombalgie soit en voie de devenir au Royaume-Uni, sa prévalence est encore plus élevée en Allemagne[5]. Cette observation a été relevée grâce aux données d'une étude sur l'ostéoporose à travers l'Europe. Ce qui varie selon les pays, ce n'est pas la douleur dans le bas du dos. L'expérience de la souffrance et les expressions choisies par ceux qui en souffrent pour la décrire sont colorées par les «influences socioculturelles», lesquelles varient d'un pays à l'autre. La douleur du bas du dos peut ne pas différer entre Allemands et Britanniques, mais la maladie que provoque cette douleur n'est certainement pas la même.

La médecine est une force façonnant les «influences sociocul-turelles» qui modifient l'expérience de la souffrance, mais elle se trouve elle aussi soumise à des contraintes sociopolitiques, dont plusieurs de nature législative. Ainsi que je l'ai mentionné au chapitre 1, au début du XXe siècle, la législature de Prusse a créé une monarchie du bien-être (*Reichsversicherungsordnung*). Des innovations comme l'assurance santé nationale, les indemnités pour accidents du travail, l'assurance invalidité et l'indemisation fondée sur l'infirmité sont des legs de la Prusse. Le recouvrement de l'économie allemande après la Deuxième Guerre mondiale (*Wirtschaftswunder*) a poussé les principes de la monarchie du bien-être à des extrémités que même Lassalle ou encore Marx n'auraient pas pu imaginer. La plupart des économistes tiennent pour excessives les huit semaines de vacances. C'est parfaitement correct pour l'Allemagne de s'accorder cette indulgence si elle peut se le permettre. Mais, pour étudier la souffrance et les comportements qu'elle déclenche, je suis rempli de perplexité par le droit qu'ont les Allemands à la réhabilitation. Il y a une décennie, au moment de l'étude sur l'ostéoporose[6], les Allemands avaient droit, en tout, à un mois par année de diverses cures thermales pour des afflictions de la vie quotidienne, aussi communes que déconcertantes. Le fait de médicaliser pareilles afflictions peut influencer, défavorablement, la conception qu'on a de son propre bien-être. Une lombalgie qui aurait pu n'être qu'un ennui est susceptible de devenir une maladie digne de mention et possiblement d'un traitement. En Allemagne, la lombalgie est devenue quelque chose qu'on endure en attendant d'aller dans une station thermale; ailleurs, cela reste une situation fâcheuse et récurrente qu'il faut surmonter. Les résultats de l'étude suggèrent que bien des Allemands ont assimilé le narratif du malaise, le fameux «ah, j'ai mal au dos», entre des visites palliatives aux stations thermales. Depuis quelques années, aux prises avec des contraintes d'ordre économique, le gouvernement allemand a réduit l'ampleur de cet avantage, mais l'histoire de la lombalgie allemande reste un exemple cardinal de la manière avec laquelle des choix de société peuvent influencer la perception d'une souffrance par la population.

TROIS

Le suaire de la persistance

J'espère vous avoir persuadé que la lombalgie est une affliction intermittente et récurrente de la vie. Les épisodes varient d'intensité et de durée tandis que les périodes séparant les épisodes varient en degré de rémission et en durée. Pour certaines gens, l'attente d'une amélioration peut paraître interminable. Les études transversales ont très peu de moyens pour étudier la persistance de la douleur ; pour ce faire, on doit recourir à une étude longitudinale. Il existe plusieurs de ces études de cohorte.

La Saskatchewan Health and Back Pain Survey est une étude par voie postale d'un an réalisée à la fin des années 1990[1]. Quand on observe une cohorte d'adultes qui ne se souviennent pas d'avoir souffert de lombalgie au cours des six mois précédant le début de l'étude et qu'on leur demande, au sixième mois et un an après le lancement de l'étude, s'ils se souviennent d'une lombalgie, environ 19 pour cent répondent par l'affirmative. Cela signifie que l'incidence annuelle de la lombalgie est de 19 pour cent. La plupart des épisodes étaient légers et passagers. Pour 1 pour cent du groupe, la douleur était «intense», et la moitié d'entre eux la trouvaient incapacitante. Mais ce devis d'étude ne procure que très peu d'information à propos de la récurrence des épisodes.

Pour étudier la récurrence, on doit faire appel à des études comme l'Enquête nationale sur la santé de la population (ENSP), qui ressemble à la NHIS dont on a parlé au chapitre précédent mais qui se prête à des observations longitudinales parce qu'elle réexamine les mêmes participants à plusieurs reprises. L'ENSP comprenait une étude de l'incidence similaire à celle de la Saskatchewan Health and Back Pain Survey, mais la question ne concernait pas la survenue de toute lombalgie, demandant plutôt : « Avez-vous été diagnostiqué par un professionnel de la santé pour souffrir des problèmes [de dos] à long terme ? », signifiant une durée réelle ou anticipée de six mois et plus. L'incidence de ce type de problèmes du dos était autour de 5 pour cent.

Une fois atteinte d'une lombalgie persistante de cette nature, une personne a très peu de chances de connaître une rémission. Au contraire, elle encourt le risque de joindre les rangs de ceux qui sont atteints de lombalgie chronique. Il y a quelques années, mes collègues et moi avons interviewé au téléphone un échantillon aléatoire comptant près de 4 500 résidents non institutionalisés de la Caroline du Nord et âgés de 21 ans et plus[3]. Au cours de l'année précédant l'entrevue, 3,9 % des participants avaient souffert de lombalgie limitant les activités usuelles de façon continue pendant trois mois et plus, ou bien avaient éprouvé vingt-cinq épisodes de douleur ou plus. La plupart de ces personnes estimaient que leur santé générale était mauvaise ; un tiers rapportaient être limitées en permanence par la lombalgie. La plupart recherchaient des soins médicaux, plusieurs avaient eu recours à des soins alternatifs et la majorité avaient dû s'aliter à plus d'une reprise à cause de la lombalgie. Ces gens devraient être tenus pour un groupe particulier des personnes atteintes de lombalgie plutôt que de représenter la valeur extrême de la gamme de variations des lombalgies habituelles. En épidémiologie communautaire, on les désigne habituellement comme souffrant d'une « lombalgie chronique ». Dans la documentation clinique, ils constituent les « lombalgiques chroniques », les « échecs de la chirurgie de la colonne » et les pétitionnaires d'indemnités pour lombalgie incapacitante ou « blessure au dos ». Le sort de ce groupe est plutôt malheureux en clinique. Dans ce chapitre, nous allons explorer leur expérience à domicile et dans la société.

La douleur généralisée et persistante

Ce n'est que très récemment qu'on a commencé à appréhender le fardeau de ceux qui souffrent de lombalgie persistante dans la société. Ce retard est dû en partie au fait que la plupart des travaux initiaux portaient sur des régions anatomiques particulières, comme la lombalgie chronique, la douleur du cou, sinon celle du genou. Une percée est survenue quand les épidémiologistes ont commencé à se demander si les gens souffrant d'une douleur persistante d'une partie précise du corps avaient aussi mal ailleurs. La présence de la douleur à plusieurs sites s'est avérée constituer la règle, le bas du dos étant le site le plus fréquent. Une étude par voie postale, réalisée récemment auprès d'un échantillon de patients inscrits dans seize pratiques de généralistes du sud-est de l'Angleterre, illustre bien ce phénomène et elle est représentative d'études similaires faites dans plusieurs pays[4].

TABLEAU 3

Analyse multivariée de la relation entre la douleur musculosquelettique persistante et les caractéristiques sociodémographiques dans l'enquête Southeast England Postal Survey

Associations	Rapport de cotes (intervalle de confiance de 95 %)
Douleur chronique dans un site unique	
Sexe masculin	1,4 (1,1-1,9)
Détresse psychologique	0,7 (0,5-1,0)
Infirmité grave	0,7 (0,4-1,2)
Intensité élevée de la douleur	0,6 (0,4-0,8)
Douleur chronique répandue	
Sexe masculin	0,5 (0,4-0,7)
Moins de 56 ans	0,5 (0,4-0,7)
Détresse psychologique	1,9 (1,4-2,6)
Infirmité grave	1,4 (1,0-2,1)
Intensité élevée de la douleur	4,0 (2,9-5,5)
Douleur chronique multisite	
Sexe masculin	0,8 (0,7-1,0)
Moins de 56 ans	0,5 (0,4-0,6)
Détresse psychologique	1,8 (1,4-2,2)
Infirmité grave	1,4 (0,9-2,0)
Intensité élevée de la douleur	5,2 (4,1-6,7)

Note : Un rapport de cotes est indicatif d'une plus grande probabilité de l'association lorsque l'intervalle de confiance n'englobe pas 1,0. On considère que la probabilité est forte quand le rapport de cotes dépasse 2,0.

Source : D. Carnes, S. Parsons, D. Ashby, A. Breen, N. E. Foster, T. Pincus, S. Vogel et M. Underwood, « Chronic Musculoskeletal Pain Rarely Present in a Single Body Site : Results for the UK Population Study », *Rheumatology*, 46 (2007) : 1168-1170.

L'étude était aussi exhaustive que plusieurs autres dont nous avons déjà parlé. La douleur musculosquelettique persistante y est définie comme une douleur survenant durant la moitié ou plus des jours de la dernière année, à l'un ou l'autre de treize sites musculosquelettiques. Une personne est définie comme souffrant de douleur persistante multisite quand elle a éprouvé de la douleur durant au moins trois mois dans deux sections de deux membres situés sur des côtés opposés du corps et dans son squelette « axial » (jargon médical pour colonne vertébrale). Près de la moitié des gens sondés avaient de la douleur musculosquelettique persistante, dont 25 pour cent de la douleur à un seul site, 52 pour cent dans deux à quatre sites, 18 pour cent dans cinq à sept sites et 4 pour cent dans plus de huit sites.

Une analyse multivariée a été effectuée pour trouver d'autres associations entre certaines catégories de douleur persistante et d'autres variables mesurées dans l'étude. Les principaux résultats sont présentés dans le tableau 3.

La douleur chronique survenant dans un site unique, souvent la lombalgie, est plus susceptible d'affecter les hommes et d'être qualifiée de modérément intense. La douleur multisite et la douleur chronique généralisée sont plus susceptibles d'affecter les jeunes femmes qui manifestent plus de signes de détresse psychologique générale et qui perçoivent la douleur comme étant très intense. La personne souffrant de douleur généralisée chronique est une figure tragique qui a suscité beaucoup d'attention au cours des dix dernières années. Ces gens tristes et souffrants constituent de 5 à 10 pour cent de la population dans la plupart des études. La douleur généralisée chronique est le lot de la plupart de ceux qui ont été happés par le manège de la détermination de l'incapacité pour cause de lombalgie persistante. Je pense que « la douleur généralisée chronique » est une catégorie appropriée en épidémiologie clinique et communautaire. Cela ne fait pas encore l'unanimité, cependant, car c'est plutôt l'étiquette courante de « fibromyalgie » qui prévaut. La notion de fibromyalgie a vite connu beaucoup de succès auprès du grand public. Elle soutient en outre les pratiques de certains dispensateurs de thérapies médicales et alternatives tout en demeurant un sujet de confusion, voire de contestation, dans le monde de la médecine. Cette notion mérite une discussion détaillée. Plusieurs des concepts pertinents pour la fibromyalgie valent aussi pour l'expérience de la lombalgie chronique et persistante des chapitres qui suivent.

La construction sociale de la fibromyalgie

Il y a plus de trois siècles, Molière a consacré l'aphorisme « les doutes sont plus cruels que la pire des vérités » dans sa pièce *Le Misanthrope*. Cette idée est tellement essentielle à la philosophie de la vie occidentale qu'elle pénètre jusque dans nos recoins les plus intimes. Elle est toujours présente dans la relation médecin-patient. Nous savons désormais que l'idéation d'une incertitude est capable de provoquer des altérations de la physiologie compromettant la santé et la longévité. L'incertitude peut être morbide et fatale... et pathogène. La « fibromyalgie » constitue une belle illustration de ce phénomène.

La « fibromyalgie » est l'affirmation d'une incertitude. La pathogénèse de cette maladie est étroitement associée à la recherche de sa cause. Les gens atteints de douleur généralisée persistante doivent comprendre cela lorsqu'ils « décident » de devenir des patients, tout comme les médecins doivent apprendre à en réduire la nocivité. La douleur généralisée persistante n'est pas une maladie qui relève de la pathobiologie. En dépit d'un effort poursuivi pendant un certain temps, aucune anomalie d'aucun système d'organes n'a jamais été identifiée pour être associée à la fibromyalgie, pas plus qu'il n'en survient une au cours de sa très longue évolution. L'absence de preuve d'une cause pathobiologique ne constitue évidemment pas une preuve valide d'une absence de cause. Certains chercheurs cliniques continuent de pourchasser ce feu-follet avec un enthousiasme qui reste démesuré par rapport aux résultats qu'ils obtiennent. Peut-être n'y a-t-il aucune anomalie biologique ? La fibromyalgie est une maladie acquise par apprentissage et enseignée au fil du temps par différents acteurs, dont les médecins. Les patients atteints de fibromyalgie sont désespérément à la recherche d'une étiquette diagnostique qui soit acceptable pour la société dans son ensemble et ses courtiers en crédibilité : les médias, l'industrie de l'assurance et l'industrie pharmaceutique. La fibromyalgie constitue l'exemple cardinal de ce qui se détraque dans le processus diagnostique.

La sémiotique de la souffrance

La tradition du savoir qui étudie le rôle de la médecine dans la société a ses racines dans la sémiotique, cette branche de la philosophie qui s'intéresse au sens des signes et des symboles. Les savants ont abordé la sémiotique de la souffrance à partir des perspectives de la philosophie, de l'histoire, de l'anthropologie, de la sociologie, de la jurisprudence et d'autres disciplines. Il est nécessaire d'avoir une certaine familiarité avec plusieurs préceptes de ces disciplines pour comprendre le processus qu'est la fibromyalgie.

Les constructions sociales

La vie quotidienne regorge littéralement d'idées qui ont conquis la croyance populaire. Ces idées sont entretenues par un réseau de croyants. Elles sont propres à des sociétés particulières et à des moments précis de leur histoire. L'histoire récente montre que des notions comme celles de race, de comportement sexuel normal, de parenté et de paternité littéraire, sont sujettes à des mutations. Parce que chacune de ces idées est créée par des individus, reflétant des intérêts intellectuels, économiques et autres, agissant dans un contexte historique précis, on les désigne du vocable « constructions sociales ». L'épistémologie s'emploie depuis des siècles à définir la frontière entre les faits, la « vérité » et les constructions sociales, une entreprise qui reste d'actualité aujourd'hui[5]. Pour moi, la frontière est artificielle ; tout est réel et tout est interprété socialement. On connaîtrait le chaos sans constructions sociales. Les constructions sociales définissent les règles de la communauté. La plupart ne sont pas « mauvaises ».

Il est rare qu'une construction sociale ne soit pas contestée, au moins à l'origine, la contestation prenant le plus souvent la forme d'une construction alternative. Lorsqu'il est généralement admis qu'une itération particulière est correcte, les solutions de rechange sont reléguées aux oubliettes. Pour qu'une construction déviante survive au dédain et autres pressions sociales, ses créateurs doivent faire preuve d'un zèle inépuisable pour se constituer un réseau d'adhérents.

Dans les services de santé, c'est la « pratique courante » qui constitue le parallèle des constructions sociales. La pratique courante est aussi mutable que toute autre construction sociale, comme en atteste l'évolution de la définition des thérapies dites « audacieuses » par comparaison avec celles qu'on tient pour « traditionalistes » dans le décours d'une génération de médecins. Les approches traditionalistes, jadis tenues pour rationnelles, finissent par paraître nihilistes, tandis que les approches audacieuses, auparavant perçues pour marginales sinon déraisonnables, sont portées aux nues. Pour qu'une pratique courante se maintienne, il faut que des praticiens engagés en vantent les mérites. C'est ce qui explique qu'une profession (les chirurgiens spécialistes de la colonne vertébrale) puisse chanter les louanges de la « laminectomie » (le retrait de la lame de l'os vertébral) pour soulager la lombalgie avec la même conviction qu'une autre (la chiropratique) vante « l'ajustement des subluxations ». Non seulement les partisans sont-ils fermement campés dans leurs croyances, mais leurs patients eux-mêmes peuvent rivaliser de diligence en militantisme.

La conviction de la médecine contemporaine est que la science doit toujours prévaloir sur le consensus et le militantisme pour parfaire la pratique courante. Certaines pratiques courantes ont été balayées quand est apparue la preuve systématique qu'elles étaient défaillantes. Il est aussi manifeste que certaines pratiques courantes ne peuvent pas se prêter à la réfutation scientifique tandis que, pour d'autres, c'est la tonitruance de la voix de leurs promoteurs qui en cache le défaut de preuve scientifique. Pareille situation tire sa force d'arguments inférentiels (la pratique est plausible, les résultats semblent cohérents, ainsi de suite) et finit par s'imposer quand elle avantage ses promoteurs et séduit leur clientèle. Cette dialectique soutient plus d'un système de soins de santé « complémentaires » ou « alternatifs ». Elle soutient également plusieurs pratiques médicales, notamment le diagnostic et le traitement de la fibromyalgie. La fascination pour toute pratique médicale non prouvée, parfois même improuvable, reflète la démesure de l'orgueil qu'inculque la formation du médecin. Il en résulte qu'un praticien convaincu peut reformuler la fibromyalgie pour en faire une maladie biologique. Cette étiquette devient un baume pour l'incertitude, voire pour l'angoisse, de tous ceux qui souffrent de douleur persistante généralisée.

La médicalisation et les comportements de malade

La médicalisation est l'action de définir des expériences de la vie quotidienne comme si elles étaient médicales, cliniques ou patho-biologiques. Pour certaines expériences, cette formulation est parfaitement rationnelle (les douleurs constrictives de poitrine, par exemple). Cependant, pour plusieurs expériences de la vie, pareils cadrages reflètent des préjugés, des mythes, des inférences ténues et d'autres influences sur le sens commun. Au cours des quarante dernières années, il est devenu manifeste que la médicalisation de certaines expériences de la vie comporte en soi un inconvénient considérable et assez grand pour que la notion de médicalisation acquière un sens péjoratif. Certains attributs personnels ont été tenus pour inhabituels, aberrants sinon déviants, selon qu'on les définissait dans un contexte de trangression morale ou dans un contexte de maladie. Quand un attribut est considéré comme un problème moral, on le sécularise. Quand on définit l'attribut comme une maladie, on le médicalise. Le suicide et certaines orientations sexuelles ont été tenus pendant des générations entières pour relever de l'un ou l'autre de ces domaines. Au cours des récentes décennies, on a sécularisé l'homosexualité et médicalisé l'alcoolisme par décret tant médical que légal ; l'obésité a été médicalisée par décret médical, non sans vacillement des convictions.

Jusqu'à la fin du XVIIᵉ siècle, les diagnostics médicaux n'étaient rien d'autre qu'une mise en catégories des symptômes. C'est alors que Thomas Sydenham a tracé les grandes lignes d'un système de classification des maladies fondé sur les critères qu'étaient leurs symptômes[6]. Ce système révolutionnaire a permis aux médecins de détecter le défaut anatomique ou physiologique (la maladie) qui est à l'origine d'un ensemble de symptômes donnés (l'affliction). (Par exemple, la fièvre n'est pas une affliction en soi mais plutôt le symptôme d'une maladie pouvant originer de plusieurs affections possibles.) Ce paradigme affliction-maladie constitue un progrès conceptuel monumental pour la médecine. Sans l'initiative de Sydenham, on aurait des traités sur les « fièvres » plutôt que sur les maladies contagieuses.

Dès le début du XXᵉ siècle, la médecine a appliqué le paradigme de Sydenham à un nouveau domaine, dans lequel il servirait de cadre d'arbitrage pour déterminer les comportements qui sont compatibles avec certains stades de maladie. Des médecins assumèrent la responsabilité de médicaliser l'absentéisme et l'invalidité à long terme au travail. La médicalisation a atteint son apogée dans les années 1970. Les symptômes qui étaient jugés compatibles avec une affection en particulier étaient tenus pour «réels», par opposition aux «plaintes fonctionnelles» ou déviantes, ou aux «comportements de malade». Les analystes et les historiens de cette dialectique comptent parmi eux Eliot Freidson[7], qui a décrit la «dominance professionnelle» de la médecine, et Paul Starr[8], qui a en proclamé «l'autorité culturelle». Il s'agit en fait d'une hégémonie culturelle qui a transformé les médecins en entrepreneurs moraux. Parmi ces entrepreneurs moraux se trouvaient de fervents défenseurs de problèmes cliniques tenus pour fondamentaux pour la santé du public, ou d'une partie de la population, même quand ces opinions n'étaient fondées que sur des convictions[9].

L'organisation de la médecine des États-Unis a changé de façon marquée au cours des trente dernières années, mais son hégémonie culturelle reste intacte. De nos jours, la médicalisation s'étend à une vaste gamme de situations humaines, allant des enfants turbulents aux gens dont les habitudes de sommeil sont tenues pour anormales et à la misère de la douleur chronique généralisée. À ce propos, le 30 juin 1999 une résolution présentée à la Chambre des représentants (HR 237 IH) reconnaissait «la gravité de la fibromyalgie», la définissant comme un «problème chronique caractérisé par une douleur et une sensibilité musculosquelettique persistante pouvant être déclenchée par le stress, un traumatisme, ou possiblement un agent infectieux pour certaines personnes prédisposées».

Le rôle de malade

L'héritage de Sydenham est un système de médecine dont la raison d'être est la maladie. On ne compte plus ses réussites. Si ce n'était pas de son dualisme maladie-souffrance, la médecine moderne en serait toujours à traiter le catarrhe plutôt qu'à concevoir des remèdes particuliers pour les pneumonies. Ses succès sont cependant tellement impressionants que le paradigme maladie-souffrance est devenu le premier et principal recours pour presque toutes les

situations personnelles fâcheuses ; une solution scientifique sera fournie quand le patient et le médecin collaborent dans un exercice
consistant à trouver la cause sous-jacente. Qu'arrive-t-il quand l'affliction ou la cure sont évanescentes ? Ce point crucial est rarement
soulevé dans une culture qui valorise la guérison du mal, mais il est
particulièrement important pour tous ceux qui ne voient pas d'autre
option que de devenir des patients lorsqu'ils se retrouvent coincés
dans des situations fâcheuses qu'ils perçoivent pour anormales alors
que d'autres les tiendront pour normales.

Les chercheurs cliniciens, les anthropologues médicaux et plusieurs autres ont exploré ce problème délicat depuis longtemps. C'est
une exploration qui manque de séduction car elle ne s'intéresse pas à
la maladie mais plutôt à l'expérience de la souffrance. On la critique
souvent pour être « non scientifique » ou encore « observationnelle »
ou « déductive », à quoi je répondrai : tout comme la plus grande
partie de ce qui est tenu pour être « scientifique ». Ceux qui étudient
l'expérience de la souffrance reconnaissent au moins les limites qu'il
peut y avoir dans l'étude d'une affliction. Après tout, les gens diffèrent entre eux de plusieurs manières, y compris dans celle avec
laquelle ils vivent l'affliction, et ce, d'une manière marquée. Aucune
règle concernant les comportements de malade ne s'appliquera
jamais de manière universelle. Plusieurs des pionniers de l'étude de
l'expérience de l'affliction dominaient le débat il y a un demi-siècle,
quand la « science dure » ne constituait encore qu'une élite restreinte.
L'un d'entre eux était David Mechanic, qui a écrit :

> « Le comportement de malade – les manières avec lesquelles les gens
> perçoivent, évaluent et réagissent différemment aux symptômes –
> peut être envisagé à partir d'au moins trois perspectives générales.
> Ce comportement peut être vu comme (a) le produit du condition-
> nement social et culturel, (b) faisant partie d'un répertoire de
> méthodes de confrontation, ou (c) en fonction de son utilité pour le
> patient qui retire certains avantages du « rôle de malade »[10].

Mechanic s'est intéressé au problème en recherchant pourquoi
et comment les gens reconnaissent les symptômes, communiquent
avec les docteurs, acceptent ou rejettent les conseils relatifs au traitement et restent ou non sous observation médicale, en particulier en
réponse à différents types de douleur et de réactions placebo. Il a

reconnu les façons avec lesquelles les pressions culturelles et sociales influencent la perception par l'individu qu'il a besoin de conseils. Mechanic ne tenait pas les « comportements de malade » pour aberrants. On ne souffre jamais d'une maladie de façon abstraite. La maladie est une compagne intime que l'on doit affronter et, lors de cet affrontement, il faut adapter tout comportement qui ne serait pas nécessaire quand on est bien portant, y compris celui d'agir comme si l'on était en santé. Toutes les maladies imposent une adaptation comportementale. Cette adaptation est fonction de notions préconçues et de précédents sociologiques, lesquels ont une influence sur la configuration psychologique de la personne.

Les comportements de malade peuvent être utiles en ce qu'ils améliorent l'adaptation, atténuent les conséquences de l'affliction, entraînent les autres à sympathiser avec le mal portant et incitent à faire des choix bénéfiques. Les comportements de malade peuvent aussi être improductifs quand ils entravent l'adaptation ou la guérison, ou quand ils suscitent une attitude d'affrontement entre traitants et soignants. Ce comportement improductif est ce qui est habituellement qualifié de « comportement de malade », mais il s'agit là aussi d'une construction. Il serait plus utile de parler de comportement de malade « adaptatif » ou « maladaptatif » et de renoncer au chauvinisme qui fait assumer que l'adaptation doit se mesurer en fonction du médecin plutôt que de l'affliction. Ce qui peut sembler maladaptatif au médecin traitant dans le contexte d'un traitement peut refléter simplement les règles d'engagement, lesquelles sont souvent surajoutées par divers détenteurs d'enjeux.

Les comportements de malade provenant d'une mauvaise adaptation, qui sont caractéristiques des patients souffrant de problèmes musculosquelettiques régionaux chroniques et incapacitants, sont un résultat prévisible du processus réglementé de la détermination de l'incapacité[11]. Le processus est conçu pour remettre en cause l'authenticité de la réclamation du patient pour une douleur incapacitante dans un contexte où la maladie qui en constituerait serait la preuve validante reste introuvable. Le développement de comportements de malade résultant d'une mauvaise adaptation trahit une réponse exaspérée, souvent désespérée, du patient qu'on refuse de croire[12]. C'est une mauvaise adaptation du point de vue des médecins qui délibèrent. C'est souvent une mauvaise adaptation pour les médecins traitants, voire pour la communauté qui assume la prise en charge globale du demandeur. Mais, pour le demandeur, c'est adaptatif, dans le sens où cela protège son identité, y compris la connaissance de ses propres capacités. Les comportements de malade provenant d'une mauvaise adaptation sont des symptômes non pas de douleur mais de souffrance[13]. C'est tout aussi vrai des patients qui sont étiquetés fibromyalgiques que cela l'est pour les gens diagnostiqués de lombalgie chronique, d'échec rachidien ou de douleur lombaire incapacitante.

Les comportements de malade comportent plusieurs dimensions. Ils ont une dimension verbale liée à la narration de la détresse que le patient choisira d'apprendre ou d'articuler. Ce récit est toujours jalonné d'expressions apprises et utilisées pour décrire son expérience. Une grande partie de cet apprentissage survient en cours de traitement. Les médecins peuvent imposer le silence aux patients et reconstruire leur histoire, de sorte que les histoires médicales décrites par les patients eux-mêmes soient conformes aux notions préconçues des manifestations de n'importe quelle affection. Les patients souffrant de polyarthrite rhumatoïde sont à l'aise pour répondre à des questions portant sur la durée de la raideur matinale, bien qu'ils soient moins à l'aise pour définir un « score de douleur » sans modifier la requête pour préciser quand ou pour quelle articulation. Les patients souffrant de problèmes musculosquelettiques régionaux chroniques apprennent à qualifier leur douleur de globale en plus d'acquérir des expressions de détresse qui sont propres à la situation clinique. Lorsqu'on les compare aux patients atteints de polyarthrite rhumatoïde, les patients étiquetés fibromyalgiques font part de croyances pessimistes à propos d'eux-mêmes et des autres, en assumant les pires scénarios[14]. Ils se considèrent eux-mêmes plus malades que ceux qui souffrent d'emphysème, d'arthrite rhumatoïde ou même d'un cancer avancé[15]. Pour ces patients, la fibromyalgie n'est pas une construction sociale ; cela s'est transformé en une série de sensations corporelles très réelles, envahissantes et horribles.

La sémiotique de la fibromyalgie

Toute étiquette diagnostique constitue une opération de sémiotique :

Personne *n'a* la fibromyalgie.
Personne ne souffre *de* fibromyalgie.
Il existe des patients qui *endurent* la fibromyalgie.

La fibrosite serait probablement restée dans les coulisses de la médecine n'eût été de l'initiative menée par Merck, Sharp et Dohme, Inc., au milieu des années 1980, pour élargir les indications du chlorhydrate de cyclobenzaprine (Flexeril), son relaxant musculaire soi-disant innovateur, à la fibrosite. Merck a financé en partie les machinations d'un comité de l'American College of Rheumatology, qui a remplacé l'étiquette de « fibrosite » par celle de « fibromyalgie » et qui a rédigé les fameux « 1990 Criteria for the Classification of Fibromyalgia[16] ». En plus de souffrir de douleur généralisée persistante, un patient doit faire preuve d'une aversion extraordinaire au tripotage d'au moins onze de dix-huit sites anatomiques bien précis, pour recevoir l'étiquette de fibromyalgie. Ces critères ont, hélas, mal vieilli. Cela n'est pas surprenant étant donné qu'ils émanent d'un raisonnement circulaire : ils ont été dérivés de la même population d'où provient l'hypothèse. La quantification des points douloureux à la palpation s'est avérée un sophisme tellement flagrant que même le principal auteur de ces critères en a dénoncé l'emploi en clinique[17]. En l'absence de « points douloureux à la palpation », les critères suggèrent que tous ceux qui ont de la douleur généralisée persistante sont admissibles au diagnostic de fibromyalgie.

La diffusion de ces critères dotés de l'imprimatur de l'American College of Rheumatology constitue un temps fort de l'histoire de la construction de la fibromyalgie. Elle a rendu légitime la fibromyalgie aux yeux de plusieurs cliniciens et des notables de l'institution médico-légale, ce qui a vengé les patients dont la misère avait été aggravée par tous ceux-là qui avaient douté que leurs symptômes aient pu être authentiques en l'absence d'une maladie démontrable. Il s'ensuivit une explosion de ce diagnostic, ce qui a incité plusieurs chercheurs à s'intéresser à l'épidémiologie de la douleur généralisée persistante.

Les gens souffrant de douleur généralisée persistante sont plus susceptibles d'être embourbés dans la strate socioéconomique inférieure[18], d'être inquiets et malheureux[19] et d'éprouver des symptômes qu'ils interprètent comme autant d'indices suggérant que l'affliction déborde les limites de leur seul système musculosquelettique[20]. Un peu partout dans le monde, ils se sentent contraints de fréquenter les cabinets de soins primaires, bien que la question de savoir s'ils sont tenus pour déprimés ou seulement malheureux dépende des constructions sociales prédominantes en ce qui concerne les états affectifs[21]. La plupart de ces patients ne se qualifieront pas pour le diagnostic d'un problème affectif primaire[22], bien que l'affect de plusieurs en soit typique[23].

Heureusement qu'il se pointe un peu de soulagement à l'horizon pour la majorité de ceux qui souffrent de douleur généralisée persistante. Leur histoire naturelle, avec ou sans les manœuvres des soignants, est faite de hauts et de bas[24], bien qu'il soit peu probable que la douleur s'en aille définitivement[25]. C'est particulièrement improbable quand ils fréquentent une clinique de rhumatologie spécialisée dans le traitement de la fibromyalgie[26]. Il ne faut évidemment pas interpréter la dernière observation pour une remise en cause du travail des rhumatologues de ces cliniques. Après tout, il est possible que les patients dirigés vers ces cliniques soient ceux qui sont les plus malades. On ne peut pas dire que les patients vus en rhumatologie présentent une forme distinctive de douleur généralisée persistante. Toute l'épidémiologie descriptive fondée sur des populations dont on a fait le résumé plus haut soutient une gamme de différences individuelles en ce qui concerne l'expérience de la douleur musculosquelettique régionale plutôt que des sous-groupes distincts de patients. On peut tirer une conclusion de même nature des analyses des attributs des gens atteints de douleur généralisé persistante qui choisissent, faute de disposer d'une autre option, de devenir des fibromyalgiques[27]. Ce qui différencie les membres d'une communauté souffrant de douleur généralisée persistante des fibromyalgiques est l'ampleur de la détresse psychologique associée à la douleur plutôt que la pénibilité de la souffrance. Les gens atteints de douleur généralisée persistante décident de recourir aux soins quand la pénibilité de la souffrance devient insupportable, nul autre recours ne paraissant plus raisonnable.

Si la douleur chronique persistante appartient au domaine des expériences humaines normales, bien qu'elle soit à la limite extrême du détestable, est-elle anormale ? S'il s'agit d'une expérience que la victime trouve tolérable, ou tolérable pour un temps, cette personne est-elle anormale ? Il existe des analogies révélatrices. Par exemple, quand quelqu'un résiste et paie le prix fort en douleur personnelle si vous préférez, en persistant dans une relation intime insatisfaisante ou un emploi détestable, doit-on tenir cette personne pour anormale ? L'épidémiologie ne peut définir pareilles nuances ; il y a tout simplement trop de variables. S'il existe une définition opérationnelle, c'est que la souffrance est devenue insupportable pour le malade ou ses proches. La douleur généralisée persistante est rendue insupportable par une convergence anormale d'influences personnelles et sociétales. Tout effort de palliation doit confronter les influences qui rendent la douleur insupportable avec autant de zèle qu'on affronte la douleur elle-même.

Cette conception du traitement palliatif contredit le contrat patient-médecin habituel stipulant que ce soient la définition et le traitement de la maladie qui constituent le mandat. Quel genre de contrat thérapeutique est-il possible de mettre en place après une plainte telle que « je n'en peux plus », aboutissant au diagnostic : « votre douleur est insupportable » ? Comment désigner l'état d'une douleur devenue insupportable sur le plan personnel tout en demeurant inexplicable du point de vue de la médecine ? Il ne s'agit pas du genre de douleur, ou de souffrance, qu'on évite par instinct, qui répond aux analgésiques et qui s'avère difficile à mettre en paroles, voire indicible[28]. Il s'agit plutôt d'un état émotif qui ne répond pas aux analgésiques[29] et qui provoque des épisodes dramatiques d'expérience de la détresse. Comme nous le verrons, c'est aussi le lot de beaucoup de gens souffrant de la lombalgie chronique qui sont aspirés dans le tourbillon de la détermination de l'invalidité. Les médicaments offrent peu de secours dans le contexte d'un problème comme la fibromyalgie, une construction sociale plutôt qu'une maladie[30].

L'hypochondrie

La fibromyalgie est un joueur tardif dans l'étiquetage des gens dont les symptômes résistent à une explication tout faite. L'étiquetage

a reflété toutes sortes de perspectives religieuses, métaphysiques, psychologiques, et physiologiques[31]. Au début du XIXe siècle, l'histolo-
giste français Marie François Bichat a proposé l'idée que les êtres
humains disposent de deux vies. La vie «végétative» serait propre
aux viscères, douloureuse et sise dans l'abdomen sous les côtes (l'hy-
pochondre). La vie «animale» serait interactive et consciente.
L'hypochondrie résulterait de certaines forces transportant des sensations végétatives dans la conscience. De nos jours, l'hypochondrie est
plutôt propre aux patients préoccupés par la peur envahissante d'être
atteints d'une maladie grave, non diagnostiquée, qui expliquerait
leurs sensations physiques. Ce sont des patients qui somatisent parce
qu'ils sont concentrés sur les manifestations physiques de la détresse
émotive[32].

La somatisation[33] est un héritage de la psychosomatique, une
théorie psychanalytique devenue importante au milieu du XXe siècle.
Sa thèse initiale postulait qu'un conflit d'ordre psychique pouvait
détraquer le fonctionnement d'un organe. Aujourd'hui, la somatisation pose plutôt la possibilité que des symptômes de dysfonctionnement d'un organe, plutôt que son dysfonctionnement proprement
dit, puissent être l'expression d'émotions. La croyance que l'expression des émotions sous forme de symptômes corporels soit anormale,
et que la guérison dépende de la reconnaissance de ce fait, est impli-
cite dans ce concept. Il est grand temps de se débarrasser de toutes
ces notions. La somatisation est un des modes normaux de la
conscience de soi, une des excentricités de la personnalité avec
laquelle la plupart des gens vivent en toute sérénité. La somatisation
devient un problème seulement lorsqu'elle devient une source de
préoccupations pénibles.

Tous ceux qui souffrent de perceptions somatiques pénibles
cherchent une cause qui permettrait de concevoir leur expérience
souffrante en tant que maladie[34]. Dans les temps anciens, la débau-
che et la possession diabolique étaient plausibles. Pendant la
Révolution industrielle, le seul fait de voyager en train constituait
une explication plausible pour la maladie caractérisée par une douleur généralisée persistante et appelée la colonne du rail. De nos
jours, même le Congrès des États-Unis se mêle de l'attribution des
causes de la douleur généralisée persistante. La construction sociale
contemporaine a soigneusement médicalisé les perceptions somati-

ques insupportables. Le fait de suggérer à ces malades que leur souffrance soit un syndrome somatique fonctionnel – un « trouble somatoforme » doté de racines psychologiques – provoquera du ressentiment, voire de la colère, tout en étant rarement utile. Le patient est prêt à devenir médicalisé mais pas à s'entendre dire que ses symptômes sont dans sa tête, constituant donc une preuve de maladie mentale, sinon d'une forme d'affabulation[35].

À notre époque, l'enjeu thérapeutique ne concerne pas l'étiquette, ni même l'incertitude découlant de ce que ces symptômes soient sans explication médicale[36]. Le défi consiste à se défaire de la construction dominante qui impose que la douleur soit une maladie. Dès lors, l'enjeu thérapeutique concerne les facteurs sociaux et psychologiques qui entravent l'adaptation au point où les symptômes deviennent insupportables. Ingvar Hazemeijer et Johannes Rasker appellent cela le « domaine thérapeutique[37] ». Le défi thérapeutique consiste à démolir les constructions sociales afin de s'attaquer à cette question. Mechanic avait compris cela il y a plus de quarante ans[38].

La neurophysiologie de la douleur généralisée insupportable

Tout comme l'épidémiologie de la santé, la neurophysiologie de la douleur a progressé pendant la dernière décennie. Les avancées des décennies antérieures portaient surtout sur la façon dont le système nerveux reconnaît qu'un facteur douloureux est la source de la douleur, comme ce qui déclenche le réflexe éloignant la main d'un plat chaud. La compréhension de l'incident et des réactions émotives qu'il pouvait déclencher était tenue pour secondaire à la perception du stimulus. Au cours des dix dernières années, les neurophysiologues ont révisé ce modèle. Une théorie constructiviste en a émergé, suggérant que la conscience résulte de processus neurologiques parallèles qui construisent notre réalité personnelle à partir des stimuli sensitifs. Cette théorie constructiviste met à contribution la mémoire, les expériences antérieures et les variations génétiques de la sensibilité neurologique qui agissent sur le conditionnement du stimulus douloureux quand il fait éruption dans la conscience.

Il n'y a pas de doute que des construits neurophysiologiques du même type rendent aussi compte de la majeure partie de ce que la métaphysique appelle l'esprit et l'âme. Nos émotions, nos réussites scolaires, nos croyances les plus solides et bien plus encore constituent autant de facettes de construits neurophysiologiques. La manière dont on réagit aux joies et aux peines de la vie témoigne de la nature toute personnelle de ces construits. Il n'y a pas de doute non plus que cela vaille aussi pour la détresse et le stress intenses et chroniques, provoquant des conséquences potentiellement plus graves que de simples modifications de la physiologie neuroendocrinienne. Vaste est la gamme des différences individuelles et des différences héritées dans cette biologie et toutes doivent être tenues pour normales. Beaucoup sont homéostatiques. Beaucoup sont la joie de l'humanité et certaines en font le chagrin.

Comprendre les construits neurophysiologiques constitue l'une des grandes frontières de la science contemporaine. Des idées importantes ont émergé pour en élucider les mécanismes de base. La recherche clinique se trouve coincée dans une impasse en raison du manque de finesse de la méthodologie disponible et de la nécessité de disposer d'une population de référence qui soit ou bien distincte ou bien normale. La documentation portant sur la fibromyalgie est très caractéristique à ce propos.

Comme on l'a dit plus haut, les patients soufffrant de douleur généralisée persistante disposent d'un ensemble de construits neurophysiologiques soutenant leur maladie. Ils mènent leur vie dans une atmosphère lugubre et une détresse si grandes qu'ils ont dû faire appel aux soins. Ce faisant, ils ont acquis des comportements improductifs de maladie, en plus d'un rôle distinct de malade. Leurs construits neurophysiologiques doivent comporter des structures fines spéciales. Certaines seront partagées par d'autres qui vivent aussi leur existence dans une atmosphère lugubre, mais sans éprouver de douleur généralisée persistante ou, quand c'est aussi le cas, qui n'ont pas choisi de devenir des patients. Certaines de ces personnes ont une foule de points douloureux et probablement aussi la « preuve d'une sensibilisation centrale » qu'elles partagent avec les fibromyalgiques et d'autres souffrant de symptômes somatiques fonctionnels[39]. Ni l'un ni l'autre de ces deux groupes n'aiment être palpés ou tripotés. Lequel de ces deux groupes constituerait un groupe de comparaison convenable advenant qu'on décide d'étudier ce qui distingue la construction neurophysiologique étiquetée fibromyalgie? Difficile

de penser qu'il serait plus approprié de choisir au hasard un échantillon des gens normaux ou bien encore de gens flottant dans la plus
grande allégresse.

Les résultats des recherches cliniques en neuroscience et en
neuroendocrinologie de la douleur généralisée persistante des
patients étiquetés fibromyalgiques sont inégaux, impossibles à reproduire, subtils et non spécifiques. La tentative la plus récente pour
élucider les secrets de la biologie de la fibromyalgie a mis à contribution les techniques d'imagerie cérébrale fonctionnelle. On a détecté
certaines modifications de la circulation sanguine cérébrale et de
« l'activation » ; le temps dira si ces modifications sont reproduisibles
et la science en dégagera la signification, si tant est qu'elle existe. De
son côté, l'épidémiologie vérifiera si ces modifications en disent plus
que la seule réitération du fait que les personnes souffrant de fibromyalgie sont dotées d'une constitution neurophysiologique distincte. Pareilles incertitudes ne découragent pas l'industrie
pharmaceutique, d'autant plus qu'il est question d'un marché potentiel considérable. La Food and Drug Administration accepte désormais que la fibromyalgie soit une cible thérapeutique, en plus
d'autoriser la mise en marché de trois médicaments pour cette
construction neurophysiologique présumément distincte. Deux sont
des médicaments déjà autorisés pour traiter la dépression ; l'autre sert
à traiter les lésions causées aux nerfs par le diabète. Tous les trois ne
procurent que des avantages minuscules aux patients fibromyalgiques, pour ne rien dire de leurs comparaisons avantages-risques qui
sont encore plus marginales[40]. Tous trois se vendent très bien.

Se pourrait-il qu'il n'existe aucun marqueur qualitatif distinct ? Se pourrait-il que l'analyse de la biologie de la douleur persistante généralisée, qui reste inexplicable du point de vue médical,
doive attendre l'arrivée de la technologie permettant la dissection de
la structure fine des constructions neurophysiologiques et de l'épidémiologie capable de gérer les différences individuelles ? Il s'agit évidemment là de ma conclusion. La fibromyalgie reste une idée
bancale, acceptée et entretenue par des gens qui ont besoin d'apprendre à lui substituer une meilleure idée[41]. J'avancerai même l'idée
qu'une étiquette de cette nature fait la promotion d'un raisonnement
circulaire contraignant à démontrer, sinon à rejeter, l'entité plutôt
que d'inciter à explorer la signification du concept. En outre, cette

étiquette appelle un plan d'action qui n'est aucunement soutenu par la démonstration d'un avantage, mais qui est rempli de conséquences iattendues comme le labyrinthe de la détermination des invalidités dont il sera question plus loin.

Il existe un argument contradictoire. L'étiquetage particulier comme la fibromyalgie fonde une identité et une communauté, cible la formation des dispensateurs de services de santé, procure des critères de recherche, stimule la communication (donnant à tout un chacun quelque chose à fouiller avec Google) et facilite l'indemnisation. Ce débat est un exercice en pluralité des valeurs. Ma propre position est soutenue surtout par le destin tragique de tant de gens, peu importe leurs étiquettes[42].

La souffrance et la santé de la population

Environ 10 pour cent des gens passent leurs jours à affronter la douleur généralisée, dont la lombalgie constitue une composante importante. La plupart ont aussi d'autres épreuves dans leur vie, toutes sortes de tracas financiers et personnels. Il s'en trouve d'autres encore, peut-être même plus nombreux, qui ont ces préoccupations en commun et qui doivent les affronter d'une manière qui ne requiert pas la manifestation de symptômes. Trop de gens de nos sociétés connaissent une vie chiche en joie de vivre. D'autres chevauchent la très étroite frontière séparant la satisfaction du désespoir. Ces gens mènent une existence moins plaisante dont la durée est moins longue[43]. Ils devraient constituer une grande préoccupation de tout programme de santé publique.

Comme j'entends le montrer dans les chapitres qui suivent, une grande partie de la souffrance provenant de la douleur chronique relève de la situation économique et de la satisfaction au travail, mais pas toute. Une autre partie dépend d'un style d'adaptation acquis pendant l'enfance[44]. Ce n'est pas la douleur qui incite ceux qui souffrent à recourir à un traitement médical; c'est la souffrance découlant des incertitudes que la douleur fait se bousculer dans leur esprit. C'est de cette souffrance que les gens se plaignent avant tout. C'est cette souffrance qui commande qu'on la reconnaisse et qu'on la soigne.

Quatre

Docteur, mon dos me fait mourir

Dans les enquêtes menées auprès des cabinets de médecine générale dans plusieurs pays, la douleur constitue la plainte la plus fréquente, ou presque la plus fréquente, incitant une personne souffrant d'une affliction à devenir un patient souffrant d'une maladie. En outre, la douleur muscolosquelettique est de loin le symptôme le plus courant, et la région lombaire est une des premières parties du corps à se trouver impliquée[1]. Vu l'omniprésence de la lombalgie dans les études communautaires, seule une fraction de ceux qui souffrent de lombalgie choisissent de devenir patients et, parmi ceux qui le font, une partie seulement demanderont des soins lors du prochain épisode de douleur. Il est raisonnable de penser que ceux qui choisissent de devenir des patients le font parce que leur lombalgie est particulièrement grave, tellement grave qu'ils recherchent un avis médical. Cela semble l'explication la plus raisonnable, mais elle est fausse. On sait qu'elle est fausse depuis au moins quarante ans.

L'étude exemplaire réalisée par Jiri Horal illustre bien le problème[2]. Dans le programme d'assurance santé de la Suède, le médecin inscrit sur une liste un patient qui est temporairement incapable de travailler. Horal a choisi au hasard 212 sujets parmi tous les gens de Göteborg qui avaient été inscrits sur cette liste par leur médecin pour cause de lombalgie au cours de l'année précédente. Parmi ceux qui étaient inscrits sur la liste pour une cause autre que la lombalgie, il en a choisi 212 qu'il a appariés au sexe, à l'âge et au statut socioéconomique des 212 patients qui avaient mal dans le dos. Il est ensuite allé dans la communauté afin d'examiner et de radiographier les 424 patients (tableau 4). Il n'est pas surprenant que tous les patients qui avaient été inscrits sur la liste pour une lombalgie au cours de l'année précédente se soient souvenus de l'épisode en question. La surprise était que près des deux tiers de ceux qui avaient été inscrits sur cette liste pour un autre motif qu'une lombalgie se soient rappelés avoir aussi eu mal dans le dos au cours de l'année précédente. De plus, il n'y avait aucune caractéristique clinique différenciant la lombalgie de ceux qui avaient consulté pour ce motif de la lombalgie de ceux qui n'avaient pas consulté. Aucun attribut de la lombalgie, rien dans l'examen physique ni les radiographies n'était différent. Il fallait que quelque chose d'autre soit à l'œuvre pour déterminer qui se plaindrait de lombalgie et qui ne s'en plaindrait pas.

TABLEAU 4

Comparaison des patients de médecine générale ayant consulté pour lombalgie au cours d'une année avec ceux n'ayant pas de lombalgie
Enquête de Göteborg de Horal

	Patients avec lombalgie	Patients sans lombalgie
Total des participants	212	212
Se souvenant d'une lombalgie dans l'année	100 %	67 %
Se souvenant d'une lombalgie récurrente	90 %	68 %
Se souvenant d'une lombalgie persistante	32 %	31 %
Maladie du disque intervertébral à la radiographie	46 %	32 %
Plus de 60 ans	58 %	60 %

Source : J. Horal, « The Clinical Appearance of Low Back Disorders in the City of Gothenburg, Sweden : Comparisons of Incapacitated Probands with Matched Controls », *Acta Orthopaedica Scandinavica* 118, suppl. (1969) : 1-109.

Une des plus importantes réalisations de la recherche clinique au XXe siècle est la compréhension de ce « quelque chose d'autre ». Si l'on pouvait en alerter tous les médecins et leurs patients, tellement de gens seraient mieux servis. Cependant, nous sommes toujours pénétrés du paradigme souffrance-maladie de Sydenham (chapitre 3), tellement pénétrés que nous n'épargnerons aucun moyen pour trouver la cause anatomopathologique de la lombalgie régionale dans l'espoir qu'on puisse la terrasser par un tour de force biochimique ou chirurgical. Dans ce chapitre, mon but est d'amorcer la discussion du «quelque chose d'autre», discussion qu'on poursuivra dans les chapitres subséquents. Mais il me faut d'abord faire la démonstration de la futilité du paradigme souffrance-maladie dans le contexte de la lombalgie régionale.

La lombalgie régionale aiguë et la lombalgie régionale chronique

La lombalgie régionale aiguë est très différente de la lombalgie régionale chronique. La lombalgie aiguë survient de façon soudaine[3] et est exacerbée par l'activité[4]. La douleur de la lombalgie régionale chronique n'en fait qu'à sa tête – adoptant une évolution qui est plus pénible qu'elle n'est douloureuse. La lombalgie chronique est beaucoup moins liée aux activités, moins circonscrite à la région lombaire en tant que telle, et habituellement accompagnée d'autres symptômes somatiques et affectifs[5]. L'expression «chronique» ne qualifie pas la durée de la souffrance. La lombalgie régionale chronique renvoie à une condition où la souffrance ressentie dans le contexte de la lombalgie dépasse la seule douleur de la région lombaire. Dans ce chapitre, on s'en tiendra à la lombalgie aiguë. Le chapitre 8 traite de la lombalgie chronique ainsi que des handicaps avec lesquels on la trouve toujours associée.

La maladie qui cause la lombalgie régionale aiguë

Bien des gens ont proposé des théories en relation avec la cause de la lombalgie régionale. Ces théories constituent une gamme allant de la niaiserie à la métaphysique, en passant par ce qui est présumément scientifique. Toutes ces théories ne sont pourtant que des hypothèses qu'il reste à réfuter et nul ne devrait en penser autre chose. Ce n'est toutefois pas de cette manière que le monde fonctionne. Une théorie décrochant le soutien de l'autorité est susceptible de faire office de vérité du moment.

C'est ce que l'on appelle la «médecine fondée sur l'éminence», une chose qui m'a toujours donné des boutons. Une «théorie» est une affirmation de l'incertitude. Quand c'est le mieux qu'on puisse faire, qu'on s'en accommode! Mais il ne faut pas sauter à la conclusion que, puisque c'est le mieux qu'on puisse faire, c'est la vérité. Depuis mes années à la faculté de médecine, je compose des aphorismes sur la médecine comme je la vois, que j'appelle les «lois de la dynamique thérapeutique[6]». La deuxième loi stipule: «Il n'y a jamais eu de charlatan qui n'ait pas sa théorie. »

C'est un legs de Sydenham qu'il doit nécessairement y avoir une maladie, ou plus précisément une instance d'anatomopathologie, qui soit le fondement de la lombalgie. En effet, il doit y en avoir une. Rien ne garantit, en revanche, qu'on puisse identifier la maladie. Et, advenant qu'on puisse identifier une maladie, rien ne garantit non plus qu'on pourra faire quelque chose d'utile pour le patient. Dans le cas de la lombalgie, le fait de trouver des maladies dans la colonne vertébrale n'est pas en cause. Le défi consiste à discerner, parmi les maladies de la colonne vertébrale les plus courantes ces temps-ci, celle qui cause la douleur d'aujourd'hui, en supposant que ce soit le cas. Nos colonnes vertébrales ont été normales et virginales jusqu'à la fin de l'adolescence. Qu'une colonne soit en parfait état à soixante ans, c'est tout à fait anormal. Dès quarante ans, la plupart d'entre nous avons subi des changements impressionants de l'anatomie de la colonne. Plusieurs auront des ostéophytes («saillies») autour d'une ou l'autre des trois articulations constituant chacun des niveaux vertébraux de la colonne lombo-sacrée. Presque tous auront des changements d'un disque ou plus, la jointure rattachant un corps vertébral directement à l'autre. Étant donné que nous avons presque tous ces changements, qu'on soit souffrant ou pas, le défi ne consiste pas tant à trouver un changement quelconque mais bien à trouver *le* changement qui est associé à la douleur. C'est une leçon apprise avec grandes difficultés et elle demeure difficile à enseigner encore aujourd'hui – même aux médecins.

Je m'apprête à affirmer que les études d'imagerie de la colonne des patients souffrant de lombalgie aiguë (ou chronique) sont, au mieux, sans pertinence et menant trop souvent à l'erreur. Compte tenu du caractère irréfutable des connaissances qui appuient cette affirmation, je ne ressens aucun besoin d'enseigner l'anatomie de la colonne. Cependant, tous les patients de toutes sortes de praticiens sont susceptibles d'être bombardés de terminologie anatomique de divers niveaux de sophistication. Plusieurs verront des images de leur colonne déployées sous leur regard horrifié. Comme ces expériences peuvent terrasser la raison, un bref exposé de l'anatomie de la colonne lombo-sacrée devrait suffire à blinder le lecteur. Par conséquent, j'ai inclus les figures 2 et 3, complétées d'une légende exhaustive pour chacune. Depuis des générations, les médecins prétendent que les radiographies et, plus récemment, les études d'imagerie beaucoup plus précises détiennent le secret de la cause de la lombalgie. C'est peut-être vrai, mais personne n'a encore déchiffré ce secret dans le cas de la lombalgie régionale et toutes les affirmations du contraire concernant la sciatique ne sont guère plus convaincantes.

Faire des images de la colonne

Pourquoi les médecins se sentent-ils contraints de commander des radiographies pour définir l'anatomie de la colonne lombo-sacrée des patients atteints de lombalgie régionale ? Les agences de santé de onze pays ont publié des directives fondées sur la preuve scientifique concernant la prise en charge de ces patients ; toutes sont d'accord pour reconnaître que les radiographies ne sont pas utiles[7]. Presque tout ce qu'on peut voir sur une radiographie est susceptible d'être présent chez plusieurs personnes du même âge qui n'ont pas mal, d'avoir été là avant l'épisode de lombalgie courant et de persister après l'épisode. Les seuls changements qu'on pourrait trouver qui puissent être en corrélation avec l'épisode relèvent d'un redressement de la courbure lombaire, mais c'est aussi une chose qu'on observe couramment avec l'âge, et c'est visible à l'œil nu dans le dos d'un patient.

Qu'est-ce qui nous pousse à nous soumettre à pareilles études, ou même à s'y attendre ? Il y a plusieurs années, lors d'une étude réalisée chez des militaires, les soldats qui se présentaient à la clinique pour lombalgie étaient choisis au hasard pour avoir ou non une radiographie. Évidemment, le fait qu'ils aient eu une radiographie n'eut aucune influence sur le traitement prescrit ni sur son résultat. Toutefois, plusieurs des soldats qui n'ont pas été radiographiés sont allés consulter hors de la garnison pour avoir, à leur tour, une radiographie. On nous a enseigné que le choix d'être un patient avec de la lombalgie est un choix commandant d'en rechercher la cause et la guérison. Les radiographies font partie de cette idée fixe, même si les images n'ont aucune utilité. Les préjugés ont la vie dure.

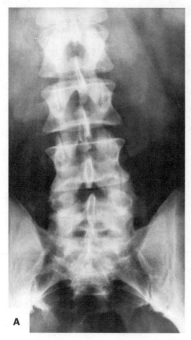

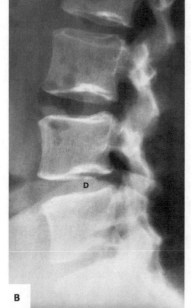

A

D

B

Figure 2. La colonne est une série d'os appelés vertèbres. Au centre de la vertèbre se trouve le canal spinal, à travers lequel passent la moelle épinière ainsi que la racine des nerfs qui en sortent. Chaque vertèbre comporte trois parties : les éléments postérieurs forment le toit du canal, le corps vertébral sert de plancher et les pédicules les relient de chaque côté. Le canal spinal est formé par l'alignement de ces éléments vertébraux. L'alignement est maintenu par l'articulation des éléments postérieurs et d'ailleurs par des tissus fibreux résistants. Les radiographies montrées ici sont celles d'une colonne lombaire plutôt normale. Les radiographies sont comme une photographie, sauf qu'elles utilisent les rayons X au lieu de la lumière pour exposer le film (ou le détecteur, étant donné que la plupart des rayons X sont désormais numérisés de même que les appareils photo numériques). L'efficacité avec laquelle les rayons X pénètrent à travers le corps dépend du type de tissu qu'ils recontrent ; plus le tissu est dense, moins ils peuvent passer à travers et plus l'image paraît blanche. Les os denses, riches en minéraux, bloquent les rayons X et paraissent blancs, tandis que les tissus remplis d'air paraissent noirs. Les teintes de gris témoignent de la densité variable des tissus.

Dans la photo A, la vue est comme si on regardait la colonne au travers du ventre ; la photo B est une vue de côté. Dans la photo A, les corps vertébraux sont des ombres rectangulaires qui semblent flotter. Les structures elliptiques denses au milieu sont les apophyses spinales qui dépassent du centre des éléments postérieurs ; ce sont les bosses qu'on sent avec les doigts au milieu du dos. Dans la photo B, les corps vertébraux paraissent plus carrés et l'on peut voir qu'ils sont attachés aux éléments postérieurs par l'os. L'espace entre les corps vertébraux paraît vide et noir, mais il est loin d'être vide. Les corps vertébraux sont connectés entre eux par une partie molle complexe appelée le disque (j'ai mis un D pour indiquer l'endroit).

Tel que mentionné auparavant, il s'agit d'une colonne relativement indemne. Avec l'âge, la composition du tissu du disque change, sa cavité rétrécit et des changements dégénératifs deviennent communs dans les corps vertébraux et les éléments postérieurs. Ces changements entraînent une augmentation de la densité de l'os et le développement de saillies osseuses.

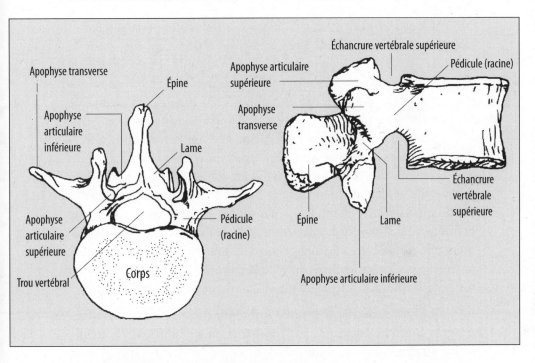

FIGURE 3. Ces dessins présentent certains détails anatomiques en corrélation avec la description des structures présentes dans les radiographies de la figure 2. La perspective du diagramme de gauche montre une vertèbre vue en plongée dans l'axe de la colonne. Le canal spinal (trou vertébral) est évident, tout comme les structures délimitant cette cavité. Les corps vertébraux et les disques intervertébraux constituent le plancher, les pédicules sont les murs et les éléments postérieurs composent le toit. Les parties du toit qui sont les plus proches de la colonne vertébrale forment la lame, la cible des laminectomies exécutées par des chirurgiens qui auront droit à mon mépris au chapitre 6, pour infliger pareille violence à cette structure.

Le dessin de droite correspond à la deuxième radiographie de la figure 2, la vue de côté. On peut voir l'épine de la vertèbre qui dépasse les éléments postérieurs. On peut aussi voir des structures dans les éléments postérieurs qui font saillie vers le haut, en direction de la tête, et vers le bas. Il s'agit de l'apophyse articulaire supérieure et inférieure, respectivement. Dans la colonne articulée, elles sont juxtaposées aux apophyses articulaires des vertèbres voisines pour former des articulations permettant le mouvement tout en maintenant la stabilité de la colonne vertébrale. Ces articulations sont appelées «facettes articulaires». Avec l'âge, personne n'échappe aux changements dégénératifs des facettes articulaires.

Dans l'articulation, l'échancrure vertébrale inférieure d'une vertèbre est opposée à l'échancrure vertébrale supérieure de la vertèbre située plus bas, formant un trou à travers lequel les nerfs sortent du canal vertébral. On peut voir que le nerf passe sur le disque à ce niveau.

Nous vivons dans une culture fascinée par les percées technologiques. L'industrie consacrée à la production des images de la colonne est tout aussi importante que profitable. Les scanners de tomodensitomérie assistée par ordinateur (CT) et les appareils d'imagerie par résonance magnétique (IRM) constituent autant de planches à billets pour leurs fabricants, les institutions les hébergeant et les gens qui les utilisent. Le problème avec les percées technologiques médicales, c'est que nous sommes incapables d'évaluer dans quelle mesure elles sont utiles. Quand on achète une auto dotée d'un système de positionnement global (GPS) ou d'un lecteur de DVD ou de quelqu'autre gadget, on n'a qu'à s'en prendre à soi-même quand on découvre que nul besoin ne justifiait la dépense supplémentaire. Quand on paie une prime d'assurance alourdie par l'amortissement des coûts de l'imagerie de la colonne des gens qui ont une lombalgie, il impossible de savoir si cet argent valait d'être dépensé.

La faible spécificité limite l'utilité diagnostique des tomodensitogrammes et des images par résonance magnétique, de la même façon qu'elle limite celle des radiographies. Par «faible spécificité», on veut dire que, bien qu'il soit possible de définir l'anatomie, on reste incapable de discerner l'anomalie anatomique propre à la lombalgie régionale d'aujourd'hui. Ce n'est guère surprenant puisque, comme on l'a dit, les colonnes vertébrales sont susceptibles de présenter à l'âge de la maturité plusieurs changements pathologiques. Les images par résonance magnétique sont excellentes pour cerner les détails des parties molles, tout comme le fait le tomodensitogramme pour l'anatomie des os. L'imagerie comporte un taux élevé de faux-positifs, avec comme conséquence la dépense chaque année de milliards de dollars pour cet exercice inutile. De plus, la production d'images par résonance magnétique ne peut pas servir à prédire la lombalgie[8]. L'imagerie par résonance magnétique n'est même pas sensible aux changement anatomiques qui pourraient être liés à de nouveaux symptômes[9]. Le coût n'a plus rien à faire dans une comparaison coût/efficacité quand l'imagerie est inefficace.

Pour être juste, plusieurs médecins ainsi que la plupart des radiologues sont conscients de cela. Très peu d'entre eux seraient prêts à déclarer que les changements dégénératifs sont normaux, comme je le fais. Mais il ne s'en trouvera que quelques-uns pour dire que le changement dégénératif constitue la cause du problème.

Néanmoins, les médecins futés demandent ces études d'imagerie, et les radiologues sont trop futés pour les leur refuser. C'est peut-être dû au fait qu'ils pensent que, bien que les études scientifiques soient valables pour la plupart des patients, il peut arriver qu'elles ne conviennent pas au problème précis d'un patient particulier[10].

En mettant de côté cette rationalisation de la méthode essai-erreur, la production d'images de la colonne reste le premier recours des praticiens de la médecine et constitue une attente de leurs patients depuis des générations. L'imagerie ne facilite peut-être pas le rétablissement, mais elle contribue certainement à la satisfaction du patient[11]. Est-ce là un résultat valable ? Ou bien encore cette satisfaction contribue-t-elle à la persistance de la maladie ? La discussion patient-médecin survenant après l'imagerie se rapporte constamment à l'anatomopathologie démontrable. Cette discussion est peut-être satisfaisante, mais elle est aussi associée à l'exacerbation de la douleur[12]. Quand l'image dont on discute provient de la résonance magnétique, cette discussion est aussi associée à une augmentation de la probabilité de la chirurgie[13].

L'imagerie ne remplit aucune fonction diagnostique dans cet exemple. Elle devient un élément de la dramatisation d'un traitement complexe qui dotera le patient de notions de physiopathologie sans fondement tout en enrichissant l'histoire de sa détresse du vocabulaire propre au professionnel qui le traite. Les patients restent stigmatisés à jamais par ces expériences, rarement pour le mieux[14]. Quelle que soit la satisfaction tirée d'avoir subi des études d'imagerie, cette satisfaction n'empêche aucunement le tiers des patients souffrant de lombalgie, en pratique générale, de consulter plusieurs praticiens[15]. Dans ce contexte, l'imagerie devient le symbole de la logique bancale soutenant les mythes à propos de la lombalgie, mythes qui sont largement répandus dans la population et qui assombrissent le pronostic d'un retour à une existence vécue dans le bien-être[16].

À propos du sophisme de l'usure

Qui d'entre nous peut regarder une image de sa propre colonne sans s'émouvoir à la vue de tous ces disques qui sont dégénérés, de ces facettes articulaires dotées de saillies, sinon d'un alignement imparfait ? Qu'est-il survenu d'anormal ? Que va-t-il m'arriver ? Qu'est-ce que j'ai fait ? Que dois-je éviter ? Étant donné la hantise habituelle de la maladie, ces questions, et l'anxiété qu'elles suscitent, sont prévisibles. Nous avons tous besoin d'être mis au parfum.

Les recherches effectuées pendant la dernière décennie renseignent sur toutes ces questions. Le rythme et le degré avec lesquels nos colonnes subissent ces changements n'ont presque rien à voir avec ce qu'on a fait ou pas fait dans la vie. L'hérédité tient le rôle dominant, expliquant jusqu'à 75 pour cent de la variance[17]. Le profil d'utilisation pendant le décours de la vie a une influence à peine perceptible. La notion de l'usure doit être rejetée. Ce changement de paradigme comporte des conséquences graves pour le contexte de la santé et de la sécurité au travail.

Ces conséquences sont très importantes. Le rôle prédominant de la génétique dans l'ampleur des changements dégénératifs dans la colonne, combiné au fait que ces changements ne sont pas liés aux incidents cliniques comme la lombalgie, annonce un changement radical de la sagesse traditionnelle à propos de la lombalgie. Non seulement la pathologie vertébrale est-elle déterminée par la génétique, mais la prédisposition génétique aux changements dégénératifs des mains, de la colonne et des genoux fait de ces processus certains des traits polygéniques les plus héréditaires. Ils sont beaucoup plus héréditaires que presque tous les autres traits dont on parle tant dans la presse médicale, beaucoup plus que la maladie cardiovasculaire, que le cancer, que la démence et la longévité. En outre, ces changements dégénératifs de la colonne vertébrale n'ont presque aucun lien avec la souffrance : une personne qui présente quantité de changements dégénératifs n'est pas plus susceptible d'avoir mal dans le dos qu'une autre qui en est dépourvue.

La maladie dégénérative de la colonne vertébrale est un événement contemporain du vieillissement, comme le grisonnement ou la calvitie. Il faut en revenir.

Le traitement de la lombalgie régionale fondé sur la preuve scientifique

Au chapitre 3, j'ai dit que le développement de la méthodologie permettant d'évaluer l'efficacité des traitements était une des grandes réalisations de l'épidémiologie moderne. Lorsque ma génération a joint les rangs de la médecine, l'état de ce savoir était encore au stade de la très petite entreprise – mais pas pour longtemps. La Collaboration Cochrane (www.cochrane.org) est pionnière de l'institutionalisation de la discipline se consacrant à l'examen critique de la documentation pour en tirer des conclusions à propos de la qualité de la preuve disponible[18]. L'étalon-or en matière de preuve est fourni par l'essai clinique aléatoire (ECA). Le principe sous-jacent est simple : on assigne au hasard la moitié des patients d'un échantillon de candidats pour un traitement à un groupe qui est traité et l'autre moitié à un groupe qui n'est pas traité (le groupe témoin) pour ensuite déterminer s'il existe une différence des résultats entre les deux groupes. Des carrières entières de statisticiens et d'épidémiologues ont été consacrées au perfectionnement de cette méthodologie. La mission de la Collaboration Cochrane consiste à recenser les interventions pour lesquelles on détient la preuve qu'elles sont efficaces. On choisit des sujets à évaluer et la documentation qui s'y rattache est systématiquement rassemblée puis analysée pour déterminer sa qualité en fonction de critères prédéfinis. Le format très structuré et les critères de l'évaluation systématique sont tellement rigoureux qu'en général seuls quelques articles de qualité, presque toujours des essais cliniques aléatoires, sont repérés dans la multitude, peu importe le sujet. Le groupe se charge ensuite de conclure que la preuve a été faite et à quel point elle est incontestable sur le plan de sa méthodologie. C'est ce qu'on appelle le « niveau de preuve ».

La mission de la Collaboration Cochrane ne va pas jusqu'à déterminer que l'ordre de grandeur de l'effet suffit pour justifier l'intervention chez un patient. Très peu d'organismes s'occupant d'évaluer la force probante des fondements des pratiques cliniques iront jusqu'à évaluer leur pertinence clinique. L'American College of Physicians' Journal Club prend les articles un par un, détermine la robustesse de la preuve et fait une estimation de la présence ou de l'absence d'efficacité clinique. Mais la plupart n'osent pas tirer pareilles conclusions pour des motifs qui m'ont toujours échappé.

Définir les critères requis pour établir un « niveau significatif d'efficacité » est plus difficile que choisir des critères servant à reconnaître un
« niveau significatif de preuve ». Pourtant, lorsqu'existent les preuves
d'un effet, la prochaine question qu'il faut poser est : s'agit-il d'un
effet important ?

La Collaboration Cochrane tient son nom d'Archibald
Cochrane, à qui le fait d'avoir pourvu aux soins médicaux de ses
camarades prisonniers de guerre en Allemagne, pendant la Deuxième
Guerre mondiale, avait inculqué le besoin pressant de définir l'efficacité clinique. Il a étudié l'épidémiologie sous la direction de Bradford
Hill, un des pères fondateurs de l'épidémiologie moderne – l'épidémiologie de la santé et de la sécurité au travail en particulier.
Cochrane a commencé sa carrière académique à Cardiff. En 1972, il
a soutenu que l'analyse des essais cliniques aléatoires était la manière
la plus scientifique pour éclairer la pratique de la médecine. La cause
a été épousée par des leaders d'opinion de l'Université McMaster au
Canada (notamment Brian Haynes et David Sackett) et de l'Université Yale (Alvan Feinstein en particulier). En 1993, ces derniers, de
concert avec près de soixante-dix autres chercheurs, ont annoncé la
formation de la Collaboration Cochrane « afin de préparer, maintenir et disséminer des études critiques systématiques sur les effets des
interventions en santé* ». En 2003, on estimait qu'environ 10 000
rapports seraient nécessaires pour établir une bibliothèque complète
de la « médecine fondée sur la preuve scientifique » avec la mise à
jour périodique de tous les rapports[19]. Il s'agit là d'une sous-estima-
tion. Il y a beaucoup plus de travail à faire, ne serait-ce que parce que
les 4 000 rapports disponibles (et probablement les essais cliniques
aléatoires disponibles) ne reflètent pas le fardeau global de la
maladie[20].

---

*   De nos jours la collaboration est composée de 51 groupes collaboratifs d'évaluation,
de 13 groupes de méthode et de 16 groupes de terrain-réseau comptant environ
14 000 évaluateurs dans plus de 90 pays. Ces chercheurs sont coordonnés par 26
centres de coordination dispersés dans 13 pays. Un comité directeur élu supervise
tout le travail avec l'aide d'un secrétariat basé à Oxford, au Royaume-Uni. La plupart des participants sont bénévoles. Le projet survit grâce aux contributions
modestes de plusieurs pays. À ce jour, la Collaboration Cochrane évite la contribution des pharmaceutiques, bien que les évaluateurs individuels n'aient pas de
contraintes à cet égard.

Le Groupe de travail sur le dos a réalisé plusieurs rapports pendant la décennie qui a suivi sa création[21]. Un effort particulier a été consacré pour peaufiner les critères avec lesquels on évalue la littérature disponible et tire des conclusions à propos de la preuve et de sa qualité[22]. Il ne s'agit pas là d'un travail facile réalisé selon des règles fermement établies. L'utilisation de critères variés pour établir le « niveau de preuve » mène, dans les rapports Cochrane, à des conclusions très différentes sur les interventions pour la lombalgie[23]. Bien qu'elle ne soit pas la seule source d'études cherchant à faire le point sur la valeur ou l'absence d'interventions pour la lombalgie ou d'autres problèmes, la Collaboration Cochrane demeure le leader du domaine en raison de sa rigueur méthodologique[24], bien que seul le temps saura dire si cette approche est presciente. Mais point n'est besoin d'attendre pour montrer qu'entre les rapports Cochrane et les méta-analyses commandées par l'industrie, sur un même produit, les évaluateurs commandités par l'industrie choisissent des approches méthodologiques qui sont beaucoup plus susceptibles d'appuyer une conclusion favorable au produit du commanditaire[25].

Le Cochrane Back Review Group fournit un service très utile, mais peut-être pas celui qu'on pense. Étant donné le caractère exhaustif de son analyse documentaire, il peut rassurer ceux d'entre nous qui analysent la littérature de leur propre chef, en montrant que nous n'avons rien manqué d'important. Par exemple, je n'ai aucun intérêt à prescrire des relaxants musculaires. D'abord, j'estime que les données disponibles ne démontrent aucun effet de ces médicaments sur les muscles ; tout ce que procurent ces médicaments, c'est de la somnolence, ce que j'estime inefficace pour soulager la lombalgie. Le Cochrane Back Group est arrivé à la même conclusion en se fondant sur trente essais, dont la plupart étaient de qualité supérieure[26]. La documentation sur les fausses semelles est insuffisante et loin d'être incontestable[27]. Il n'y a pas la moindre trace d'une amélioration pour toutes sortes de tractions dans vingt-cinq essais cliniques aléatoires, dont cinq qui sont jugés de qualité supérieure[28]. La traction est reléguée aux oubliettes. En ce qui concerne l'application de la chaleur ou du froid dans le dos, la preuve est limitée et peu convaincante[29]. Je laisse au patient le soin de décider. Mais l'alitement mérite une sérieuse discussion fondée sur des données probantes. On ne devrait jamais dire à personne de s'aliter pour une lombalgie. La seule recommandation qui soit fondée sur des données probantes est de continuer à mener sa vie le mieux possible.

Vous voyez où je veux en venir. Il existe des milliers d'essais explorant l'efficacité des éléments du menu thérapeutique pour la lombalgie aiguë. Ces essais sont autant de tentatives de vérifier l'efficacité d'une modalité particulière – une pilule, une manipulation ou un dispositif – sur le parcours d'un patient déjà empêtré dans un acte de traitement complexe dont la modalité étudiée ne constitue qu'un élément. Dans tous ces essais, les groupes de comparaison s'en tirent assez bien. À l'exception des anti-inflammatoires non stéroïdiens, aucune des modalités habituellement à la portée d'un médecin n'a pu démontrer qu'elle a eu un effet sur le taux de la guérison ou sur l'intensité de la douleur pendant la guérison, par comparaison à ce qu'on observe chez les patients des groupes témoins. C'est là ce que montre la preuve.

Nul besoin d'abandonner l'acte de traitement, juste les supercheries de presque toutes les modalités de traitement. Mais nous devons nous assurer que l'acte de traitement en tant que tel atténue les symptômes à court et à moyen terme. Ce n'est pas une tâche facile étant donné les différences individuelles entre les patients et leurs médecins. Une partie des secrets de l'atténuation des symptômes pourrait émerger de la prise en considération des facteurs psychosociaux qui entravent la capacité de surmonter, ce qu'on abordera sous peu.

Les consignes pour le traitement de la lombalgie

En pratique, il n'est pas facile de savoir dans quelle mesure le niveau de preuve se traduit en amélioration de la qualité des soins. Les retombées sur la pratique clinique dépendent probablement plus du bouche-à-oreille et des réseaux de médecins que de la formation médicale continue[30]. Personne n'apprécie que ses pratiques confortables et ses préjugés soient remis en cause, pas même les médecins. Une façon de compenser la compréhension inégale des fondements éprouvés de la médecine peut se trouver dans la formulation de consignes de pratique applicables aux traitements, consignes qu'on fonde sur la preuve scientifique disponible.

Comme on l'a dit plus haut, plusieurs pays ont publié des directives pour le traitement de la lombalgie régionale. Certains, notamment la Nouvelle-Zélande, ont innové en lançant la notion des «drapeaux jaunes», des indices tirés de l'histoire du patient qui sont autant d'indicateurs des défis psychosociaux pouvant entraver son évolution. La plupart résultent du travail de comités menant des analyses semblables à celles de la Collaboration Cochrane, pour ensuite fonder leurs consignes sur ces analyses. Ces consignes sont, on l'aura deviné, semblables d'un pays à l'autre; aucune ne recommande la chirurgie ni d'autres procédures agressives pour traiter la lombalgie aiguë. Deux de ces travaux méritent une attention spéciale car ils constituent les ancêtres des consignes utilisées aujourd'hui, en plus de renseigner sur la politicaillerie entourant la rédaction de pareils documents. Un troisième ensemble de consignes vient tout juste de paraître et mérite qu'on jette un coup d'œil à ses caractéristiques dernier cri.

Le rapport du Groupe de travail du Québec sur les problèmes de la colonne

En 1983, la Commission de la santé et de la sécurité au travail du Québec a dû faire face à l'obligation d'augmenter substantiellement les traitements de physiothérapie pour des travailleurs atteints de lombalgie régionale invalidante, aussi appelée blessure du dos. On a demandé à l'Institut de recherche en santé et en sécurité du travail d'entreprendre une analyse des traitements appropriés pour soigner des blessures de ce genre. Un groupe de travail a été convoqué, dirigé par Walter O. Spitzer, un épidémiologiste renommé de l'Université McGill. Le mandat consistait à «mettre au point et à tester une typologie des différents traitements», à créer «des matrices pour évaluer les mesures diagnostiques et thérapeutiques» et à «faire des recommandations conçues pour améliorer la qualité du traitement des travailleurs blessés et souffrant de problèmes de la colonne vertébrale».

Spitzer a rassemblé un groupe composé en parts égales de cliniciens, d'autres professionnels de la santé et de méthodologistes, puis a réussi à obtenir un consensus publié sous forme de rapport dans *Spine* en 1987[31]. Sa manière de procéder a été l'une des premières du genre, établissant un précédent qui fut imité par la

Collaboration Cochrane et plusieurs autres par la suite. Par exemple, les articles faits d'anecdotes, ou exclusivement fondés sur la seule observation, n'avaient aucun poids, alors que les essais cliniques aléatoires constituaient l'étalon-or.

Ce groupe de travail a aussi constitué le précédent de la controverse suscitée par tout exercice de cette nature. Plusieurs traitements, par exemple, n'étaient fondés que sur l'anecdote ou les convictions ; on a alors stipulé que ces traitements n'étaient pas fondés sur une preuve scientifique, même quand il s'agissait de « pratiques bien établies ». Ce n'est pas dire la même chose que « CONTRE-INDIQUÉS sur la foi de la preuve scientifique disponible », mais c'est tout de même un verdict accablant qui a coupé l'herbe sous le pied de plusieurs professions dont l'activité était faite de remèdes non éprouvés. Les représentants de ces professions se sont désolidarisés du groupe de travail et de son rapport, tant et si bien que le rapport n'a eu que peu d'effet sur les politiques de soins.

La consigne de pratique clinique numéro 14

L'Agency for Health Care Policy and Research (AHCPR) a été créée par l'Omnibus Budget Reconciliation Act of 1989 pendant la présidence de George H. W. Bush avec l'objectif d'établir des directives pour la normalisation de l'évaluation et du traitement des problèmes dotés d'une prévalence élevée de morbidité, de mortalité, de coûts et de styles de pratique variables. La loi a été adoptée en dépit d'un débat passionné, voire grinçant, mettant en cause la quasi-totalité des détenteurs d'enjeux – y compris l'American Medical Association – qui dénigraient tous une philosophie imposant des soins de santé communautaires basés sur des choix essentiellement individuels. L'AHCPR s'est néanmoins attelée à la tâche, produisant des documents sur la gestion de la douleur postopératoire, l'incontinence chez les personnes âgées, les plaies de lit et plus encore. Chaque document a été accueilli par un barrage de controverses d'intensité variable, généralement fondées sur l'applicabilité universelle de conclusions établies dans les essais cliniques aléatoires disponibles. Après tout, les essais cliniques aléatoires de la meilleure qualité tendent à répartir au hasard un groupe de patients minutieusement choisis, de sorte que leurs résultats pourraient ne pas être applicables aux patients souffrant des mêmes maladies mais dotés d'attributs cliniques différents.

La controverse a culminé en un tollé fiévreux avec le numéro 14, le Clinical Practice Guideline for Acute Low Back Problems in Adults[32]. Le numéro 14 a été réalisé par un groupe dirigé par Stanley Bigos, un orthopédiste, comptant vingt-deux cliniciens de tout acabit et un consommateur. Je connais bien ce groupe, son fonctionnement, son rapport et ses retombées, parce que j'étais un de ses trois consultants. Pour l'essentiel, le travail a été réalisé selon le modèle du groupe de travail du Québec, à partir de la documentation la plus récente. Plus de 10 000 études publiées ont été examinées. Nous sommes néanmoins parvenus à des conclusions très similaires, établissant qu'une bonne partie de ce qui constituait la « pratique habituelle » n'avait aucun fondement scientifique quand ce n'était pas formellement contre-indiqué. En particulier, les modalités physiques, les procédures chirurgicales et l'imagerie ont été sérieusement écorchées.

En raison du précédent du Québec, nul détenteur d'enjeux n'a été pris de court. Les réactions ont été beaucoup plus concertées, c'est le moins qu'on puisse dire, souvent même vitrioliques. Les physiatres ont publié une réfutation sous forme de livre[33], proposant l'argument que, vu qu'il n'y a souvent aucune preuve dans l'un ou l'autre sens, pourquoi ne ferait-on pas confiance au jugement clinique ? La communauté de la chirurgie de la colonne vertébrale a attaqué sur plusieurs fronts. La North American Spine Society, l'organisation professionnelle des chirurgiens de la colonne vertébrale, a constitué son propre groupe de travail qui entreprit d'étudier la même documentation, aboutissant à des conclusions très différentes.

Les chirurgiens de la colonne vertébrale trouvèrent un moyen plus direct pour rectifier ce qu'ils tenaient comme un forfait partial perpétré par l'AHCPR : ils lancèrent une campagne ciblant le Congrès. Fort de l'appui des chirurgiens, le Center for Patient Advocacy a vu le jour et entreprit d'effectuer un démarchage vigoureux auprès des membres du Congrès pour s'opposer à l'AHCPR au moment même où le leader de la majorité, Newt Gingrich, réclamait une réduction de la taille et de l'influence du gouvernement fédéral.

En 1995, l'AHCPR était éliminé sous prétexte d'être une agence gouvernementale inutile. Elle allait renaître un jour, devenue l'ombre de ce qu'elle avait déjà été, sous le nom d'Agency for Healthcare Research and Quality, un « centre de tri de données » qui ne tirerait jamais aucune conclusion susceptible de restreindre la pratique clinique. Le gouvernement britannique a créé le National Institute for Health and Clinical Excellence (NICE), un groupe semblable à l'AHCPR, dans le but d'établir des consignes de pratique fondées sur la preuve scientifique. On ne sait toujours pas si le NICE est plus efficace pour influencer la pratique des médecins[34].

Bien qu'il s'agisse d'organismes soutenus par le gouvernement, la Collaboration Cochrane et le NICE présentent un soupçon de conflit d'intérêts en raison des activités commerciales de certains des experts qui y collaborent. Ce n'est pas inhabituel. Dans une étude portant sur plus de 200 consignes de pratique partout dans le monde, plus du tiers des experts des comités avaient des liens avec des sociétés pharmaceutiques concernées et plus de 70 pour cent des comités étaient concernés[35]. Je trouve ça très troublant, comme beaucoup d'autres d'ailleurs et il y a de quoi. Les conflits d'intérêts devraient exclure les experts des comités et des activités éditoriales tout simplement parce que l'influence de l'intérêt personnel, qu'il soit subliminal ou pas, ne peut pas être jaugée par ceux qu'on souhaite influencer. C'est un problème auquel je reviendrai un peu plus loin.

L'American College of Physicians et l'American Pain Society

Des consignes ont aussi été promulguées par l'American College of Physicians (ACP) et l'American Pain Society (APS)[36]. Il s'agit là d'une pratique coutumière. Le système qui cote la documentation est de même nature. L'essence des consignes qui en ont émergé et le fondement des recommandations sont résumés au tableau 5. Une grande partie de l'importance se retrouve dans les détails, tout comme beaucoup de ce qui est important est examiné d'un œil distrait.

TABLEAU 5
Consignes de l'American College of Physicians
et de l'American Pain Society sur la lombalgie régionale

Recommandation	Force de la recommandation	Qualité de la preuve
Évaluer les facteurs de risque psychosociaux pour la chronicité	Forte	Modérée
Ne pas produire d'images de la colonne, de routine	Forte	Modérée
Ne produire des images de la colonne que lors de maladies systémiques ou neurologiques	Forte	Modérée
Prévenir les patients du pronostic	Forte	Modérée
Recommander aux patients de rester actifs	Forte	Modérée
Ne prescrire que de l'acétaminophène et des AINS* pour l'analgésie	Forte	Modérée
En l'absence d'amélioration, envisager un traitement non pharmaceutique	Faible	Modérée

Note : Les directives sont plus vastes et englobent d'autres présentations, mais ce tableau porte sur la lombalgie régionale.

* Anti-inflammatoires non stéroïdiens.

Source : R. Chou, A. Qaseem, V. Snow et autres, « Diagnosis and Treatment of Low Back Pain : A Joint Clinical Practice Guideline for the American College of Physicians and the American Pain Society », *Annals of Internal Medicine* 147 (2007) : 478-491.

Par exemple, il existe plusieurs facteurs de risque pour la chronicité, mais on verra plus loin que la capacité de les démêler est limitée, la capacité de déterminer l'enjeu principal est encore plus limitée, et la capacité de faire quelque chose à leur propos est discutable. De plus, beaucoup de ce qui est inutile est enclavé dans la notion de « thérapies non pharmacologiques » (des modalités physiques comme les tractions, pour la plupart) ; ce qui est utile l'est à peine. Par conséquent, la recommandation est faible et ne s'applique qu'aux traitements particuliers et non pas aux régimes de traitement dont ils font partie. Les thérapies recommandées sur la foi de la preuve ont une certaine efficacité, mais celle-ci est imprévisible et rarement élargie. La preuve ne caractérise pas l'efficacité de cette façon et, comme d'autres consignes, le document de l'ACP et de l'APS (ACP-APS) non plus.

L'essentiel est qu'il n'y a aucune raison de recourir aux soins médicaux pour une lombalgie régionale, certainement aucune raison qui soit compatible avec le paradigme souffrance-maladie de Sydenham. La seule justification possible serait que le médecin fournisse un havre dans la tempête : empathie, sagesse, rassurance et des conseils constructifs. Il n'y a rien de magique qui soit caché dans le sac noir, et il n'y a probablement pas de sac noir non plus. On peut dire la même chose de n'importe quel autre port qu'on pourrait choisir dans cette tempête. Personne n'a un meilleur tour dans son sac.

Il s'agit là d'idées difficiles à saisir et elles semblent contraires à l'intuition dans notre monde médicalisé. Il est probablement préférable pour quiconque de ne rien dire à personne d'une lombalgie régionale et de s'efforcer de l'endurer. Une fois qu'on se plaint, on devient un patient dans un acte de traitement orienté par ces consignes ACP-APS mais pas fortement lié par celles-ci. Avez-vous une lombalgie « aiguë », ou vos symptômes durent-ils depuis plus de quatre semaines ? Souffrez-vous d'une lombalgie régionale, ou y a-t-il une complication neurologique ? Tous ces jugements, quand ils sont affirmatifs, supplantent les consignes ACP-APS avec une documentation portant sur d'autres questions ; plus précisément, ce sont des options recourant à l'aiguille et au bistouri qui seront envisagées. Les consignes ACP-APS ne causent de cette éventualité que très brièvement.

Les raisons de choisir de devenir un patient

L'adaptation à la lombalgie régionale représente toujours un défi impliquant plusieurs considérations essentielles. Il faut s'occuper de l'effet sur la personne : de quelle façon et dans quelle mesure le fonctionnement est-il restreint ? De quelle façon et dans quelle mesure le confort est-il compromis ? Quelles activités personnelles et professionnelles se trouvent compromises ou interdites ? Il faut considérer plusieurs options : la lombalgie est-elle supportable ? Les symptômes requièrent-ils l'utilisation de la multitude de produits pharmaceutiques (agents, onctions et potions) et de dispositifs qui ont été fournis avec largesse puis énergiquement commercialisés pour influencer la décision ? L'assistance professionnelle est-elle indispensable pour l'adaptation ? La gamme des professionnels disposés à fournir assistance moyennant des honoraires est vaste. Comment les patients choisissent-ils entre les fournisseurs ?

Selon la sagesse populaire, c'est l'intensité physique de l'affliction qui détermine la décision de demander un traitement. Plus la douleur est vive, plus il est probable qu'elle sera mémorable, ce qui entraînera l'utilisation d'analgésiques, empêchera de travailler et incitera à rechercher des services de santé professionnels. L'épidémiologie a vérifié cette sagesse populaire et elle n'est plus vraie. Le dénominateur commun motivant la décision de consulter est la compromission de la capacité d'adaptation de la personne[37]. Les études de cohortes en milieu de travail[38] et en milieu communautaire[39] ont scruté l'association du souvenir et du signalement de la lombalgie ainsi que la douleur au bras et au genou. La détresse psychologique à domicile et au travail, certains traits du comportement de malade et d'autres symptômes somatiques sont tout aussi importants. Par ailleurs, les facteurs psychosociaux entravant la capacité de faire face à la douleur sont aussi importants pour rendre la lombalgie persistante que pour la rendre signalable au point de départ[40].

Cette perspective comporte de lourdes implications pour le traitement clinique, qu'il soit orchestré ou pas par un médecin. L'histoire de la détresse d'un patient souffrant de lombalgie régionale devrait être examinée comme une plainte de substitution[41]. « J'ai mal dans le dos » veut probablement dire : « J'ai mal dans dos et je me trouve ici parce que je ne parviens pas à me sortir de cet épisode-ci maintenant[42]. » Pendant trois siècles, les médecins, presque tous les autres professionnels de la santé et la société dans son ensemble ont été incapables de conceptualiser « j'ai mal dans le dos » de cette façon. La possibilité que la lombalgie soit la goutte faisant déborder le vase est contraire à l'intuition, et une suggestion en ce sens peut même insulter le patient qui interprète cela comme l'insinuation que « cela se passe dans sa tête ». La notion acceptable est que la lombalgie est une manifestation d'une maladie importante, tout comme tousser en produisant un crachat purulent est une manifestation de pneumonie bactérienne. On assume que toute réduction dans la capacité d'adaptation d'un individu résulte de la lombalgie, plutôt que le motif rendant la lombalgie moins tolérable. La *maladie* est la coupable à laquelle on doit pallier à défaut de pouvoir l'extirper.

Tous les professionnels de la santé ont leurs théories à propos de la cause du problème sur lesquelles ils fondent leur approche thérapeutique. La plupart des théories considèrent que quelque chose de terriblement grave est arrivé autour ou à l'intérieur du dos. Dans le cas de la lombalgie régionale, par contre, aucune théorie n'a survécu à l'expérimentation scientifique. Quant aux divers régimes de traitement et d'interventions – les fameuses modalités –, aucun n'est venu à bout de la lombalgie régionale et très peu ont fait la preuve d'une efficacité démontrable. Plutôt que de remettre en question leurs prémisses, cliniciens et patients ont l'habitude de chercher différentes théories ou approches. L'imagerie sert uniquement à renforcer la notion que la lombalgie n'est rien d'autre que le symptôme d'une maladie sous-jacente. Cette construction sociale contribue davantage à assurer la prospérité d'une énorme entreprise de traitement qu'à aider le patient.

Il est possible que les personnes souffrant de lombalgie régionale s'en tirent mieux en s'adaptant du mieux qu'elles peuvent[43], s'appuyant sur des conseils du commun[44], qu'en choisissant de devenir des patients. Si l'énoncé «je suis incapable de vivre avec cette lombalgie» était la plainte habituelle des patients à la recherche de soins, ils s'en tireraient peut-être mieux[45]. De nos jours, la médecine semble incapable de combler l'abîme qui sépare la souffrance de la maladie[46] ni d'acquérir les habiletés pour appliquer ces idées[47].

CINQ

Mieux faire ou :
Je m'appelle Nortin et je suis un placebo !

Ainsi qu'on l'a conclu dans le chapitre précédent, la médecine ne dispose d'aucun remède simple pour la lombalgie régionale. Ce qui ne signifie pas que la médecine détienne le monopole de la responsabilité d'en trouver un, ni qu'elle l'ait jamais eue. Dans l'Antiquité, dieux et démiurges pouvaient causer, puis guérir, blessures et maladies. Le démiurge grec Asclépios, un fils d'Apollon, engendra deux fils, Machaon le chirurgien et Podalirios le médecin, et deux filles, Hygie et Panacée. Ces dieux guérisseurs étaient vénérés dans des temples particuliers accessibles à tous les malades. Les médecins étaient des artisans itinérants qui dispensaient des soins au domicile même de ceux qui pouvaient payer leurs honoraires.

C'est à Hippocrate qu'il revint d'affronter cette mythologie. Hippocrate a vu le jour dans l'île de Cos environ 460 ans avant l'ère chrétienne. À son décès à l'âge de 80 ans, il a laissé un héritage d'observations cliniques judicieuses et de commentaires éthiques visant à désembourber la médecine du marécage de la métaphysique. Influencé par son contemporain Platon, Hippocrate a balayé précédents, notions théosophiques et superstitions pour lancer le courant « dogmatique » en médecine. Pour les dogmatiques, l'observation était un piètre substitut du raisonnement. Pour Hippocrate, la santé du corps dépendait de forces vitales. Les théories vitalistes ont mené à des traitements comme la purgation, la saignée et la déshydratation des malades.

Depuis lors, l'histoire de la médecine a écarté les théories vitalistes pour leur substituer celles qu'on peut démontrer scientifiquement et promouvoir la conception de traitements qui tempèrent le zèle thérapeutique à l'aide de l'exigence de faire la preuve de leur efficacité. Cette évolution n'est cependant pas survenue d'une manière linéaire. Il y eut quelques rares percées conceptuelles : la théorie de Harvey concernant la circulation du sang et le paradigme souffrance-maladie de Sydenham, par exemple. Il y eut aussi quelques percées en thérapeutique : l'antisepsie de Joseph Lister, la vaccination d'Edward Jenner et l'anesthésie de William T. G. Morton. Mais l'essentiel de la médecine perpétua le vitalisme, le drapant du jargon scientifique du jour pendant une bonne part du XXᵉ siècle ; la plus grande partie de ce qui passait pour de la thérapeutique était fondée sur des déductions pseudoscientifiques, s'avérant souvent toxique et même brutale.

Il y a encore beaucoup de gens aux États-Unis, et plus encore partout dans le monde, pour chercher refuge dans toutes sortes de métaphysiques, de superstitions et de théologies quand ils ne se sentent pas bien, parfois faute de mieux et parfois avec raison. Car, après tout, malgré toutes les percées de la médecine, beaucoup de maladies continuent à échapper à l'examen scientifique. En outre, les traitements de la médecine moderne sont susceptibles d'être plus douloureux, voire plus dommageables, que tout ce qu'offrent les différentes variétés de médecine alternative. Quand la concurrence pour soulager la maladie survient entre différentes écoles du dogmatisme (et cela vaut pour le traitement autant médical qu'alternatif), le consommateur devrait se sentir encore plus libre de choisir et aussi de les éviter tous.

La religion a toujours offert une solution de rechange plus douce. Certains mouvements religieux sont soutenus par une approche de la guérison passive et centrée sur la foi. Le Mouvement pentecôtiste et la Science chrétienne occupent la scène des États-Unis depuis plus d'un siècle ; la scientologie est une nouvelle addition. La médecine disposait de bien peu d'avantages dans la compétition pour l'allégeance des malades et des souffrants jusqu'à la deuxième moitié du XXᵉ siècle, quand la médecine scientifique a finalement disposé dans son arsenal des antibiotiques, des antihypertenseurs, des diurétiques, des chirurgies sophistiquées et plus encore. La médecine a accompli tant de choses au cours des cinquante dernières années qu'elle s'est imposée au faîte de la hiérarchie des guérisseurs. Aujourd'hui, on évoque une grave faute professionnelle quand un médecin ne traite pas une méningite bactérienne de la manière appropriée ; il est aussi question d'homicide involontaire quand quelqu'un souffrant de méningite bactérienne ne reçoit sciemment qu'une thérapie fondée sur la foi. La médecine a cependant ses limites, il faut le reconnaître, faute de quoi le progrès risque d'être compromis et son professionnalisme, devenir une imposture. L'orgueil démesuré n'est pas moins intolérable aujourd'hui qu'il ne l'était dans l'Antiquité et l'autoritarisme est tout aussi inexcusable. Pour plusieurs en médecine, cela est difficile à avaler. Peu importe, c'est le prix du professionnalisme.

Aujourd'hui, et c'est vrai depuis longtemps, certains remèdes sont hors du domaine de ce qui est vérifiable. Certains sont fondés sur des théories défiant le raisonnement académique et se valent donc le dédain des dogmatiques médicaux modernes. Prenons l'exemple du *susto*. *Susto*, le vocable espagnol pour «peur», est un diagnostic populaire pour le stress post-traumatique affligeant les indigènes du Pérou et de plusieurs autres pays d'Amérique latine. Il peut être une maladie débilitante généralisée, caractérisée par un manque d'énergie et d'autres plaintes somatiques. Parmi tous les remèdes populaires pour le *susto*, le plus légendaire est la *limpieza* ou *barrida*, vocables espagnols pour «nettoyage» et «balayage», respectivement. Ce rituel quasi religieux et plutôt frénétique dépasse l'entendement de la plupart des praticiens, qui sont susceptibles de dédaigner pareille forme de psychothérapie irrationelle et primitive.

Les praticiens sont plus susceptibles de prescrire des psychotropes pour soigner le stress post-traumatique, même si ce traitement n'a aucun fondement scientifique, selon l'analyse de la documentation réalisée par l'Institute of Medicine (www.iom.edu/ CMS/3793/39330/47389.aspx). La même étude a trouvé des preuves pour certaines thérapies fondées sur l'exposition, comme la «thérapie cognitive du comportement», thérapies constituant autant de constructions culturelles tout aussi déterminées linguistiquement que l'est la *limpieza*. Bien qu'il y ait peu de chances que la médecine moderne accrédite les rituels frénétiques pour soigner le *susto* – il est encore moins probable qu'elle en vienne à les pratiquer –, elle sait faire preuve de beaucoup plus d'indulgence pour médicaliser le stress post-traumatique affligeant les soldats de retour du combat ou le conducteur dont la douleur au cou persiste après que son véhicule eut été embouti dans un accident, sans lésion anatomique démontrable. Ce problème est diagnostiqué « coup de fouet cervical » ou « problème associé au coup de fouet cervical », une notion ressemblant à l'expérience de la lombalgie régionale quand on en fait une blessure. Les « problèmes associés au coup de fouet cervical » ont remplacé le « coup de fouet cervical » comme diagnostic, étant donné qu'un certain nombre d'autres problèmes que la douleur du cou peuvent résulter d'une collision anodine par en arrière. Le coup de fouet cervical peut être un problème diffus, sans cause physique identifiable, comprenant le syndrome de la douleur chronique généralisée dont on a parlé dans des chapitres précédents[1].

Les problèmes associés au coup de fouet cervical

Les problèmes associés au coup de fouet cervical pendent comme une épée de Damoclès autour du cou des conducteurs aux États-Unis, au Canada, en Suisse et dans plusieurs autres pays riches[2]. Dans ces pays, une minorité significative des passagers d'une auto emboutie par l'arrière (c'est rarement le cas pour les passagers du véhicule provoquant la collision) souffrent d'une douleur complexe et prolongée en l'absence de toute lésion démontrable. Les suites découlant de collisions légères subies par l'arrière sont presque toujours passagères et limitées dans certains autres pays, y compris la Lituanie, la Grèce[3] et l'Allemagne[4].

Certains ont suggéré que ces contrastes reflétaient la variabilité des critères définissant un délit civil[5]. Les Suédois qui choisissent de ne rien réclamer à la suite d'une collision par l'arrière, par exemple, ne souffrent d'aucune conséquence à long terme par comparaison avec les Suédois qui entament une poursuite, peu importe la gravité de la collision[6]. L'argument de la « poursuite malicieuse » était cependant plutôt ténu jusqu'à l'analyse récente de la situation, en Saskatchewan[7]. Après que la Saskatchewan eut adopté un régime de responsabilité sans égard à la faute, ce qui éliminait l'adjudication d'indemnités pour la douleur et la souffrance, l'incidence des problèmes associés au coup de fouet cervical a dégringolé sans qu'il eut été possible de montrer aucune conséquence à long terme pour la santé des accidentés[8]. C'est aussi vrai en Saskatchewan pour la lombalgie régionale persistante survenant après un léger accident[9]. La douleur cervicale aiguë découlant d'un accident sans gravité est en partie associée à la violence de l'impact[10]. Toutefois, la biomécanique a très peu, sinon rien à voir avec la douleur cervicale persistante ou les autres manifestations associées au coup de fouet cervical. Même les athlètes de rodéo ne souffrent pas de douleurs cervicales persistantes, encore moins des coups de fouet cervicaux[11]. Par contre, presque personne n'a de symptômes persistants du cou parmi les survivants d'accidents graves qui ont subi des blessures nécessitant un traite- ment[12]. Les problèmes associés au coup de fouet cervical sont des constructions sociales : la personne susceptible d'en accepter la notion peut être amenée à constituer une narration de maladie, nar- ration soutenue par un ensemble de dispensateurs de traitements et de polices d'assurance qui ont intérêt à ce que cela dure.

Ces observations écologiques et ces expériences naturelles évo- quent, à bon droit, le spectre de l'âpreté au gain, et même celui de la mauvaise foi des victimes, sinon des milieux qui les soutiennent. À mon avis, point n'est besoin de blâmer les victimes. Bien que la plu- part de ceux qui ont été victimes de collision par l'arrière soient conscients ou soient au courant des problèmes associés au coup de fouet cervical (PACFC) et que beaucoup aient été courbaturés après l'accident, il s'en trouve très peu qui finissent par souffrir d'un PACFC, même dans les pays et les territoires où les PACFC font prospérer cliniciens, avocats et assureurs. Ces malchanceux sont per- suadés d'avoir été sérieusement blessés, peut-être même d'une manière irrémédiable. Beaucoup se retrouvent au centre de poursui- tes judiciaires dans le but d'obtenir d'être indemnisés pour les hor- reurs des PACFC, qu'ils estiment résulter des conséquences biomécaniques de leur accident[13]. Certains apprennent à redouter ce résultat parce qu'on leur a proposé prématurément des soins agres- sifs, ce qui est lié à un retard du rétablissement[14]. La plupart de ceux qui sont influençables par des notions de ce genre avaient déjà des symptômes dépressifs avant l'accident, une manière passive d'affron- ter[15] et d'autres facteurs psychosociaux de confusion[16]. En outre, plusieurs sont fermement convaincus que les PACFC constituent leur destin depuis toujours[17].

La Collaboration Cochrane entreprit un examen systématique de la documentation portant sur les traitements pratiqués sur les patients atteints de PACFC[18]. D'après ce que la Collaboration a découvert, les patients qui n'ont subi aucune lésion démontrable des tissus devraient éviter le repos et les colliers et « poursuivre leurs activités habituelles ». Tout ce qui va au-delà du réconfort semble prédisposer une minorité susceptible au destin qu'elle redoute, avec peu d'espoir qu'on puisse jamais la ramener à la perception d'être bien portante[19].

Les PACFC illustrent parfaitement la construction sociale d'une maladie par la médicalisation d'un symptôme qui devrait paraître surmontable à quiconque a gardé sa liberté de raisonner de manière autonome. Mais les PACFC ne constituent pas la seule maladie socialement construite pour laquelle les « guérisseurs » sont au mieux inutiles et la société, trop crédule pour remettre en question leurs pratiques. Plusieurs de ces maladies socialement construites appartiennent aux problèmes musculosquelettiques régionaux, la lombalgie régionale en particulier. Les PACFC sont remarquables pour le nombre des maladies causées par les traitements auxquels on peut recourir dans un système médical riche en ressources.

Le placebo

Un Péruvien souffrant d'un PACFC peut tirer un certain réconfort d'une *limpieza*. Je doute, cependant, qu'un Américain natif des États-Unis estimerait que la *limpieza* constitue un traitement efficace, que n'importe quelle clinique « moderne » encouragerait ce rituel ou qu'un assureur accepterait de le rembourser. On la tiendrait pour trop « primitive », sinon « irrationnelle », par comparaison avec nos normes de soins iatrogéniques (causant des maladies), normes dictant interventions médicales et physiques avant même que quelqu'approche psychologique que ce soit n'ait été offerte. Tout avantage pouvant découler d'une *limpieza* serait ignoré, étant jugé comme un effet placebo. Dans l'Amérique contemporaine, il n'existe pas pire condamnation. Car cela équivaut à accuser la victime de souffrir d'un défaut de caractère, d'une faiblesse psychologique, ou de simuler la souffrance. La suggestion que « cela puisse venir d'entre les deux oreilles » incite la plupart des gens à rechercher des théories alternatives de causalité sur lesquelles on fonde des traitements alternatifs. Cela comprend presque toujours la prescription, par des praticiens ayant un intérêt dans son approvisionnement, d'un placebo bien précis.

Je n'utilise pas le terme « placebo » pour susciter une controverse. Il n'existe pas de meilleure solution de rechange. De plus en plus de scientifiques sérieux s'intéressent aux composantes psychosociales de « l'effet placebo ». Par exemple, des chercheurs de Boston ont recruté, dans la population, près de 300 adultes ayant déjà souffert de problèmes musculosquelettiques régionaux du bras pendant au moins trois mois[20]. On les a divisés en deux groupes ; chacun des groupes a ensuite été réparti au hasard dans un essai comparatif d'une durée de deux mois. Dans le premier essai, les participants recevaient de l'acupuncture ou de la pseudo-acupuncture. Dans l'autre essai, les sujets recevaient de l'amitriptyline ou un comprimé placebo. Dans l'essai de l'acupuncture, tous les participants passèrent du temps avec un acupuncteur expérimenté qui appliquait à la peau une aiguille gainée de façon répétitive à chaque session, deux fois par semaine. Dans le cas de la pseudo-acupuncture, la procédure était identique et donnait l'impression de l'être, mais l'aiguille ne pénétrait pas la peau. Tous les participants se sont améliorés dans les deux essais. Toutefois, le but de cette étude était de comparer les deux groupes assignés au placebo et non pas ceux qui avaient été assignés au traitement. Ceux qui ont reçu la pseudo-acupuncture se sont plus améliorés plus rapidement que ceux qui avaient reçu le comprimé placebo (tableau 6). Les différences sont petites, mais la leçon est éloquente. Un comprimé placebo n'est pas à la hauteur de l'acte de traitement d'un acupuncteur : les rituels, les croyances, le langage corporel, les explications et tout ce qui peut survenir quand l'aiguille ne pénètre pas la peau, d'une fois à l'autre. Mais un comprimé placebo est aussi un palliatif. La douleur régionale persistante du bras est une expérience de maladie aussi complexe que la lombalgie régionale persistante et vaut d'être analysée au même titre que la lombalgie régionale[21]. Personne ne sanctionnerait un essai comparatif avec placebo du traitement d'une méningite bactérienne ; traiter à dessein avec un régime inefficace serait criminel. Mais traiter la douleur régionale du bras avec un placebo lors d'un essai clinique est correct et instructif. Il s'avère que le placebo est palliatif, et la pseudo-acupuncture est plus palliative que le comprimé placebo. Cela veut-il dire que la pseudo-acupuncture n'est plus un placebo ? Il est possible que le comprimé de sucre ne soit pas un placebo lui non plus, puisque les patients se sont été améliorés, mais la comparaison porte sur les symptômes premiers, et l'amélioration pourrait relever du seul passage du temps. On dit de la pseudo-acupuncture qu'elle est un placebo parce qu'on a conçu la procédure pour être « factice » et qu'elle a été administrée par un acupuncteur qui trompait sciemment les patients ; et pourtant la douleur a été réduite de façon plus marquée qu'avec un comprimé de sucre.

Tableau 6

Changement hebdomadaire moyen (intervalle de confiance à 95 pour cent)
dans la comparaison du comprimé placebo et la pseudo-acupuncture de Brigham

	Pseudo-acupuncture	Comprimé placebo	Valeur P
Douleur (échelle de 10 points)	−0,33 (−0,40 à −0,26)	−0,15 (−0,21 à −0,09)	< 0,001
Force de préhension (kg)	0,04 (−0,21 à +0,28)	0,05 (−0,15 à +0,24)	0,92

Source : J. Kaptchuck, W. B. Stason, R. B. Davis, A. T. R. Legedza, R. N. Schnyer, C. E. Kerr, D. A. Stone, B. H. Nam, I. Kirsch et R. H. Goldman, « Sham Device v. Inert Pill : Randomized Controlled Trial of Two Placebo Treatments », *British Medical Journal I* 332 (2006) : 391-397.

On sait beaucoup de choses au sujet de cet effet placebo. Il requiert un effet subjectif qui soit important pour la victime ; la perception de la douleur est modifiée mais pas la force de préhension, qui constitue une mesure presque aussi subjective (voir tableau 6). Un certain degré de conviction est requis de la part du thérapeute et un certain optimisme, de la part du patient. Quand les attentes du patient et la conviction du praticien sont consonnantes, un certain degré d'amélioration des symptômes constitue le résultat probable.

Un « bon contact avec les malades » constitue-t-il un placebo ? Il a tous les attributs qu'on vient tout juste d'énumérer. Cela n'a jamais été soumis à un examen scientifique et devrait l'être. Après tout, les arrangements actuels de remboursement se prêtent mal à l'allocation du temps nécessaire pour établir la relation de confiance constituant le préalable d'un bon contact avec les malades. Peut-être que le bon contact avec les malades est une approche rentable pour maîtriser les symptômes. Si c'était le cas, parlera-t-on d'un effet placebo ?

L'effet placebo a une connotation négative parce qu'il colporte beaucoup de reliquats du paradigme « esprit-corps ». Quand convictions et bonnes manières concourent pour amenuiser une douleur lombaire ou du bras, la conclusion inéluctable est que la douleur est « dans la tête ». Et c'est vrai, du moins en partie. Ce qui ne veut pas dire qu'il n'y a pas de processus local douloureux agissant dans la région lombaire. Cependant, la perception de la pénibilité comporte un élément important de cognition, particulièrement la souffrance chevauchant la douleur. Cette composante cognitive est modulée par les expériences antérieures (ou leur défaut), par les préjugés et par l'anxiété. C'est cette composante plastique de la morbidité qui peut faire l'objet de remède par le « bon contact avec les malades » et le « placebo ». C'est cette composante plastique qui est « dans la tête ». Et c'est cette composante plastique qui peut prédominer, ou qu'on peut apprendre à faire prédominer, quand le contexte se prête à l'éducation, comme pendant les poursuites en responsabilité civile ou dans le décours de la détermination d'une invalidité. Pareille conceptualisation psychologique est soutenue par la neurophysiologie moderne. C'est une conceptualisation plus cartésienne que le dualisme habituellement attribué à Descartes, à tort :

> Or il n'y a rien que cette nature m'enseigne plus expressément ni plus sensiblement, sinon que j'ai un corps qui est mal disposé quand je sens de la douleur, qui a besoin de manger ou de boire quand j'ai les sentiments de la faim ou de la soif... La nature m'enseigne aussi par ces sentiments de douleur, de faim, de soif... que je ne suis pas seulement logé dans mon corps, ainsi qu'un pilote en son navire, mais outre cela que je lui suis accolé très étroitement, et tellement confondu et mêlé que je compose comme un seul tout avec lui... tous ces sentiments... ne sont autre chose que de certaines façons confuses de penser, qui proviennent et dépendent de l'union, et comme du mélange de l'esprit avec le corps. (René Descartes [1596-1650], *Méditations sur la philosophie première*)

Le bagage issu du paradigme corps-esprit est le résultat du débat contemporain sur l'emplacement et la substance de l'âme. C'est illustré par les écrits du contemporain de Descartes, Blaise Pascal (1623-1662), qui a détourné son esprit extraordinaire des analyses exquises au profit du jansénisme mystique et qui a conclu que « les maux du corps ne sont autre chose que la punition et la figure tout ensemble des maux de l'âme ».

Le fait de comprendre que placebo signifie « dans la tête » n'est guère troublant à mes yeux, pas plus que ça devrait l'être pour quiconque de nos jours. Je n'ai pas honte de dire que je soigne le contact que j'ai avec les patients et que ceux-ci se sentent mieux grâce à cela. Je ne crois pas, ni n'insinue pas que mon comportement ait quoi que ce soit de curatif. Je me contente d'établir une relation qui favorise l'adaptation de mes patients. Je n'appelle pas cela un « placebo ». Je réserve le terme placebo pour les interventions comportant un élément de tromperie. Un acupuncteur traitant un patient souffrant de douleur régionale au bras avec un régime méticuleusement ritualisé d'aiguilles procure un placebo, à moins qu'il ne puisse trouver un argument qui rende compte des implications du tableau 6, ou que le patient soit averti que c'est l'acte thérapeutique de l'acupuncteur, et non pas les aiguilles, qui peut procurer du soulagement. Mon bon contact avec les patients ne requiert ni aiguilles ni accessoires, à l'exception peut-être de mon sarrau.

Les modalités et l'acte thérapeutique

La distinction entre un « traitement » et un « acte thérapeutique » est cruciale pour comprendre les solutions de rechange thérapeutiques disponibles pour les gens souffrant de lombalgie régionale aux États-Unis et ailleurs, ainsi que celles qui étaient disponibles autrefois. Le *traitement* est ce qu'on vous fait ; l'acte thérapeutique est une enveloppe thérapeutique dans laquelle le traitement est administré, une enveloppe comprenant presque toujours des interactions humaines. Pour la plupart des possibilités, le traitement est habituellement qualifié de « modalité », souvent un événement physique. Sauf de rares exceptions, toutes la modalités ayant été testées (et presque toutes l'ont été) ne sont pas plus efficaces qu'une solution de rechange factice. Néanmoins, les thérapies alternatives existent et perdurent dès que suffisamment d'individus attribuent un effet apaisant de l'acte thérapeutique à leur condition. Les réconfortés et les thérapeutes développent un lien de conviction qui se fortifie chaque fois que la modalité est qualifiée de placebo, et subséquemment on les accuse de jeux d'esprit. Le patient assimile le jargon propre à la modalité et épouse l'acte thérapeutique dans une narration qui est aussi bien distincte que rebelle. Le patient apprend une nouvelle manière de concevoir le corps et ses maux. Il se trouve transformé pour toujours en partisan d'une forme particulière de médecine sectaire. Nulle personne souffrant d'un problème musculosquelettique régional ne devrait s'engager dans n'importe quel acte thérapeutique sans mise en garde, sans compréhension des enjeux et sans liberté de choix.

Le jugement clinique et « l'art » de la médecine

La médecine n'est pas un « art ». La médecine est une philosophie ; l'épistémologie et la sémiotique (la signification des symboles que sont les symptômes et les signes) sont tout aussi essentielles que la biochimie pour l'avancement de la connaissance clinique. Cependant, avec l'épanouissement des sciences biologiques au XXe siècle, l'étude de la maladie a fini par prendre le dessus sur l'appréciation de la personne qui porte la maladie. L'exercice est vite devenu réductionniste. On a bientôt vu le patient comme une somme des parties et sa maladie comme résultant de la partie la plus mal en point. Le réductionnisme connut ses triomphes, dont plusieurs qui sont spectaculaires. Mais ces triomphes ne concernent qu'une infime fraction du fardeau de la maladie. Ce qui reste de la maladie est relégué dans la catégorie « un jour on en comprendra la cause », et traité au pifomètre lors d'un exercice qu'on appelle le « jugement clinique ».

Le jugement clinique est la sagesse dérivant de l'accumulation d'expériences anecdotiques. C'est le « je connais la musique », les traitements qui ont aidé ou pas. Étant donné que chaque expérience clinique est en grande partie une idiosyncrasie, le jugement clinique résulte d'une mémoire cumulative et intégrative des contacts avec les patients qui profitent du jugement clinique des mentors et des pairs, un jugement qui est prêt à s'exposer à l'examen et à la critique des pairs. Le jugement clinique est mis en péril par radinerie et une disette de mentors.

Pour faire face à des dommages progressifs dans un organe-système, nous ne disposons pas de meilleure option que la médecine clinique. Pour affronter des dommages progressifs d'un organe pour lequel il n'existe aucun traitement réductionniste significatif qui soit fondé sur des preuves scientifiques, on peut raisonnablement se tourner vers des solutions de rechange en l'absence d'un acte thérapeutique médical réconfortant. Toutefois, devant une maladie privée de corrélats physiopathologiques importants, et pour laquelle il n'existe aucun traitement dont l'efficacité ait été prouvée scientifiquement, la médecine n'a rien d'autre à offrir que le jugement clinique. Une bonne partie du jugement clinique qui porte sur les désordres musculosquelettiques régionaux en général, et sur la lombalgie régionale en particulier, a été soumise à un examen scientifique minutieux au cours des dernières décennies. Très peu en est ressorti indemne. Il n'est donc pas étonnant que des thérapeutes alternatifs et sectaires se soient manifestés et connaissent une grande prospérité.

Tâtonner, palper, étirer et ceinturer les lombes

Je n'utilise pas le mot «sectaire» pour insulter. Aucun autre vocable n'englobe de façon aussi satisfaisante «les mouvements organisés pour chercher à obtenir un statut professionnel pour leurs praticiens[22]» qui n'ont pas satisfait aux préalables légaux, académiques et autrement coutumiers que j'ai moi-même acquis. Presque tous les autres termes comportent la désapprobation ou l'opposition provenant d'un groupe dominant et sont irritants. Le compromis politiquement correct, «la médecine alternative et complémentaire», ne m'enchante guère, étant donné que la plupart des médecines sectaires sont incapables de démontrer qu'elles sont effectivement complémentaires, pas plus qu'il n'y ait de raison valable d'intégrer des plans thérapeutiques alternatifs dans un genre de «médecine intégrative». Vu que ma guilde est la dominante, je m'accommoderai de la «médecine sectaire» pour décrire les diverses possibilités jusqu'au moment où ces pratiques sectaires résisteront à l'examen scientifique de leur efficacité, voire de leur complémentarité. Je dois confesser une part de chauvinisme; je valorise ma profession au-delà de toute autre dans la mesure où elle consent à tester les limites de la certitude à propos de la validité de ses contributions thérapeutiques. J'expose en détails en quoi l'institution de la médecine contemporaine a perdu le nord, mais j'écris aussi beaucoup sur le fait que ceux qui la pratiquent entendent l'appel d'une cause plus noble. J'utilise le terme « guilde » à dessein et en toute connaissance de cause, même si d'autres sont rebutés par mon empressement à présenter la médecine et les solutions de rechange avec un cadre de référence médiéval[23], surtout quand on se rappelle que la disparition des guildes médiévales de métiers peut être imputée à leur intransigeance intéressée et monopoliste à l'encontre du développement d'un marché ouvert.

Il y a toujours eu des guérisseurs prêts à piétiner un dos endolori, à le palper, à l'étirer, à le ceindre et *tutti quanti*, dans toutes les sociétés – et c'est encore le cas. Les sommités médicales du temps ont employé les massages, les tractions, et les manipulations – Avicenne au IIᵉ siècle, Charef-Ed-Din au XVᵉ siècle et Ambroise Paré au XVIᵉ siècle pour en nommer quelques-uns – et écrit à leur sujet. Deux exemples de médecine sectaire provenant des États-Unis méritent notre attention puisqu'ils prospèrent toujours et parce qu'ils estiment que la lombalgie régionale est de leur ressort : l'ostéopathie et la chiropraxie.

Andrew Taylor Still (1828-1917) avait étudié la médecine par apprentissage. Il pratiquait dans le Kansas rural quand la tragédie a frappé : ses trois enfants succombèrent à la méningite pendant l'épidémie de 1864, en dépit des mesures héroïques prises par leurs médecins traitants. Désillusionné, il entreprit de concevoir un système alternatif de guérison. En sa qualité de fils de pasteur méthodiste, Still croyait que la consommation d'alcool était un péché. Si l'alcool est un péché, n'est-ce pas aussi le cas pour toutes les autres drogues ? Il fut attiré par les théories d'Anton Mesmer et des guérisseurs magnétiques avec leur croyance que les maladies étaient provoquées par des interruptions des courants des fluides magnétiques du corps. Les guérisseurs magnétiques recouraient à des aimants pour aiguillonner ce courant. Still a postulé que les manipulations, longtemps pratiquées par les ramancheurs et autres, devraient fonctionner aussi bien, sinon mieux que des aimants.

Les ramancheurs – des non-médecins habiles pour réduire les fractures – ont été les précurseurs des orthopédistes modernes, de la même façon que les barbiers ont été les précurseurs des chirurgiens. Les ramancheurs ne refusaient pas d'effectuer des manipulations en l'absence d'une fracture manifeste, une pratique dont le légendaire chirurgien britannique Sir James Paget a reconnu à contrecœur, en 1867, qu'elle «fait parfois du bien[24]». La notion de Still était que la manipulation favoriserait la circulation sanguine locale et, du fait même, la guérison. Il fonda son école d'ostéopathie à Kirksville, dans le Missouri, en 1892, pour enseigner à d'autres comment «réaligner les déplacements» ou réarranger les segments musculosquelettiques qui font de l'obstruction, habituellement dans la colonne vertébrale. Une fois les segments réalignés, la guérison naturelle pourrait se poursuivre sans avoir recours à des médicaments allopathiques. Dès le tournant du XXe siècle, Still avait une infirmerie à Kirksville, au-delà de 700 diplômés et quantité de disciples. Des écoles ostéopathiques ouvrirent ailleurs. Les patients soignés par des ostéopathes avaient des meilleures chances que ceux qui étaient traités par la «médecine héroïque» lors de l'épidémie d'influenza de 1918-1919. Malgré les objections de Still, alors âgé de quatre-vingt-sept ans, l'American Osteopathic Association décida d'incorporer la «matière médicale» au programme d'études au début du XXe siècle. Dès la moitié du XXe siècle, on comptait quinze écoles de médecine ostéopathique avec des programmes similaires à ceux des écoles traditionnelles de médecine. Au début des années 1960, la California Medical Association et la California Osteopathic Association fusionnèrent; le College of Osteopathic Physicians and Surgeons devint le University of California College of Medicine, Irvine. Dès les années 1960, tous les États donnaient aux ostéopathes des privilèges comparables à ceux d'un médecin (MD). Néanmoins, l'American Osteopathic Association reste maître de l'accréditation des écoles d'ostéopathie, octroit le grade de docteur en ostéopathie (DO) et rend obligatoires les cours de manipulation musculosquelettique. Bien que les théories vitalistes qui avaient séduit Still soient disparues depuis longtemps, l'ostéopathie enseigne toujours que la manipulation réduit la «dysfonction somatique». L'Université d'État du Michigan offre des programmes menant au grade de MD ou de DO dans le même établissement, avec plusieurs cours en commun. Les diplômés des écoles d'ostéopathie cherchent souvent à poursuivre des études de perfectionnement dans des intitutions dominées par des diplômés d'écoles de médecine et adoptent des styles de pratique similaires, recourant peu ou prou à la manipulation. L'éditeur actuel de *Spine*, le périodique dominant du domaine des problèmes spinaux, est

James Weinstein, DO, professeur et titulaire de la chaire d'orthopédie à Dartmouth.

Cette évolution a poussé certains à se demander pourquoi la médecine ostéopathique n'a pas été entièrement absorbée par la médecine orthodoxe[25]. J'ai eu la témérité de poser la question à un groupe de doyens de collèges ostéopathiques au cours d'un souper, après avoir donné une allocution lors de la rencontre annuelle de l'American Osteopathic Association, il y a une dizaine d'années. La réponse a été que leurs écoles et leurs diplômés seraient incapables de faire compétition aux écoles de médecine voisines sans la distinction que procure la désignation DO.

La chiropraxie et la médecine traditionnelle n'entretiennent pas pareilles relations de cordialité. La chiropraxie a été fondée en 1895 par un épicier à Davenport dans l'Iowa. Daniel David (D.D.) Palmer (1845-1913) était messianique comme Still et aussi intéressé par le vitalisme. Il pensait qu'un « tonus » excessif imposait un « pincement », une pression sur les nerfs dont découlait la maladie. « L'ajustement des vertèbres en prenant appui sur leurs apophyses épineuses et transverses » était capable de réduire le « tonus ». Palmer revendiquait d'avoir guéri de sa surdité un concierge prénommé Harvey Lilliard, en lui manipulant la colonne vertébrale, le 18 septembre 1895. Il se disait capable d'améliorer l'insuffisance cardiaque par des manipulations du cou. Au tournant du XXᵉ siècle, Palmer avait une école, un dispensaire, des étudiants et un blason pour sa thérapeutique sectaire : « chiropraxie » tirée du grec *kheir* (main) et *praxis* (utilisation spécifique). Le fils de Palmer, B. J. Palmer, a été l'un de ses premiers élèves. B.J. acheta l'école et en fit une entreprise prospère. Lui et ses adeptes devinrent les promoteurs d'une chiropraxie authentique, « classique », sans compromission. Sa rigueur finit par provoquer la formation de sous-groupes sectaires. Ces derniers étaient disposés à incorporer les pratiques d'autres sectes dans leur art, dont les « napropathes » traitant les tendons irrités plutôt que les nerfs coincés, les « neuropathes », qui estimaient que les pressions sur les nerfs étaient à l'extérieur de la colonne vertébrale, et d'autres comme les « naturopathes » et les « physiothérapeutes ». Plusieurs de ces sous-groupes sectaires sont maintenant disparus, mais pas tous, plusieurs étant même en pleine renaissance.

Il persiste jusqu'à ce jour un schisme en chiropraxie séparant les « incorporants », les « classiques » et les « classiques-classiques » adhérant aux théories vitalistes de D. D. Palmer. Sid Willams D.C., par exemple, a fondé le Life Chiropractic College que son épouse, Nell, a tranformé en Life University. Cette école était installée sur un grand campus en banlieue d'Atlanta et a atteint une influence lui valant de commanditer un comité de l'Organisation mondiale de la santé voué à l'étude des options disponibles pour le traitement de la lombalgie dans les pays du tiers-monde. Sid Williams était un classique intransigeant dont la démagogie finit par déranger la chiropraxie au point où l'agrément de son université devint compromis. Il y a un organisme, la World Chiropratic Alliance, qui représente la philosophie des classiques et qui fait contrepoids à l'American Chiropratic Association, laquelle est plus ouverte aux ajouts. La position officielle de la World Chiropratic Alliance dit d'emblée que « la correction d'une subluxation est applicable chez toute personne dotée d'une preuve d'en être affectée, peu importe qu'il y ait ou pas symptôme ou maladie. Il en résulte donc que la seule détermination de la présence d'une subluxation suffit pour justifier le traitement. » Indépendamment de leur orientation théorique, tous les chiropraticiens recourent aux manipulations de la colonne vertébrale comme modalité primaire constituant l'essence de leur pratique[26]. La découverte de « subluxations », le diagnostic chiropratique impliquant un mésalignement vertébral, requiert le doigt de la foi. La concordance inter-observateurs pour la détection des subluxations tend vers zéro ; en d'autres mots, quand il advient que deux chiropraticiens concluent de la même façon à la fin d'une examen, c'est par pur hasard. Le champ de compétence fait controverse en chiropraxie, tout comme en médecine traditionnelle. La compétence des chiropraticiens se limite-t-elle aux troubles musculosquelettiques régionaux ? Ce n'est pas l'opinion acceptée par bien des chiropraticiens, ni d'ailleurs par plusieurs écoles. Certains chiropraticiens « réduisent des subluxations » pour une variété de malaises comprenant le mal de tête, les crampes menstruelles, le déficit d'attention et l'asthme.

Les querelles d'écoles au sein de la chiropraxie sont des vétilles par comparaison à la guerre ouverte que la médecine traditionnelle lui a livrée durant la plus grande partie du XXe siècle. Au milieu du siècle, l'American Medical Association (AMA) tenait la chiropraxie pour du charlatanisme et décrétait que toute relation professionnelle avec un chiropraticien constituait une entorse à la déontologie. Les chiropraticiens ont néanmoins continué de prospérer et sont maintenant 60 000 dans le monde ; ils sont installés surtout aux États-Unis où ils viennent en troisième place après les détenteurs de grades de MD et DDS. En outre, les chiropraticiens ont poursuivi en justice ma guilde, de sorte qu'à compter de 1975 tous les États autorisaient la chiropraxie ; quatre années plus tard, la justice statuait que le préjugé institutionnel de l'AMA, était illégal. Les traitements chiropratiques sont indemnisés par les organismes régissant les accidents du travail et le programme Medicare.

La victoire la plus récente des groupes de défense de la chiropraxie concerne la Veterans Health Administration (VHA). Il y a une décennie, le Congrès a adopté une loi ordonnant à la VHA d'entreprendre une étude scientifique pour soutenir sa politique interdisant la chiropratique au sein de ses établissements. On m'a demandé d'en réviser le protocole. J'ai fait remarquer que le protocole était tellement mal construit qu'il en devenait ridicule. Les anciens combattants souffrant de lombalgie chronique et incapacitante ont été répartis au hasard pour recevoir soit des traitements habituels en milieu hospitalier, soit des traitements chiropratiques en clinique privée. Les résultats à évaluer comptaient la satisfaction relative au traitement et la réduction de l'invalidité. Ces deux résultats étaient évidemment prévisibles ; les soins en cabinets privés seraient perçus comme étant plus plaisants qu'à l'hôpital et il n'y avait pas un ancien combattant prêt à accepter de collaborer à quelque chose qui pouvait lui valoir une réduction de son indemnité. En toute justice, les leaders de chiropraxie étaient d'accord avec mes réserves et ont appuyé ma suggestion qu'on procède à l'allocation aléatoire à l'intérieur de l'hôpital. La VHA rétorqua que c'était impossible puisque la pratique de la chiropraxie était interdite à l'hôpital, argument imparable. On a donc mené l'étude telle qu'elle était construite et, en 2002, le président Bush a promulgué la loi autorisant l'accès des chiropraticiens aux hôpitaux de la VHA.

Les « classiques » et les « incorporants » sont autorisés à pratiquer les traitements de manipulation et les méthodes d'imagerie, mais ne peuvent prescrire de médicaments. Les subluxations sont imaginaires ; il n'existe pas de modifications particulières du squelette qui soient corrélées avec des symptômes. Les chiropraticiens sont par contre habiles à appliquer une pression brève à haute vélocité à la colonne vertébrale, capable de produire un phénomène de vide dans les petites articulations de la colonne. Les petites articulations réagissent par un craquement sonore et des sensations qui procurent au chiropraticien le sentiment du devoir accompli et à son patient, celui d'avoir été traité. Qu'on puisse penser que pareil événement soit capable de solutionner l'asthme ou le diabète, sinon autre chose, atteste de la ténacité des théories vitalistes face aux données de la science[27]. Pour la lombalgie régionale toutefois, la chiropraxie a bien piqueté son domaine. Deux de ces piquets sont plantés bien profondément : d'abord, la manipulation vertébrale peut n'être pas toujours qu'un placebo ; ensuite, plusieurs de ceux qui ont consulté en chiropraxie ont allégué s'en trouver mieux.

L'efficacité de la manipulation vertébrale en tant que modalité

J'ai été longtemps fasciné par la durée de vie de remèdes du folklore comme le craquement du dos. Il est vraisemblable que certains sinon presque tous les remèdes folkloriques sont en fait des idiosyncrasies délirantes de la culture. Mais le craquement du dos est assez distinct pour donner naissance à des écoles de médecine sectaire. Ses praticiens en sont-ils dupes et leurs patients sont-ils tout simplement séduits par l'effet placebo ? En 1973, je fus boursier anglo-américain de l'American Heart Association et de la British Hearth Association, ce qui me valut le privilège de réaliser de la recherche fondamentale dans l'un des meilleurs laboratoires de Londres. Je n'ai pu résister à l'occasion de suivre une formation d'une fin de semaine en « médecine orthopédique » dans un hôpital du voisinage. La « médecine orthopédique » a été fondée par James Cyriax, un chirurgien orthopédique de Londres qui pratiquait la médecine de manipulation ressemblant à celle que promeuvent les ostéopathes, sans en retenir les thèses vitalistes cependant. Le manuel de Cyriax connut plusieurs rééditions et son approche a séduit bien des disciples, y compris à l'Université de Rochester, New York. Selon moi, il s'agissait là de bouillie pour les chats. Peter Curtis, maintenant à la retraite, était un médecin de famille formé en Grande-Bretagne qui avait appris la médecine orthopédique à Londres et qui la pratiquait, comme professeur de médecine familiale, à la faculté de l'University of North Carolina (UNC) à Chapel Hill. Nous y étions donc des collègues depuis longtemps, argumentant et discutant de son approche de la lombalgie. Pour mettre un terme à ces débats, nous reçumes de la Robert Wood Johnson Foundation une subvention pour réaliser un essai clinique aléatoire, dont nous avons publié les résultats il y a plus de vingt ans[28]. Le principal résultat est présenté dans l'illustration 4. Nous avons recruté sur le campus, par des annonces, des gens souffrant de lombalgie régionale depuis moins d'un mois pour un essai comparant deux formes de manipulation de la colonne vertébrale. Pour être admissible, un volontaire devait n'avoir jamais reçu aucune forme de manipulation de la colonne ni jamais réclamé aucune compensation ni indemnité. Tous les soixante volontaires ont reçu de mes mains un examen complet, dont l'objet était de garantir le meilleur prognostic qui soit. C'est alors que Peter entrait dans la pièce. Il réalisait une forme de mobilisation comprenant flexion et balancement chez tous les participants, puis, selon une répartition aléatoire, une manipulation ostéopathique authentique chez la moitié. Cette manœuvre comprenait un craquage dorsal à haute vélocité ; il collait fermement à la table une épaule en même temps qu'il appliquait une rotation du bassin dans la direction opposée, ce qui produisait un craquement retentissant. On a suivi les participants pendant deux semaines avec un questionnaire validé évaluant à quel point leur douleur lombaire entravait les activités de la vie habituelle. Tous étaient guéris en deux semaines. Pour ceux dont la lombalgie durait depuis moins de deux semaines au moment de leur recrutement, cela ne faisait pas de différence que Peter leur fasse craquer le dos. Ceux qui avaient mal depuis plus de deux semaines, cependant, obtinrent une réduction de 50 % de leur degré de souffrance, plus rapidement.

Ce résultat est reproductible quand les participants sont dépourvus de facteurs de confusion, comme la chronicité et des problèmes liés à l'incapacité de travailler. Il existe même un avantage quand on ne peut entièrement satisfaire ces préalables[29], mais il est plus ardu de faire paraître l'avantage[30]. Il n'existe pas de données montrant que la répétition du craquage est utile. Il n'en reste pas moins que ce sont ces résultats qui ont amené le comité de l'AHCPR à recommander une seule manipulation de la colonne vertébrale pour traiter la lombalgie aiguë. C'est là faire bien grand cas de pas grand-chose[31]. C'est certainement trop peu pour promouvoir une forme de médecine sectaire. Je n'ai jamais été à l'aise de faire une manipulation, d'en recommander ou même de m'en faire administrer. Mais il n'existe aucune autre modalité qui ait même autant de soutien scientifique.

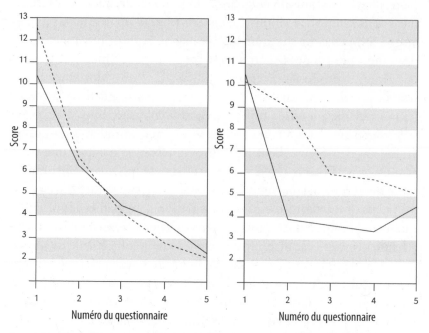

FIGURE 4. Résultats de l'essai de la manipulation de la colonne vertébrale de l'University of North Carolina. Les volontaires souffrant de lombalgie régionale ont été stratifiés en ceux qui souffraient depuis moins de deux semaines (gauche) et ceux souffrant depuis deux à quatre semaines (droite). L'addition d'un craquage du dos à haute vélocité (ligne pleine) à la mobilisation (ligne pointillée) n'a pas eu d'effet dans le premier groupe. Par contre, les participants astreints à la manipulation dans le deuxième groupe obtinrent plus rapidement (p = 0,009) une réduction de leur degré de souffrance. (Repris avec la permission de l'éditeur de *Spine*, à partir de l'article original : N. M. Hadler, P. Curtis, D. B. Gillings et S. Stinnett, « A Benefit of Spinal Manipulation as Adjunctive Therapy for Acute Low Back Pain : A Stratified Controlled Trial », *Spine* 12, 1987 : 703-706.)

L'efficacité de la manipulation de la colonne vertébrale comme partie de l'acte thérapeutique

Le North Carolina Back Pain Project a été lancé au début des années 1990 sous la direction de Tim Carey avec la participation de nombre de mes collègues à l'UNC à Chapel Hill. Nous avons retenu plus de 200 cabinets de médecins pour recruter leurs patients souffrant de lombalgie lors d'une enquête téléphonique que nous avons poursuivie pendant plus d'une décennie. Des omnipraticiens de ville et de la campagne, des orthopédistes ainsi que des chiropraticiens étaient bien représentés par plus de 1 500 participants recrutés. Les résultats étaient semblables après six mois, mais c'est l'utilisation des services de santé qui était différente. Les patients des chiropraticiens retournent à répétition chez le même chiropraticien selon une fréquence qui mène ses coûts au même niveau que ceux que doivent payer les patients des chirurgiens orthopédistes[32]. Que le traitement survienne en milieu urbain ou rural, qu'il soit remboursable ou pas par les accidents du travail, les gens qui choisissent de faire traiter leur lombalgie par un chiropraticien, le font à répétition et sont plus satisfaits de leur traitement que ceux qui consultent les médecins. Comme je l'ai déjà soutenu devant la VHA il y a bien des années, la satisfaction du patient procure un effet palliatif mesurable tant à court qu'à long terme, bien que cela ne soit pas dramatique[33]. Ce petit avantage résulte-t-il de quelque chose d'autre que de la « manière d'être » du chiropraticien qui fait son beurre du traitement de patients souffrant de lombalgie par opposition à celle de médecins qui sont beaucoup moins à l'aise avec cette souffrance particulière ? Si c'est là tout ce qui agit, ainsi que le suggèrent les données tirées d'études d'observation[34], le fait d'enseigner aux médecins de mieux communiquer avec les patients souffrant de lombalgie aiguë pourrait éliminer tout besoin des patients de recourir aux services du chiropraticien.

Il y a eu plusieurs essais dans lesquels le résultat des patients souffrant de lombalgie à qui l'on a offert des traitements physiques auxiliaires a été comparé à celui de patients à qui on ne les a pas offerts. Quand il y a un avantage, il est modeste[35] et transitoire[36]. Ce qui nous laisse avec la « manière d'être » pour expliquer pourquoi les patients du chiropraticien consultent à répétition. Heureusement que nous en savons plus au sujet de cette interaction. Les patients du chiropraticien sont, de manière prépondérante, des Caucasiens d'âge moyen, mariés et dont les orientations philosophiques et les préjugés sont particulièrement compatibles avec ceux qu'endosse la chiropraxie[37]. Ils sont en moins bonne santé mentale que les patients des médecins[38]. En outre, ces attributs psychosociaux sont de mauvais augure en matière de persistance de la douleur et d'incidence d'épisodes récurrents[39]. La chiropraxie peut constituer un havre dans la tempête, ce dont la chiropraxie ne semble pas consciente ni être tout à fait à la hauteur.

La lombalgie régionale et la plainte de substitution

La médecine sectaire de manipulation ne constitue pas la seule solution de rechange vers laquelle se tournent les patients souffrant de lombalgie régionale. D'autres possibilités sont notables pour la dispensation de diverses modalités physiques, de potions et d'onctions disposant d'encore moins de preuves de nature scientifique. Et puis de nombreux autres, plus de 2 % de tous ceux qui consultent au cabinet, se tournent vers les médecins[40], dont la plupart signaleront une douleur persistante, sinon récurrente cinq ans plus tard[41].

Se pourrait-il que toute cette guérison présumée et toute cette aide fassent rater la forêt pour l'épinette ? Se pourrait-il que plusieurs parmi ceux qui consultent pour une lombalgie sont à la recherche d'un accueil sympathique du motif pour lequel ils se trouvent contraints de consulter ? Se pourrait-il que le mal de dos soit devenu un motif contemporain de substitution pour exprimer qu'on est dépassé par les défis de la vie courante quand se manifeste le mal de dos ? Ce sont là les thèmes de cet ouvrage.

Six

L'invasion des chirurgiens de la colonne

La pratique de ce que nous appellons la « chirurgie » émane d'une histoire longue et pittoresque. La chirurgie a toujours été le remède des blessures et des tumeurs (traditionnellement, toute enflure était une tumeur, même quand il s'agissait d'un furoncle ou d'une autre infection). De plus, on exige des chirurgiens qu'ils soient compétents depuis des temps aussi reculés que la Babylone antique, l'incompétence étant punie sévèrement : « Si un médecin fait une grosse incision à l'aide d'un scalpel et la guérit, ou s'il ouvre une tumeur (au-dessus de l'œil) à l'aide d'un scalpel et sauve l'œil, il recevra dix shekels en argent... Si un médecin fait une grosse incision à l'aide du scalpel et le tue, ou s'il ouvre une tumeur avec le scalpel et coupe l'œil, ses mains seront coupées » (Code d'Hammurabi, vers 1760 av. J.-C.).

Il est probable que la peur d'être puni ait suffit à retenir la main des chirurgiens des générations antérieures en ce qui concerne la colonne vertébrale[1]. Il ne reste toutefois que très peu d'appréhension au XXI⁰ siècle, surtout aux États-Unis. Le cas suivant illustre bien la situation. La saga de ce patient débute dans son enfance, parsemée de multiples maladies, de sorte que sa famille le tenait pour maladif. Son adolescence a été caractérisée par l'incapacité de prendre du poids, un épuisement facile, des douleurs abdominales périodiques et des épisodes de diarrhée. Il fut examiné soigneusement et de façon répétée par des médecins éminents de Harvard, de Yale et de la clinique Mayo sans diagnostic certain, mais avec assez de soupçons pour justifier le début d'une thérapie aux corticostéroïdes contre la colite. À l'âge de vingt-trois ans, le patient a souffert du premier d'une suite de nombreux épisodes de lombalgie sévère. Malgré la récurrence de la douleur abdominale, de la diarrhée et de la lombalgie, le patient a été un athlète au collège et a plus tard mérité une distinction comme officier dans la marine. Mais, en raison de lombalgie intense et intermittente, il a subi une discoïdectomie (exérèse de tissu d'un disque intervertébral), une procédure qui s'est avérée vaine. Le patient a continué à souffrir de lombalgie, qui s'accroissait au point de nuire à sa démarche. À l'âge de trente-sept ans, des chirurgiens de Cornell tentèrent de fusionner sa colonne lombaire en lui fixant une plaque de métal avec des vis. Le déroulement postopératoire a été compliqué par des infections récurrentes, qui menaçaient parfois la vie du patient, ce qui entraîna le retrait du matériel quatre mois plus tard, et son remplacement par des greffes osseuses. De trente-sept à quarante ans, le patient a fonctionné en dépit de lombalgie chronique, de nombreuses hospitalisations, de fréquentes « infiltrations d'un site déclencheur » et de divers produits et appareils pharmaceutiques. Il a si bien fonctionné qu'en 1960 il fut élu président des États-Unis. Le mandat de John F. Kennedy à la Maison-Blanche a été surnommé « les mille jours de souffrance » malgré les soins prodigués par une variété de cliniciens à l'interne. Les antécédents médicaux de JFK étaient scrupuleusement cachés du public par sa famille et ses conseillers de peur que cela ne compromette sa carrière de politicien. Ce n'est que très récemment qu'ils ont été révélés[2].

Pour ce qui concerne les fins de ce chapitre, il faut prendre note que certains des plus éminents chirurgiens de la colonne du pays ont eu l'audace d'opérer la colonne de JFK en se fondant sur leur conviction qu'une structure devait être modifiée pour que le patient puisse ressentir un soulagement. Pareille démesure dans l'orgueil a été qualifiée de « médecine fondée sur la célébrité ». De toute évidence, c'était toléré, voire applaudi, par les collègues de ces chirurgiens dans certains des centres médicaux les plus prestigieux du pays. Il est manifeste que l'idée d'un « remède chirurgical » avait séduit une des familles les plus futées de la nation. Et, sans l'ombre d'un doute, le renom des chirurgiens surpassait tout sentiment de culpabilité vis-à-vis des complications qui étaient recensées et d'autres qui étaient moins apparentes. Personne n'a jamais suggéré qu'on leur coupe les mains.

Traiter la lombalgie sur un lit de Procuste

Dans une traduction des *Épidémies* d'Hippocrate, livre I, section XI, on peut lire : « En ce qui concerne les maladies, prenez l'habitude de deux choses : aider ou, du moins, ne pas nuire. » L'aphorisme grec devint « d'abord, ne pas nuire », traduit en latin par *Primum non nocere*, qu'on attribue au médecin romain Galène. Cette morale avait pour but de réprimer toute envie de prescrire des traitements qui n'avaient qu'une probabilité infime de causer plus de tort que de bien. Bien que ce principe ait été transmis d'une génération à l'autre de médecins depuis lors, il n'a jamais eu la vie facile au sein de la profession médicale. Le réflexe nous pousse à faire quelque chose, et plus c'est dramatique, en particulier quand c'est dangereux ou douloureux, plus c'est accepté par les pairs et admiré par les profanes.

Ma génération a été témoin de cette dialectique. Au milieu du XXe siècle, on qualifiait encore de « conservatrices » les thérapies prudentes mais raisonnables ; toute approche audacieuse était condamnée même quand une solution rationnelle était proposée. Vers la fin du siècle, on se mit à critiquer tout ce qui était « conservateur » au profit de tout ce qui était tenu pour « agressif ». Quand il fut question de chirurgie, cette dichotomie en fut exacerbée. Dès les années 1970, les perfectionements de l'anesthésie, des soins postopératoires et de la technique chirurgicale rendaient possible presque toute chirurgie élective, même chez les patients chétifs ou très mal en point. La chirurgie a pu se consacrer à mettre au point de nouvelles procédures, faisant moins de cas du vieil adage stipulant qu'une opération puisse s'avérer un succès même quand le patient en crève.

Le public était aussi avide de miracles chirurgicaux. L'image du chirurgien héroïque, capable d'exploits innovateurs défiant la mort en traitant les blessures de traumatismes, lors de catastrophes peropératoires et *tutti quanti*, était tout aussi fascinante pour l'imagination populaire que séduisante pour les chirurgiens. D'ailleurs, il existe une longue tradition d'ingéniosité pour la fabrication des outils du métier : plusieurs chirurgiens ont donné leur nom à des forceps, pinces ou rétracteurs, lesquels sont ensuite brevetés et mis en marché. Le rythme de l'innovation chirurgicale s'est accéléré ; de nouvelles idées qui semblaient raisonnables pour leur inventeur ont été testées sur des animaux puis mises à l'épreuve sur des patients.

Une technique chirurgicale « non conforme », cela n'existe pas ; le chirurgien à la table d'opération est assujetti uniquement aux contraintes que lui imposent ses pairs. Or les pairs applaudissaient les plus avant-gardistes et les plus innovateurs des chirurgiens que la société récompensait généreusement.

Cette attitude de laisser-faire face aux techniques et aux instruments chirurgicaux s'étendit aux dispositifs qui pouvaient être installés sur un patient. La notion veut qu'un dispositif diffère d'un médicament du fait qu'il n'y a aucun produit chimique qui se dissolve. Cette notion a été réexaminée au début des années 1970, lors d'une vague de défectuosités de stimulateurs cardiaques et de nombreuses complications entourant l'utilisation du dispositif contraceptif intra-utérin Dalkon Shield. Après de nombreuses années de débats et de discussions, le président Gerald R. Ford a ratifié en 1976 les amendements sur les dispositifs médicaux (Medical Device Amendments) à la loi de 1938 sur la nourriture, les médicaments et les cosmétiques[3]. Ces amendements définissent les dispositifs d'une manière qui ressemble à celle des médicaments, sauf que les dispositifs pouvaient être classés en fonction du risque qu'ils présentent, de sorte qu'on puisse graduer la supervision appropriée. Les dispositifs de classe 1 ne nécessitent aucune autre supervision ; les abaisse-langues, bandages et autres produits du genre doivent être conformes à des normes de fabrication, les règlements concernant les « règles de fabrication correcte » et pas grand-chose d'autre. Les dispositifs de classe 2 englobent les fauteuils roulants, les lentilles résistantes aux chocs et autres qui doivent satisfaire des normes de performance en plus des normes de fabrication. Les dispositifs de classe 3 requièrent une approbation avant leur mise en marché.

Le critère d'approbation s'appliquant aux produits pharmaceutiques ne semblait toutefois pas approprié pour les dispositifs et d'autres appareils. Outre la distinction propre aux produits pharmaceutiques et liée à leur biochimie, on proposa l'argument que la sécurité des dispositifs dépend en grande partie de leur utilisation adéquate. Le rapport du risque aux avantages d'un implant, d'un appareil d'anesthésie ou d'un moniteur de glucose dépend aussi bien des matériaux et de la conception de l'appareil que de son utilisation correcte. Par conséquent, la Food and Drug Administration (FDA) est disposée à se contenter d'études d'observation plutôt que d'exiger l'étalon-or utilisé pour les produits pharmaceutiques, l'essai comparatif aléatoire. De plus, la FDA s'est sentie obligée d'éduquer praticiens et patients à propos de l'utilisation sécuritaire des dispositifs et d'exercer son autorité pour signaler sinon interdire l'emploi dans l'éventualité d'une tromperie ou d'un risque de blessure. Ce raisonnement abaisse le seuil des exigences pour l'octroi de l'autorisation d'utilisation des dispositifs bien en deçà de celui auquel sont astreints les produits pharmaceutiques.

La définition de ce qui constitue un « dispositif » est plutôt vague. Tous les dispositifs ne sont pas des gadgets inorganiques tels que la quincaillerie utilisée pour fusionner les colonnes. Par exemple, la solution d'acide hyaluronique était homologuée en tant que dispositif lorsqu'elle était utilisée pour faciliter l'insertion d'une lentille artificielle lors de l'extraction d'une cataracte, mais elle était classée comme produit pharmaceutique lorsqu'utilisée pour être injectée dans les genoux ostéo-arthritiques. Seule la dernière indication était fondée sur un essai comparatif aléatoire ; la première était fondée sur des données d'observation et des témoignages chirurgicaux. L'acide hyaluronique est une molécule de sucre de poids moléculaire élevé qui compose le liquide articulaire, l'humeur vitreuse derrière la lentille oculaire et l'apophyse crista galli. (En aparté, l'acide hyaluronique est beaucoup plus importante comme dispositif utilisé par les ophtalmologistes que comme médicament utilisé par les rhumatologues ; je trouve que les essais comparatifs aléatoires ne sont pas convaincants de sorte que je n'injecte jamais cette préparation dans un genou.)

Un autre aspect des amendements de 1976 place les dispositifs dans un autre domaine de réglementation. Le statut interdit essentiellement toute possibilité de réglementation des dispositifs par les États. Ce fragment écrit en petits caractères n'est pas insignifiant. Par exemple, un patient cardiaque, Charles Riegel, a perdu une poursuite contre Medtronic dans un tribunal de New York en raison de ce fragment écrit en petits caractères. Il a subi une angioplastie transluminale percutanée en 1996 au cours de laquelle le ballon a éclaté, entraînant un arrêt cardiaque, une assistance cardiaque spécialisée et un pontage coronarien. Le patient et sa famille ont poursuivi Medtronic, le fabricant du dispositif de l'angioplastie transluminale percutanée. La poursuite a été rejetée à New York.

Le pauvre M. Riegel est décédé depuis. Néanmoins, sa famille est allée en appel de cette décision. En décembre 2007, la Cour suprême des États-Unis a entendu les arguments de *Riegel vs Medtronic*. Le fait de savoir si des plaignants qui estiment avoir été lésés par un dispositif médical défectueux n'ont pas le droit de réclamer des réparations pour un délit civil sur le territoire relevant d'un État n'était qu'un des nombreux enjeux en cause. Cette action en justice réexaminait une décision de la Cour suprême datant de 1996 selon laquelle le permis d'exercice de la FDA et les avertissements appropriés sur l'étiquetage n'empêchaient pas d'accorder des indemnités en cas d'un délit civil lié à l'utilisation d'un dispositif médical[4]. En février 2008, la Cour suprême a tranché à huit voix contre une en faveur du fabricant dans *Riegel vs Medtronic*. En réalité, les fabricants de dispositifs ont acquis l'immunité délictuelle fondée sur le permis d'exercice de la FDA, et le fardeau de l'agence et de ses ressources s'est sérieusement alourdi. En janvier 2009, un tribunal fédéral de première instance du Minnesota a élargi la notion selon laquelle une décision fédérale prédominait sur les lois d'un État. La poursuite du Minnesota impliquait encore Medtronic. Medtronic est-elle responsable lorsque les fils conducteurs du défibrillateur intracardiaque Fidelis se rompent ? Le tribunal du Minnesota a décidé que, puisque la FDA avait donné une licence au défibrillateur, on devait assumer que cette licence valait pour ses composantes. Par conséquent, l'approbation de la FDA procure aux fabricants une immunité contre les poursuites en responsabilité civile liées à leurs produits. Je ne suis pas le seul à m'inquiéter que la FDA soit en mesure d'assurer la sécurité du patient comme unique remède[5]. L'expérience acquise en l'absence d'immunité contre les poursuites civiles est déjà assez consternante. La feuille de route des dispositifs utilisés pour le traitement de la lombalgie régionale constitue quant à elle une leçon éloquente. Nous y reviendrons au chapitre 9.

La lombalgie régionale est douloureuse – de cela il n'y a pas le moindre doute. On peut facilement comprendre le côté séduisant de l'inférence voulant que quelque chose soit détraqué dans la structure du dos, vu que tout mouvement du bas du dos accentue la douleur. Comme beaucoup de changements surviennent dans la structure de la colonne en vieillissant, nombreuses sont les théories tentant de décrire ce qui fait mal au juste – ce qu'on pourrait appeler le « géné-

rateur de la douleur» spécifique. Presque chaque structure anatomique au centre et autour de la colonne a eu ses partisans pour être
étiquetée «génératrice de douleur». Presque tous les générateurs
soupçonnés ont appelé un remède localement envahissant, la plupart
résultant d'engouements passagers dont certains sont violents. Plutôt
que d'infliger un abrégé des générateurs de douleurs, j'entends m'en
tenir au générateur de douleur qui a dominé la pensée pendant
soixante-dix ans : le disque intervertébral. Au lieu de fournir un
inventaire de l'ingéniosité chirurgicale déployée pour assurer la sau-
vegarde du générateur de douleur discal, je présenterai des exemples
de ce qui a été infligé au disque en perçant la peau, en extirpant le
disque de manière chirurgicale, en empêchant le mouvement qui
accentue la douleur et en remplaçant le disque. Ce n'est pas un traité
de technique chirurgicale. Je cherche à explorer le processus intellectuel qui anime l'inventivité chirurgicale ainsi que le climat social et
régulateur qui soutient cette entreprise. Nous nous fonderons sur les
conclusions qui en résultent pour éclairer la confection des politiques lors des chapitres ultérieurs.

Un bref précis d'anatomie est nécessaire pour comprendre la
théorie discale de la lombalgie régionale. Les figures 2 et 3 du chapitre 4 fournissent une vue d'ensemble de l'anatomie normale de la
colonne. La figure 5 réaffirme quant à elle la même chose d'un point
de vue différent et met l'accent sur la structure du disque. En se fiant
aux considérations de la figure 6, on peut constater à quel point l'ingéniosité chirurgicale s'est acharnée sur ce pauvre disque.

Injecter dans le disque

On compte un certain nombre de tentatives de destruction du
noyau gélatineux (*nucleus pulposus*) par injection. La théorie veut
qu'en procédant ainsi la protubérance disséquante provenant du
noyau (*nucleus*) se résorbe ainsi que la douleur qu'elle engendre. La
première tentative exploita l'action intéressante des enzymes. La chy-
mopapaïne est un enzyme extrait de la *Carica papaya*. Cet enzyme
digère plusieurs protéines, mais pas le collagène. La théorie voulait
que l'enzyme, une fois injecté dans le noyau gélatineux, aurait pour
effet de liquéfier le gel sans endommager l'annulus, un résultat
appelé chimionucléolyse.

La théorie a été mise en pratique au début des années 1960 par des chirurgiens et des radiologues en utilisant des préparations d'enzymes provenant de divers fournisseurs. La FDA moderne a vu le jour grâce aux amendements Kefauver-Harris à la Loi sur les aliments, les médicaments et les cosmétiques, qui exigeait la preuve de l'efficacité pour donner le permis de mettre en marché. Avant même que la FDA ne soit en mesure de déterminer si la chimionucléolyse était un médicament, des dizaines de milliers de gens souffrant de lombalgie avaient subi la procédure. En 1976, le département de neurochirurgie du Walter Reed Army Medical Center entreprit une étude comparative aléatoire comptant soixante-six hommes atteints de lombalgie répartis soit à la chimionucléolyse ou à une injection saline intradiscale. Les effets ont été les mêmes après deux mois ; environ la moitié des hommes allaient mieux peu importe ce qui avait été injecté dans leurs disques[6]. La FDA en prit bonne note, mais sa tentative d'arrêter la chimionucléolyse se heurta a tant d'opposition de la part de ceux qui en vivaient, sans oublier les patients convaincus qu'ils avaient été guéris, qu'en fin de compte la FDA a baissé les bras en donnant l'autorisation aux laboratoires Abbott de fabriquer de la chymiopapaïne en 1982[7]. Toutefois, l'expérience générale de la chimionucléolyse au cours de la décennie qui suivit s'est avérée déplorable. Quel que soit l'avantage qu'on pouvait attribuer à la procédure à court terme, il ne faisait pas long feu. Abbott cessa de vendre la marque de chymiopapaïne Chymiodiactin tout simplement parce que le marché de ce produit avait disparu.

Plutôt que de dissoudre le noyau gélatineux, pourquoi ne pas le cuire ? Les protéines, y compris le collagène, se dénaturent quand on les chauffe, perdant du coup leur structure pour se réduire en grumaux ou en gel. Si le disque qui fait saillie ou dissèque est coupable, cela devrait faire l'affaire. Plusieurs athroscopistes intrépides ont jonglé avec cette idée pour un certain nombre de conditions des articulations périphériques au début des années 1990, à l'aide de lasers et d'autres trucs. Il aura fallu attendre que les frères Saal inventent une façon d'appliquer une force thermique au disque. Jeffrey et Joel Saal forment le groupe de physiatrie médicale SOAR de Menlo Park, en Californie. Ils ont inventé un cathéter qu'il est possible d'enfiler dans une aiguille insérée au centre d'un disque. L'extrémité du cathéter est une spirale aux propriétés résistives thermiques de sorte qu'elle pouvait chauffer le noyau à la température douloureuse de 90 degrés Celsius. Ils appellèrent cette procédure «l'annuloplastie et la nucléotomie électro-thermique intradiscale», pour laquelle ils choisirent l'acronyme IDET. Ils présentèrent des résultats lors de réunions professionnelles et, au début de 2000, ils publièrent un rapport préliminaire sur leurs vingt-cinq premiers patients[8]. Plus tard en 2000, ils publièrent leurs résultats un an après la création de l'IDET; seuls 12 de leurs 62 patients soigneusement choisis en fonction de leur lombalgie persistante n'avaient connu aucune amélioration[9]. Saal et Saal rapportèrent en outre que la réponse bénéfique persistait un an plus tard[10]. Plusieurs autres publiaient des résultats similaires, voire plus encourageants, après avoir utilisé l'IDET sur des patients qui ne répondaient à rien d'autre, et même des patients enferrés dans des batailles d'indemnisation des travailleurs. Par exemple, un rapport provenant d'une petite pratique d'Eugene, en Oregon, a comparé des patients avec une lombalgie chronique ayant subi une IDET que leur compagnie d'assurance était prête à payer avec d'autres patients dont la couverture avait été refusée, et soutenait que le premier groupe avait connu une amélioration impressionnante[11]. À la suite de ces rapports et d'autres études, la FDA accorda un permis à Oratec pour la fabrication des cathéters intradiscaux SpineCath, approuvant même une modification en 1992, bien avant que les documents soient publiés.

Toutes ces études ont été publiées dans *Spine*, un journal très respecté, souvent cité et dont la fondation remonte à plus de trente ans. J'ai longtemps été membre du comité éditorial et je suis fier de cette affiliation. *Spine* et tous les périodiques éminents ont tenté de s'attaquer aux conflits d'intérêts de la part des auteurs concernant leur influence sur la justification de leurs études, en particulier quand elles portent sur des produits pharmaceutiques ou des dispositifs. Chacun des articles sur l'IDET comporte une note de bas de page dans laquelle on trouve l'aveu selon lequel les auteurs ont reçu une compensation financière liée au rapport. La formulation de cette aveu varie avec le temps, mais, en 2002, elle mentionnait que «des bénéfices d'une forme ou d'une autre ont été ou seront reçus de la part d'une partie commerciale directement ou indirectement reliée au sujet du manuscrit».

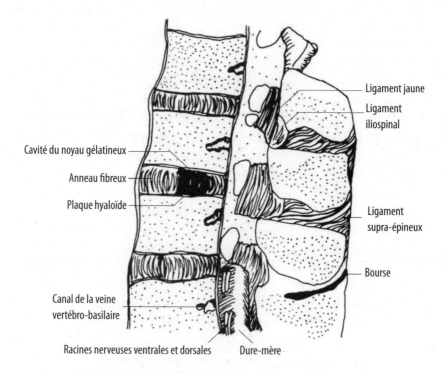

Cavité du noyau gélatineux

Anneau fibreux

Plaque hyaloïde

Canal de la veine
vertébro-basilaire

Racines nerveuses ventrales et dorsales   Dure-mère

Ligament jaune

Ligament
iliospinal

Ligament
supra-épineux

Bourse

Figure 5. Ce dessin présente la colonne comme si elle était coupée en son centre de bas en haut. Les corps vertébraux sont séparés par le disque. Le disque est une structure en forme de beignet. Le beignet est composé des couches collagéneuses très résistantes de l'anneau fibreux. Le trou n'est pas vide ; il renferme un matériel gélatineux, le noyau pulpeux, composé d'un réseau de protéines tissées dans un réseau de molécules de sucre à grosses fibres. Le disque jeune constitue une structure plutôt résistante qui amortit les forces compressives grâce aux propriétés gélatineuses du noyau. Le disque impose des contraintes aux excursions rotatoires de la colonne en vertu de la résistance à la traction de l'anneau. Dans la mesure où il limite les excursions de la colonne, l'anneau est joint par les autres structures ligamenteuses illustrées dans le dessin.

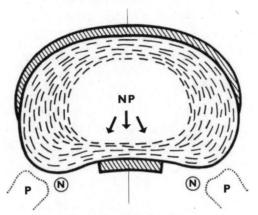

Ligament longitudinal antérieur

Ligament longitudinal postérieur

FIGURE 6. Ce dessin illustre une coupe transversale du disque. L'anneau fibreux est délimité par les hachures. Le terme « antérieur » indique la partie de la colonne pointant vers la paroi abdominale, tandis que « postérieur » désigne ce qui est plus près de la peau du dos. En vieillissant, les fibres de l'anneau ont tendance à se rompre, de sorte que le noyau pulpeux (NP) gélatineux fait protrusion vers l'extérieur. Il est rare que cette dissection aille en direction antérieure. Parfois, la direction est arrière vers le ligament longitudinal postérieur, qui fait alors saillie dans le canal spinal, empiétant même sur la moelle épinière (voir la figure 5 pour bien voir cette occurrence). Cependant, il est plus probable que la dissection provenant du NP suivra une direction postéro-latérale, faisant saillir l'anneau jusqu'à faire pression sur les nerfs (N) qui sortent de la moelle à cet endroit. Le site spinal le plus commun pour ce type de protrusion du NP se situe entre la cinquième vertèbre lombaire et la première vertèbre sacrée, où se trouve le nerf constituant une partie importante du nerf sciatique. Quand ce nerf est irrité ou endommagé, la douleur irradie vers le bas de la jambe et la maladie est qualifiée de « sciatique ».

Je n'avais aucune idée de l'étendue de cette participation commerciale à l'époque. Aucun des manuscrits ne mentionnait même le nom du fabricant de l'appareil d'IDET. Or il s'avère que Jeffrey Saal est de ceux qui ont fondé Oratec Interventions Inc. en 1995, et qu'il a siégé à son conseil d'administration. Dès 2000, Oratec devenait une société publique. En 2001, le revenu annuel brut d'Oratec provenant des produits IDET s'élevait à 21 millions de dollars. Oratec comptait parmi ses clients 3 000 médecins ayant effectué plus de 400 000 procédures IDET. Le 14 février 2002, Smith & Nephew, une importante société britannique, a fait l'acquisition d'Oratec pour 310 millions de dollars, tout cela avant même que les données décrivant l'expérience clinique ne soit publiées. De plus, toutes ces données sont fondées sur l'observation, et beaucoup de tout cela provient de patients dont les médecins avaient beaucoup à perdre si les résultats décevaient. Un produit pharmaceutique n'aurait jamais reçu d'autorisation sur la foi d'une information aussi mince.

Depuis lors, trois essais comparatifs aléatoires ont été effectués sur les IDET. L'étude la mieux conçue est un essai à double insu effectué à Adelaide et publié en 2005[12]. Le cathéter était inséré dans le disque de tous les sujets, mais le courant était allumé pour seulement certains d'entre eux, à l'insu du patient, du chirurgien ou des évaluateurs. Il n'y eut aucune diférence dans les résultats entre les patients qui avaient reçu la pseudo-intervention et ceux qui avaient été activement traités; aucun des deux groupes n'a en fait connu d'amélioration notable. Mais je doute que la science tardive ait eu beaucoup à voir avec la baisse d'enthousiasme pour l'IDET. Il s'agit encore d'un dispositif approuvé, tout comme la chymiopapaïne. Et il compte encore quelques défenseurs convaincus qu'ils aident leurs patients et qui vantent leurs données observationnelles[13]. Mais la plupart des chirurgiens de la colonne et autres interventionistes ont migré vers des pâturages plus verdoyants.

Enlever le disque

Tandis que nous traitons du thème des idées très lucratives vendues comme autant de solutions de rechange plus sécuritaires et plus délicates pour la lombalgie persistante, il importe de mentionner la discoïdectomie percutanée automatisée au niveau lombaire

(DPAL). Plusieurs tentatives d'extirper le disque à travers de petites incisions de la peau faites à l'aide de petits instruments ont eu lieu depuis les années 1970. Aucune n'a semblé efficace jusqu'à ce que Gary Onik invente son «Nucleotome». Onik est à la DPAL ce que Jeffrey Saal est à l'IDET. Il a publié des études sur l'action du Nucleotome sur la colonne de cadavres en 1985. En 1987, il publiait un article qui prétendait que la DAPL était une bénédiction pour 31 patients d'un groupe de 36. Il annonça que les DAPL étaient suscep-tibles de remplacer les laminectomies[14]. Il rassembla également un groupe de collègues voyageurs, dont plusieurs étaient nommés sous le titre de l'article de 1987 et qui provenaient des départements de radiologie qui avaient commencé à colporter cette procédure, la ville de Pittsburgh servant d'épicentre.

En 1991, Onik pouvait se vanter que plus de 3 000 médecins avaient été formés pour pratiquer la DAPL auprès de 40 000 patients. Des données d'observation avaient déjà été publiées dans 19 articles portant sur près de 4 000 patients, avec un «taux de succès» systématiquement supérieur à 70 %[15]. Le Nucleotome fut jugé acceptable par la FDA en tant que dispositif. Il s'agit d'un outil apparenté à un foret électrique doté d'une pointe spécialisée capable de couper et de capter du matériel discal. Clarus Medical Inc. vit le jour en 2000 et eut tôt fait de fabriquer et de vendre plus de 200 000 Nucleotomes.

Depuis lors, l'engouement pour la DPAL s'est estompé. Il y a des complications, et l'on compte beaucoup plus d'échecs thérapeu-tiques que ce à quoi on s'attendait d'après les résultats des essais d'observation entrepris dans l'enthousiasme initial entourant la DPAL. Il n'y a pas eu d'essai élégant comme cela fut le cas avec l'IDET, un essai clinique comportant une fausse opération, mais l'on compte un certain nombre d'essais comparatifs aléatoires. Mon pré-féré a été organisé par mon collègue et ami Michel Revel de l'Hôpital Cochin, à Paris. Lors de cet essai multicentrique, la DPAL n'a même pas été associée avec un avantage d'aussi courte durée que la chimio-nucléolyse[16], et l'on sait déjà quel «avantage» on peut attendre de la chimionucléolyse. De plus, dans cet essai, environ le tiers des patients se sont améliorés sans égard à l'intervention. On est loin du taux de succès de 70 % rapporté par ceux qui ont réalisé les essais qui avaient fait imposer la DPAL sur la population.

Combien d'autres épisodes de zèle thérapeutique faudra-t-il traverser – ces poussées d'ingéniosité chirurgico-spinale n'attestant rien d'autre qu'un orgueil sinon une âpreté au gain démesurée – avant qu'on songe à se doter d'une méthode capable de faire avorter la prochaine? Je suis encore plus alarmé de ce qui se passe en cardiologie d'intervention[17], mais la chirurgie de la colonne figure au deuxième rang de ma liste des spécialités médicales dont l'éthique est défaillante. Nous aurons l'occasion d'étudier dans le dernier chapitre certains remèdes structuraux visant à remédier à cette triste situation. Pour le moment, je m'en tiendrai à déplorer l'érosion du professionnalisme et la corrosion de la boussole morale de la profession que j'ai choisie et pour laquelle j'ai toujours une admiration profonde pour la capacité de son potentiel à faire le bien.

La laminectomie est une procédure ancienne. Leon Wiltse[18], dans sa superbe histoire des problèmes de la colonne pose l'hypothèse que Paul d'Aegine ait été le premier à décrire cette procédure au VIIᵉ siècle avant notre ère. Plusieurs chirurgiens ont affirmé avoir effectué des laminectomies au cours des siècles qui ont suivi, le plus souvent pour traiter des blessures ou retirer des corps étrangers, mais rares ont été les succès jusqu'à la découverte des antibiotiques. La raison pour laquelle la laminectomie domine le domaine de la chirurgie de la colonne est manifeste quand on regarde son anatomie. Jetez un autre coup d'œil à la figure 3.

La lame est la plaque osseuse qui soutient l'apophyse épineuse pour former le toit du canal spinal. Il n'y a rien entre la peau du dos et la lame, exceptés les muscles paraspinaux qu'on peut rétracter pour permettre au chirurgien d'avoir accès à la lame. Par ailleurs, le retrait de la lame donne accès au canal spinal sans compromettre la stabilité de la colonne; les muscles, ligaments et les articulations facettaires qui restent sont à la hauteur de cette tâche. Une fois la lame extraite, le chirurgien arrive au sac dural, qui contient le liquide céphalo-rachidien, la moelle épinière et les nerfs qui se détachent de la moelle à chaque niveau vertébral. La moelle épinière elle-même se termine à la base du thorax. Dans la colonne lombaire, le sac dural ne contient que des racines nerveuses destinées à des structures du bassin et des extrémités inférieures. Ces nerfs flottent dans le sac comme une queue de cheval, d'où son nom. Le chirurgien n'a qu'à pousser le sac dural de côté (délicatement, pour empêcher que les racines ne s'étirent en sortant) pour avoir accès au plancher du canal spinal, composé des disques et des corps vertébraux enchâssés dans divers ligaments. La laminectomie constitue le moyen le plus simple et le plus sûr d'atteindre ces structures. Toutes les autres procédures chirurgicales et plusieurs insertions d'aiguilles et de cathéters doivent contourner beaucoup de structures vitales contiguës à tous les autres côtés de la colonne, comprenant de gros vaisseaux sanguins, des enchevêtrements nerveux et les intestins, quand on utilise une approche à partir de l'abdomen.

Le disque est bien connu des anatomistes depuis des siècles. L'association entre la pathologie et les symptôme discaux est demeurée toutefois inconnue jusqu'aux proclamations de William J. Mixter et Joseph S. Barr au Massachusetts General Hospital dans les années 1930. Mixter et Barr profitèrent de la laminectomie pour accéder au disque et extraire du tissu discal (une discoïdectomie). C'est ainsi que naquit la «dynastie du disque[19]». Depuis lors, les chirurgiens du monde développé ont étudié le disque et cherché des moyens de le mettre au pas, histoire d'aider les patients souffrant de lombalgie régionale ou de sciatique. Dès 1940, Grafton Love de la clinique Mayo avait fignolé l'extraction du disque par laminectomie et même par la laminectomie en trou de serrure[20], laquelle est le précurseur de la microdiscoïdectomie mise au point par Robert Williams à Las Vegas en 1979[21]. Si le disque constitue le générateur de la douleur, le fait de l'enlever devrait s'avérer curatif. Personne ne remit jamais en question ce credo; l'évaluation du traitement par les pairs s'en tint aux aspects techniques de l'opération. Douter du credo était hérétique et cela demeure toujours une hérésie.

Je n'ai aucune hésitation à remettre en cause ce credo. Comme je l'ai déjà dit, il n'existe aucune pathologie du disque qui soit propre à la lombalgie régionale. Peu importe l'apparence du disque, une personne peut être asymptomatique, ce qui est habituellement le cas. Personne ne dispose d'un moyen fiable et valide de distinguer le disque qui fait mal, en dépit de générations entières d'ingéniosité. Il n'y a aucune caractéristique d'imagerie par résonance magnétique (IRM) qui soit assez précise pour être diagnostique, y compris les zones à haute densité que certains croient être le lieu de protrusion discale dans l'anneau fibreux[22]. Il n'y a pas non plus de moyen pour rendre la discographie (injection du disque pour voir si l'on peut reproduire la douleur) spécifique[23].

Tout cela illumine une autre facette de l'hypothèse discale. Le disque est peut-être un générateur de douleur, mais on ne dispose d'aucun moyen capable de repérer le disque précis qui cause la douleur d'un patient donné. Dans ce cas, quand la laminectomie-discoïdectomie parvient à réduire la douleur, c'est par pur hasard. Les chirurgiens de la colonne du monde entier s'empressent néanmoins de proposer laminectomie et discoïdectomie à leurs patients. Nulle part cela est-il plus vrai qu'aux États-Unis, qui détiennent les plus haut taux de chirurgie de la colonne[24].

Les données les plus accessibles décrivant les taux de laminectomie-discoïdectomie aux États-Unis proviennent des fichiers des réclamations du programme Medicare. Il va de soi que ces données comptent une sur-représentation des personnes âgées. Vu qu'un grand nombre des enjeux dont nous parlons concernent les adultes en âge de travailler, les données de Medicare ne conviennent pas complètement à nos objectifs. Il n'y a malheureusement aucun autre ensemble de données qui soit aussi accessible, fiable et complet. Le taux de laminectomie-discoïdectomie de la population de Medicare est remarquablement stable depuis un certain temps ; on parlera de la chirurgie de la fusion vertébrale un peu plus loin[25] ; pour chaque tranche de mille personnes inscrites à Medicare, 2,1 quittent l'hôpital après une laminectomie-discoïdectomie chaque année, pour un coût total avoisinant le demi-milliard de dollars.

Mais ce n'est là qu'une partie de l'histoire. Il s'avère que le taux de laminectomie est tout sauf uniforme à travers le pays. Il a varié d'un facteur 8 en 2003, avec des villes comme Mason City en Iowa, Slidell en Louisiane, Casper au Wyoming, Bend en Oregon et Billings au Montana, en tête de peloton, et les villes de New York et de South Bend, en Indiana, bonnes dernières. Depuis déjà quelques années, John Wennberg et ses collaborateurs du Center for the Evaluative Clinical Sciences, de la Faculté de médecine de Dartmouth, analysent les influences qui pourraient expliquer la « signature chirurgicale » des régions géographiques, portant une attention particulière aux soins qui concernent les problèmes musculosquelettiques, notamment la chirurgie de la colonne[26]. Les variations ne reflètent vraisemblablement pas les préférences des patients compte tenu de différences considérables survenant entre des régions qui sont presque voisines. Ces variations ne sont pas non plus susceptibles d'être attribuables aux attributs de la présentation clinique. En réalité, ce qui explique le mieux les différences régionales est lié au nombre de chirurgiens de la colonne ainsi qu'à leur propension à couper : les styles de pratique.

Si l'on revient une décennie en arrière, toute cette violence contre les lames et les disques était justifiée par la poursuite de la découverte. La discoïdectomie était une pratique courante. La seule entreprise qui eut jamais testé cette croyance est un essai clinique quasi contrôlé effectué à Oslo par un chirurgien courageux, Hendrik Weber, qu'on a publié en 1983[27]. Cet essai compte bien quelques problèmes de méthode en relation avec la répartition des participants dans les groupes de traitement et le suivi des décrocheurs et des sujets qui avaient participé à plus d'un groupe de traitement. On n'a pas trouvé la moindre trace d'un avantage attribuable à la chirurgie pour la lombalgie à court et à long terme ; tant les patients traités chirurgicalement que ceux qui n'avaient pas subi de chirurgie connurent une amélioration de même intensité de leurs symptômes et cela, dans une proportion identique. (On nota des résultats prometteurs pour la sciatique ou les douleurs à la jambe.) On ne fit guère attention aux implications de cette étude. Pas plus d'ailleurs qu'on écouta la voix de stentor d'un autre pionnier scandinave de la chirurgie de la colonne, feu Alf Nachemson, l'éditeur qui avait fondé le périodique *Spine* et qui se trouvait à l'avant-scène internationale de la chirurgie de la colonne tant comme conférencier que comme auteur. En 1996, Nachemson avait conclu que, dans les cas de la lombalgie régionale, on ne devrait «jamais traiter par chirurgie[28]». J'avais publié la même conclusion à plusieurs reprises au cours de la décennie précédente. Mais la communauté des chirurgiens trouvait toutes sortes de motifs, habituellement énoncés en termes d'innovations techniques sinon d'indications chirurgicales inédites, pour justifier la démesure de cet orgueil chirurgical.

Il est encore plus remarquable de constater à quel point la communauté des chirurgiens de la colonne peut continuer à justifier ses pratiques les plus courantes en dépit des remises en cause les plus concluantes de leur utilité. Une étude comparative aléatoire

provenant de la Finlande aurait pourtant dû modérer leur enthousiasme[29]. Il n'y eut aucune différence cliniquement significative survenant entre les patients qui avaient subi une microdiscoïdectomie et
ceux qui avaient été assignés à un traitement non chirurgical pendant une période de suivi de deux ans : aucune différence dans l'intensité de la douleur du dos ou des jambes, dans l'incapacité
subjective ou dans la qualité de la vie en santé. Les Hollandais ont
publié une étude aléatoire comparant la microdiscoïdectomie avec le
traitement médicamenteux prolongé pour la sciatique[30]. Après un
an, les résultats sont similaires, bien que la chirurgie ait semblé un
avantage, à court terme, à ceux qui souffraient de douleur aux
jambes. Ces deux études sont exemplaires sur le plan méthodologique.

Plusieurs se demanderont peut-être si les styles de pratique, les
attentes des patients et les régimes d'indemnisation de la Finlande et
des Pays-Bas, lesquels diffèrent de ceux des États-Unis, ne rendraient
pas ces résultats inapplicables. L'étude Spine Patient Outcomes
Research Trial (SPORT) est rassurante sur ce plan[31]. Cet essai multicentrique a recruté aux États-Unis 501 candidats à la chirurgie pour
de la lombalgie régionale et des symptômes de souffrance radiculaire
(tels que faiblesse musculaire, engourdissement du pied ou perte de
réflexes) dans une jambe. Les candidats étaient répartis de façon aléatoires pour être soumis à une discoïdectomie chirurgicale ou à un
traitement non chirugical. Les patients des deux groupes ont connu
une amélioration substantielle sur une période de deux ans.
Contrairement à ce qui s'est passé dans des études hollandaise et fin-
landaise, plusieurs des volontaires de l'étude américaine qu'on avait
assignés au traitement non chirurgical changèrent d'idée (ce qui
reflète peut-être un préjugé de leur contexte clinique) et optèrent
plutôt pour la chirurgie. De plus, 743 autres candidats refusèrent
d'être répartis de façon aléatoire ; on les a suivis peu importe le traitement qu'ils avaient choisi. En raison des difficultés de recrutement
des volontaires pour l'étude, sans oublier les transfuges, il est difficile
de compléter une analyse statistique détaillée. Les auteurs soutiennent que ceux qui ont subi la chirurgie peuvent avoir connu une
amélioration des souffrances radiculaires[32]. L'étude SPORT invalide
passablement l'argument stipulant que les essais hollandais et finlan-
dais ne sauraient valoir aux États-Unis. Il y a certes la suggestion que

la discoïdectomie puisse procurer un petit avantage par comparaison avec le traitement conservateur pour la souffrance radiculaire (symptômes aux jambes), mais pas pour la lombalgie régionale[33].

Fusionner la colonne

Les chirurgiens de la colonne, tout comme beaucoup d'autres chirurgiens, votent avec leurs bistouris. Ils n'ont eu qu'à jeter un coup d'œil dans leur salle d'attente pour comprendre que la discoïdectomie n'était pas la solution pour plusieurs patients. Personne n'a jamais remis en question l'hypothèse que le disque soit le générateur de douleur. Personne n'a remis en cause la croyance voulant que l'extraction du disque soit palliative. La discoïdectomie est plus qu'un acte de foi ; c'est un principe aussi bien évident en soi qu'inattaquable. Pourtant, très nombreux sont les patients qui continuent à souffrir après que ce satané générateur de douleur eut été dévasté. Il faut qu'il y ait un problème dans la procédure, et non dans la théorie. J'ai déjà dit que la laminectomie ne compromettait pas la stabilité de la colonne. Dès le milieu du XXe siècle, les chirurgiens de la colonne ont commencé à se demander si la discoïdectomie n'était pas tenue en échec par le fait que la laminectomie permettait un mouvement spinal inhabituel dans une certaine direction, ce qui pouvait devenir un nouveau générateur de douleur. Depuis le début du XXe siècle, les chirurgiens de la colonne mettent au point des manières de fusionner les colonnes devenues instables en raison des blessures par traumatismes. C'est ainsi qu'une théorie s'est liée à une technologie pour ouvrir l'époque de la fusion des vertèbres. On effectuait la fusion en récoltant de la matière osseuse, tout d'abord dans la jambe et plus tard dans la crête de l'iliaque, pour ensuite l'attacher aux structures au-dessus et en dessous de la laminectomie. Parmi les pionniers, on retrouve Richard Rothman à Philadelphie[34] et John Frymoyer[35] à Burlington, au Vermont. De plus en plus, surtout aux États-Unis, la laminectomie-discoïdectomie se trouva supplantée par la fusion vertébrale.

Il va de soi que les expériences initiales ont été perçues comme très encourageantes par les pionniers de l'intervention, à tel point qu'on assista à la naissance d'un nouveau credo : quand la fusion ne fonctionne pas, c'est que la fusion a échoué et non que le fait de fusionner ne soit pas une bonne idée. L'échec de la fusion est une complication bien connue dans la documentation du traumatisme. Les chirurgiens du traumatisme avaient coutume de réparer les fractures les plus graves avec des tiges et des vis métalliques pour éviter l'échec fréquent des greffes osseuses. Un des initiateurs de la pratique de visser des pièces de quincaillerie dans la colonne des patients pour qui la discoïdectomie avait été un échec était Phillip Wilson père, de l'Hospital for Special Surgery de New York. De fait, c'est Wilson qui avait eu la témérité de visser le dos de Jack Kennedy, ce qui l'a presque tué[36]. Un chirurgien parisien, Raymond Roy-Camille, a perfectionné cette approche en concevant du matériel permettant de visser des plaques de métal d'un pédicule à l'autre, ce qui devint rapidement la fixation interne standard pour plusieurs décennies[37]. C'est alors que se sont ouvertes les vannes. Des myriades de gadgets sont apparus sur le marché; diverses plaques et cages qui sont implantées, on s'en doute, par tous les moyens chirurgicaux imaginables. Plusieurs nécessitent des habiletés chirurgicales extraordinaires et comportent des risques opératoires terrifiants. Mais plusieurs options sont offertes et toutes celles qui sont disponibles ont reçu l'aval de la FDA en tant que dispositifs.

J'ai déjà dit que les taux de laminectomie-discoïdectomie de la population de Medicare étaient restés relativement stables, bien qu'ils demeurent excessifs quand on les compare à ceux d'autres pays. La popularité de la fusion lombaire croît rapidement[38], égalant le taux et les coûts de la discoïdectomie sans fusion en 2003. La documentation regorge d'études comparatives aléatoires sur la fusion, mais presque tous ces essais ne comparent que deux types de dispositifs entre eux. Ils suscitent toutes sortes de déclarations de conflits d'intérêts potentiels des chercheurs et, pour la plupart, sont soutenus par l'industrie. Comme c'est le cas pour plusieurs autres marchés médicaux et chirurgicaux, il est facile de montrer que les études de dispositifs de chirurgie vertébrale financées par l'industrie ont une probabilité significativement plus élevée d'obtenir des résultats favorables que les études financées autrement[39]. Heureusement qu'on peut compter sur quatre essais comparatifs aléatoires qui ne s'en tiennent pas à la comparaison de deux dispositifs, dont quelques-uns sont indemnes de conflits d'intérêts apparents.

L'étude qui a fait se montrer au grand jour l'efficacité de la fusion a été publiée par le groupe suédois d'étude de la colonne lombaire, en 2001[40]. Il s'agissait d'un essai comparatif aléatoire et multicentrique soutenu par l'industrie, étudiant plusieurs variétés de fusions comparées aux soins « non opératoires habituels ». Près de 300 patients en âge de travailler avec au moins deux ans de lombalgie ont été recrutés et répartis de façon aléatoire, de sorte que 222 ont subi une fusion. Le groupe chirurgical s'est mieux porté statistiquement et cliniquement que le groupe qui avait été assigné au traitement conservateur pendant les six premiers mois, après quoi les différences se sont amenuisées. Cet essai a suscité beaucoup de discussions, particulièrement sur la sagesse d'utiliser les soins « non opératoires habituels » comme groupe de comparaison, ainsi qu'au sujet de la définition plutôt fruste de ce qui constituait la lombalgie chronique[41]. Ce qui fait problème dans l'interprétation d'un avantage à court terme de la chirurgie, c'est le contexte dramatique de l'épisode chirurgical plutôt que la procédure en elle-même. C'est ce qui explique qu'un groupe de comparaison subissant une pseudo-opération constitue le devis de recherche le plus puissant. On peut se demander si un groupe de comparaison composé de patients qui reçoivent des soins habituels est de taille à se mesurer au drame et à la passion d'un événement chirurgical. Mais il n'y a aucun doute que l'étude suédoise a élevé le débat sur l'efficacité de la chirugie de fusion et défini la référence pour la réalisation de meilleurs essais.

J. I. Brox et plusieurs de ses collègues ont relevé le défi avec un essai comparatif aléatoire multicentrique financé par le gouvernement, en Norvège[42]. La conception était similaire à celle de l'essai suédois, mais le groupe de référence a suivi un programme d'exercices et d'intervention cognitive spécialement conçu. Les patients se sont améliorés dans la même mesure et à un taux semblable, peu importe qu'ils aient subi une fusion avec des vis transpédiculaires postérieures (le type de fixation instauré par Roy-Camille) ou des sessions d'information conçues pour être rassurantes et encourager l'activité.

Les Britanniques ont réalisé un essai comparatif aléatoire multicentrique financé par le gouvernement dans lequel on a comparé un programme de réhabilitation intensive spécialement conçu et la chirurgie de fusion[43]. On a réparti au hasard près de 350 patients en deux groupes égaux, un devant subir une procédure de fusion selon la préférence du chirurgien, l'autre devant s'astreindre à un programme externe quotidien d'éducation et d'exercices spécialement conçus pendant trois semaines. Les deux groupes se sont améliorés au cours des deux années qui suivirent, mais il n'y avait pas de différence importante dans les taux ou le degré d'amélioration.

Des chercheurs éminents provenant de plusieurs disciplines ont pris la plume et publié des articles dans des journaux médicaux très estimés pour provoquer une réévaluation de l'utilisation de la chirurgie pour la lombalgie régionale, à défaut d'un moratoire sur la laminectomie-discoïdectomie avec ou sans fusion[44]. On assiste à beaucoup de parlotte sur la question de savoir si oui ou non la chirurgie est efficace pour la sciatique (douleur à la jambe), un sujet qui exige qu'on s'interroge quant au degré de bienfait, ce que nous entreprendrons au chapitre 9. Cependant, il y a très peu de verbiage au sujet de son utilisation pour traiter la douleur lombalgique, même de la part de la Collaboration Cochrane[45].

Tout ce battage de poitrail a eu très peu d'effet, voire aucun, sur le taux d'augmentation de la chirurgie rachidienne aux États-Unis. La plume est peut-être plus forte que l'épée, mais elle n'est certainement pas plus forte que les dollars. Reed Abelson a écrit un essai très révélateur dans le *New York Times* intitulé « The Spine as a Profit Center[46] ». Elle a fait remarquer que la chirurgie de fusion des vertèbres est un des domaines les plus lucratifs de la médecine. Une seule vis utilisée pour fixer du métal aux pédicules peut coûter 1 000 $. Pas surprenant que des douzaines de jeunes compagnies se joignent aux douzaines de compagnies établies pour fabriquer des appareils de fusion; le fait que la plupart sont des sociétés privées rend la participation des chirurgiens de la moelle dans l'entreprise plus difficile à cerner. Les pots-de-vin et autres entremêlés financiers ne sont pas très loin de la surface, cependant.

Dans l'article du *New York Times*, Abelson discute du cas d'Allez Spine, située à Irvine, en Californie, qui, selon son modèle d'affaires, recrute des chirurgiens de la moelle aussi bien comme investisseurs-propriétaires que comme membres de « sa base de clients ». Allez et Tenet Healthcare, une chaîne d'hôpitaux dont les chirurgiens membres du personnel sont aussi des investisseurs d'Allez, défendent les relations contractuelles entre les chirurgiens et les compagnies dont les produits sont utilisés en chirurgie par l'affirmation que ces relations sont révélées. Pour ma part, pareilles relations sont indéfendables. À la demande du rédacteur en chef d'*AMA News*, j'ai rédigé un essai qui propose l'argument que les médecins ne devraient jamais avoir besoin de révéler de telles relations puisque, s'ils ont la perception d'être en conflit d'intérêts, ils ne devraient pas soigner le patient. « La divulgation ne devrait pas avoir l'air nécessaire, ai-je écris alors, et elle n'est jamais suffisante[47]. »

Les enchevêtrements entre l'entrepreneuriat et les soins aux patients ne sont pas l'apanage des chirurgiens de la moelle. Toutefois, la chirurgie rachidienne constitue une cible facile pour tous ceux d'entre nous pour qui l'éthique et le professionnalisme sont irrémédiablement soudés. Les chirurgiens de la moelle ont été parmi les premiers à fonder des hôpitaux et des cliniques appartenant à des médecins, grâce à l'argument qu'il était bon pour leurs patients de concentrer le talent de cette façon. Pour quiconque est tenté de croire un argument pareil, une lecture de l'analyse de Jean Mitchell s'impose[48]. Un économiste de l'Université de Georgetown, Mitchell, a utilisé les données des demandes d'assurance contre les accidents de travail pour examiner les tendances en matières de traitements de la colonne suivant l'arrivée des cliniques de spécialité appartenant à des médecins en Oklahoma. La fondation de ces entreprises était suivie d'une augmentation du nombre de spondylodèses, plus dispendieuses et plus lucratives, par un facteur de 50, ainsi que d'une certaine diminution du taux des procédures en réserve plus vieilles.

Mitchell en vint à comparer le taux d'augmentation de ces fusions complexes dans les populations inscrites au programme Medicaid parmi les États. En Nouvelle-Angleterre, où les hôpitaux de spécialité appartenant à des médecins sont rares, l'utilisation de ces procédures a augmenté de près de 200 % entre 2000 et 2004. Dans les États où l'on retrouve plusieurs entreprises appartenant à des médecins, cependant, le taux d'augmentation était beaucoup plus élevé ; en Oklahoma et en Arizona, par exemple, il était de presque 700 % et, au Kansas, l'augmentation atteignait presque 1 400 %.

Par ailleurs, n'allez pas croire que l'augmentation des cachets pour services rendus qui découle de cette augmentation de l'utilisation soit la seule source de revenus bonifiée pour ces chirurgiens de la colonne. Prenez l'exemple de mon confrère de la faculté de médecine de Harvard, Stephen Hochschuler, un des partenaires fondateurs du Texas Back Institute, aux environs de Dallas, une des plus grosses cliniques de la colonne au monde. Hochschuler a servi à titre de président du conseil scientifique d'Alphatec, une entreprise en démarrage de l'industrie du gadget chirurgical rachidien. Quand Alphatec est devenu une société ouverte en 2007, Hochschuler a reçu des actions assujetties à des restrictions d'une valeur de plus de 600 000 $. Reed Abelson affirme, dans l'article du *New York Times* mentionné auparavant, qu'il a mérité cette largesse pour sa « participation dans la mise au point d'appareils chirurgicaux ».

Les relations entrepreneuriales pouvant compromettre le choix de ce qui est préférable pour son patient tracent le fil entre ce qui est autorisé et ce qui est illégal. En juillet 2006, Medtronic a payé 40 millions pour régler la poursuite d'un dénonciateur en cour fédérale pour avoir supposément payé des pots-de-vin afin d'inciter les docteurs à utiliser ses implants rachidiens. À l'automne 2007, quatre fabricants d'implants chirurgicaux de hanches et de genoux (Zimmer Inc., DePuy Orthopaedics, Inc., Smith & Nephew, Inc. et Biomet Orthopedics, Inc.) ont fait face à des plaintes en cour fédérale pour avoir conclu des ententes de consultation avec des chirurgiens orthopédistes comme véhicules incitant les chirurgiens à utiliser les produits de leurs compagnies. Les quatre compagnies ont payé au total 311 millions en amendes et elles ont accepté la nomination de déontologues fédéraux. Sans oublier le cas de Patrick Chan, un neurochirurgien de quarante-trois ans de l'Arkansas qui a plaidé coupable, le 3 janvier 2008, au tribunal de l'US Eastern District, d'avoir sollicité et reçu des pots-de-vin d'un représentant de vente colportant du matériel pour les chirurgies rachidiennes, pour le compte de Blackstone, une division de la compagnie hollandaise Othrofix international pour les États-Unis. Là aussi on était en présence d'une poursuite d'un dénonciateur, et celui qui a sonné l'alarme est le représentant de Medtronic, un compétiteur de Blackstone.

Disques artificiels

Comme je l'ai déjà dit, les chirurgiens de la moelle, et beau-coup d'autres chirurgiens, votent avec leurs scalpels. Peu d'entre eux doutent que le «générateur de douleur» est dans le disque, mais de plus en plus de gens ont commencé à remettre en question l'effica-cité de la discectomie, même avec fusion. La fusion arrête peut-être le mouvent du générateur de douleur discal, mais elle n'arrête pas la douleur, ni même l'aggravation de la douleur accompagnant les mouvements de la colonne. Peut-être est-ce parce que la fusion fait en sorte que les disques immédiatement au-dessus et en dessous du disque fusionné se détériorent plus rapidement. Peut-être, raisonnè-rent-ils, la fusion après la discectomie est-elle une mauvaise idée. Le générateur de douleur discal devrait être retiré et remplacé par quel-que chose qui restaure le mouvement. C'est ainsi qu'est apparu le disque artificiel et la procédure pour l'insérer, l'arthroplastie discale. Cette chirurgie est exigeante du point de vue technique parce qu'elle comporte une multitude de complications potentielles. Par ailleurs, si l'arthroplastie échoue, les procédures de repli sont terrifiantes à contempler. Et pourtant les chirurgiens se ruent pour apprendre comment pratiquer des arthroplasties.

Deux disques artificiels ont été approuvés par la FDA[49]. Le disque artificiel Charité a été approuvé en 2005, et il est vendu par DePuy Spine Inc., une division de Johnson & Johnson. Le ProDisc a été autorisé le 14 août 2006; il est fabriqué par Synthes Spine Inc., une compagnie allemande qui a ses bureaux en Amérique à Westchester, en Pennsylvanie. Ce sont deux petites merveilles tech-nologiques différentes qui ont cependant beaucoup en commun. Jusqu'à présent, toutes les données expérimentales sont dérivées des essais financés par la compagnie et comparent l'arthroplastie discale avec des procédures de spondylodèse. On compte un certain nombre d'essais du genre pour le disque Charité. Dans tous les cas, le suivi est relativement de courte durée, les candidats pour l'opération sont soigneusement choisis et aucune différence notable n'a été rapportée quant au résultat entre la fusion et l'arthroplastie. Ces «essais» constituent aussi une sorte d'opération de marketing : les chirurgiens sont rémunérés par des compagnies d'assurance santé pour effectuer l'opération ; ce faisant, en cours de processus, ils se familiarisent avec la procédure en particulier, et ils sont souvent récompensés encore plus par le fournisseur pour leur participation à l'essai et leur empressement à « éduquer » les autres quant à leur expérience.

ProDisc a reçu son approbation sur les bases d'un essai clinique aléatoire prospectif multicentrique qui prétendait montrer les bienfaits supérieurs de l'arthroplastie discale sur une période de deux ans, par rapport à la fusion périphérique sur dispositif. Presque 40 chirurgiens y ont participé dans 17 centres. Environ 250 patients avec des disques malades ont été sélectionnés au hasard. Le rapport publié ne rapportait aucune « complications graves[50] ». Par ailleurs, sur plusieurs points, la très grande majorité des patients qui avaient subi l'arthrosplastie discale montraient des signes d'amélioration. Avec beaucoup de fanfare, le ProDisc a été déclaré « supérieur à la fusion périphérique selon plusieurs critères cliniques ». L'auteur principal de cet article est Jack Zigler, un partenaire de Stephen Hochschuler au Texas Back Institute. L'avis de non-responsabilité qui figure sur l'article déclare qu'aucun financement n'a été reçu pour appuyer l'étude, bien que plusieurs auteurs avaient une participation financière. Zigler était de toute évidence très familier avec les questions de droit du fait qu'il était co-auteur d'un article sur les nuances du processus d'approbation des appareils de la FDA, avec son fils Jeffrey, ainsi qu'un autre avocat, John Walsh[51]. Jeffrey Zigler est un « consultant en réglementation » rattaché aux Musculoskeletal Clinical Regulatory Advisers (MCRA), un groupe fondé en 2000 sous forme de firme de consultation privée dans le but d'aider les fabricants d'appareils tout au long du processus d'approbation de la FDA. Walsh est un avocat spécialiste de la réglementation de la firme Synthes, un des clients des MCRA.

Je soupçonnais quelque chose de louche avec les résultats du ProDisc, qui me paraissaient trop beaux pour être vrais. Après tout, ces patients avaient échoué au traitement « conservateur » pendant six mois, et avaient subi une opération de fusion qui n'était pas susceptible de les avoir aidés. Pourtant, ils se portaient à merveille, et ceux qui avaient un ProDisc se portaient encore mieux. C'est là où Reed Abelson refait son entrée, cette fois armé d'un exposé du *New York Times* intitulé « Financial Ties are Cited as Issue in Spine Study[52] ». Il s'avère que Zigler et des docteurs d'environ la moitié des dix-sept centres de recherche engagés dans cette étude couraient la chance de profiter financièrement si le ProDisc l'emportait. Un fonds de capital de risque géré par le Texas Back Institute et certains des chirurgiens du Texas Back étaient les investisseurs du démarrage d'une entreprise achetée par Synthes. Toute cette information provient de la poursuite d'un patient. Synthes ne voulait pas commenter pour clarifier si la FDA avait été complètement informée des conflits d'intérêts potentiels des chirurgiens participants comme l'exige l'application qui a entraîné l'approbation. Les règles de la FDA permettent aux chercheurs d'avoir des liens commerciaux avec les fabricants de l'appareil ou du médicament qu'ils étudient, ou sur lequel ils sont appelés à donner un opinion d'expert, aussi longetmps que ces relations sont entièrement divulguées. La FDA réexamine présentement les divulgations dans cette affaire, ainsi que ce qui explique pourquoi cinquante « cas de pratique » et 10 % des cas qui ne faisaient pas partie de la « pratique » ont été exclus de l'analyse des données présentée à la FDA.

Des milliers de patients partout dans le monde ont eu un ProDisc inséré dans leurs dos, vendu environ 10 000 $ chacun. Aux États-Unis, Medicare et certains assureurs privés refusent de payer pour des arthroplasties discales. Medicare va sans doute sentir la pression de l'industrie et des groupes de pression afin que les patients de cette chirurgie soient indemnisés. Il y a de la résistance, même de la part des chirurgiens de la moelle, en particulier une faction dissidente qui a mis sur pied l'Association for Ethics in Spine Surgery. Pour ma part, je fais la promotion d'une réforme du processus d'approbation des appareils lors d'une révision complète du mécanisme d'autorisation de la FDA, telle qu'elle sera exposée en détails au chapitre 9.

SEPT

Un emploi éreintant

L'histoire de l'altruisme est chaotique. La tradition islamo-judéo-chrétienne impose l'obligation d'être charitable. Dans l'Ancien Testament, le *tzedakah* (la traduction hébraïque de charité) est un devoir, un geste de justice et d'équité, même pour ceux qui ne sont pas riches. La réception du *tzedakkah* est un droit, une obligation selon Maimonide, de ceux qui sont dans le besoin. Faire l'aumône est l'un des cinq piliers de l'Islam. Nulle part, dans ces grandes traditions, la pauvreté est-elle un crime. La pauvreté est un malheur; les pauvres sont des malheureux qui méritent la charité. Mais l'histoire de la dispensation de la charité, avant l'avènement de l'État-providence, fut plutôt chaotique pour dire le moins[1].

Dans l'Europe du Moyen Âge, la charité relevait de noblesse oblige. Avec la croissance des villes, c'est l'Église qui en vint à assumer cette obligation. Pour y parvenir, elle se transforma en une agence publique soutenant les hôpitaux médiévaux qui accueillaient les malades, les voyageurs fatigués, les orphelins, les personnes âgées et les itinérants. Après la Réforme protestante, cette responsabilité releva de la société civile. Les plus notoires des statuts qui en résultèrent furent les lois des pauvres de la période élisabéthaine, qui ont survécu près de trois siècles, ne connaissant que des améliorations secondaires[2]. La petite noblesse nommait des agents qui répartissaient les revenus de l'impôt aux fins de l'assistance sociale. À la place du prêtre ou du grand bourgeois, c'est au fonctionnaire que revint la responsabilité de fournir l'assistance à ceux qu'on estimait la mériter, les pauvres méritants.

La tradition de la charité a probablement toujours compté cette clause restrictive, mais c'est aux lois sur les pauvres qu'il revint de la codifier : la charité n'était pas tant pour les pauvres que pour les pauvres méritants. La loi des pauvres du roi Henri, adoptée en 1536, secourait les méritants, procurait des emplois aux chômeurs et châtiait les mendiants. Les colonies américaines avaient leurs lois des pauvres, elles aussi. Elles stipulaient habituellement que les vagabonds devaient être chassés et châtiés sévèrement quand ils rappliquaient. Les colonies trempaient dans la ferveur calviniste et ne se sentaient guère charitables, particulièrement pour les mendiants bien enveloppés. Cotton Mather décréta : « Pour ceux qui se complaisent dans l'oisiveté, Dieu exige qu'on les laisse périr de faim. »

En 1824, la législature de l'État de New York entreprit l'évaluation de ses programmes d'assistance publique. Le rapport Yates condamna ces programmes parce qu'ils entretenaient « le vice, l'oisiveté, la maladie et la criminalité » en confinant les pauvres bien portants dans les hospices. Le rapport d'un comité législatif publié en 1850 a décrit le traitement des pauvres dans ces institutions : « Dans certaines de ces institutions, les animaux domestiques sont mieux traités que les pauvres qu'on y héberge. » Ces hospices, les ancêtres des hôpitaux municipaux, servaient de dépôts pour malades et infirmes ainsi que pour les pauvres bien portants[3].

George Orwell signala qu'un travailleur sur trois était condamné à mourir au crochet de l'État, d'une manière misérable à l'hospice ou dans la solitude, « lentement, empestant et souffrant comme des animaux[4] ». En 1902, Jack London se vêtit de haillons et s'introduisit dans le demi-monde du quartier Est de Londres, histoire de faire l'expérience de la vie des indigents.

> « Les maladaptés et les indésirables ! Les misérables, les méprisés et les oubliés en train d'agoniser dans la pagaille. La progéniture de la prostitution, de celle des hommes, femmes et enfants, de celle de la chair et du sang, de l'âme et des sentiments ; en bref, de la prostitution du travail. Si c'est là le mieux que la civilisation puisse faire pour l'humanité, vivement qu'on ramène les hurlements et la sauvagerie toute nue. Mieux vaut être gens de la savane, du désert et des cavernes que créature de la machine et du gouffre[5]. »

Henry Mayhew serait resté un dilettante victorien tombé dans l'oubli et le rédacteur de *Punch*, s'il n'avait résolu d'étudier les gens qui vivaient sur les trottoirs de Londres, recevant juste assez en aumône pour se procurer le boire, le manger et le coucher dans une maison de chambres. Quand ils n'y arrivaient pas, larcins et prostitution restaient des recours, à moins de se résigner à demander son admission à l'hospice. La longévité et la fécondité restaient les cadets de leurs soucis. Et ils étaient nombreux, comptant pour près de 15 % de la population de Londres, la plus grande des villes industrialisées. En 1861-1862, Mayhew publia les quatre tomes de *London Labour and the London Poor*[6], ouvrage dans lequel il distingue, parmi les sans domicile fixe, ceux qui pourraient travailler, ceux qui n'en sont pas capables et ceux qui ne veulent pas. Le premier groupe, celui des chômeurs, constitue une nécessité sociale ; on estimait qu'il fallait qu'une fraction de la main-d'œuvre soit sans emploi et à la recherche d'un emploi de manière à discipliner ceux qui travaillaient, leur faisant redouter de se retrouver au chômage. Le deuxième groupe, celui des incapables, s'avéra plus redoutable à définir pour Mayhew. C'est ainsi qu'il ne tenait pas un aveugle pour être invalide quand il parvenait à mendier avec succès. Le troisième groupe, celui des pauvres non méritants, ne méritait pas mieux que le destin terrible que la vie des trottoirs leur valait.

Les lois établissant l'assistance publique illustrent la nature conditionnelle de la charité occidentale. Un appel à l'aide bien chiche qu'elles dispensaient pouvait être ignoré sur la foi d'une évaluation toute subjective de la valeur d'une personne donnée. C'est à David Lloyd George, chancelier de l'Échiquier, qu'il revint d'en dénoncer l'horreur, dans un discours prononcé à Birmingham, le 11 juin 1911 : « Il n'existe pas, dans l'histoire, d'héroïsme qui dépasse celui dont doivent faire preuve les petites gens pour maintenir dignité et indépendance, en dépit d'un sort ingrat. Elles endureront les pires privations avant d'accepter d'arborer la rosette du paupérisme et, encore plus, avant d'en affubler leurs propres enfants[7]. » C'est sur un arrière-fond d'agitation sociale que la société industrielle amorça le XXe siècle. Une fraction importante de la population de toutes les citées industrialisées vivait sa courte existence, sur les trottoirs. En outre, presque tous les autres redoutaient le destin qui compromettrait leur capacité de gagner leur pain, que ce soit une blessure, une infirmité, la mise au chômage ou le décès du gagne-pain de la famille. Il importait peu que la capacité de travailler soit compromise par accident ou bien par une blessure survenant au travail. La révolution industrielle était pleine de périls. Et ses «coûts humains» ont été déplorés par Woodrow Wilson, dans son discours inaugural du 4 mars 1913. Les blessures incapacitantes et les décès par accident du travail hantaient les milieux de travail. Mais, en raison du code civil et de son «ignoble trinité des défenses», le travailleur accidenté devait affronter l'insurmontable quand il s'agissait d'obtenir de l'État, ou de son employeur, indemnisation pour son malheur. Car cette «ignoble trinité des défenses» lui interdisait tout recours[8]. Pour commencer, en vertu de la doctrine de la négligence contributoire, un travailleur accidenté ne pouvait rien réclamer s'il avait fait preuve de quelque négligence que ce soit, peu importe celle qui était manifestée par l'employeur. Ensuite, en vertu de la doctrine du collègue d'atelier, un travailleur accidenté n'avait droit à rien quand on pouvait faire la preuve que ses blessures résultaient de la négligence d'un collègue d'atelier, y compris un superviseur. La doctrine, enfin, de l'acceptation du risque signifiait qu'un travailleur accidenté ne disposait d'aucun recours quand il advenait que son sinistre soit le fait d'un risque inhérent à son emploi, ce qu'il devait, sinon aurait dû savoir.

C'est l'époque qui donna naissance à la contestation judiciaire, au mouvement syndical, et qui suscita des carrières comme celles d'Upton Sinclair, Karl Marx, Friedrich Engels, Ferdinand Lassalle et tant d'autres. Les mutuelles d'entraide anglaises et les caisses de maladie prussiennes sont des institutions construites sur des corps de métier permettant aux travailleurs les plus avantagés de se procurer de l'assurance donnant accès à une protection du revenu advenant maladie, mais pas au remboursement des frais médicaux, advenant que la maladie les contraigne au chômage. Les travailleurs s'endettaient pour payer leurs frais médicaux et les pratiques médicales croulaient sous le poids des comptes impayés. Certains travailleurs pouvaient se procurer une assurance qui protégeait leur famille contre les coûts de leurs funérailles, mais la plupart ne pouvaient même pas se payer cette petite protection, tout comme il n'y avait pratiquement personne qui pouvait s'assurer contre une catastrophe. Il en résulta une solution politique qui continue d'influencer nos conceptions, même de nos jours.

La monarchie prussienne du bien-être

Il y a plus d'un siècle, l'Europe se trouvait aux prises avec un mouvement de réformes sociales. Dominant cette scène, la réponse d'Otto von Bismarck réagit aux revendications des réformistes en créant une monarchie du bien-être pour « mieux faire la preuve à la classe ouvrière que l'État pouvait lui offrir mieux et plus que les sociaux-démocrates, dans l'espoir que les bénéficiaires de cette politique comprendraient et tourneraient le dos à leurs faux amis[9] ». La solution prussienne au problème des déshérités allait devenir le gabarit de référence du monde en voie d'industrialisation, y compris les États-Unis. Il importe de souligner qu'il s'agissait là d'une entreprise de paternalisme autoritaire. L'assistance publique était tenue pour une compensation justifiée par l'échec d'un citoyen plutôt que comme un droit[10].

Le Reichstag adopta la Loi sur l'assurance maladie en 1883, la Loi sur l'assurance contre les accidents en 1884 et l'assurance contre l'infirmité et le vieillissement en 1889, payant l'essentiel de ces programmes par des cotisations prélevées auprès des employeurs. Au tournant du siècle, la Prusse était dotée d'un programme national d'assurance maladie et d'un programme national de pension de vieillesse. Elle avait aussi mis en place un mécanisme stratifié de compensation de l'incapacité, lequel allait devenir le précédent du monde industriel, ce qu'il continue d'être de nos jours. Ce programme est esquissé dans le tableau 7. Les fonds requis pour les soins médicaux et la réadaptation ne font pas partie de ce programme puisqu'ils sont déjà fournis par d'autres programmes nationaux d'indemnisation des citoyens. Ce qui était en cause, c'était la générosité de la compensation. Il n'y avait que le programme d'assurance contre les accidents de travail pour remplacer le revenu d'emploi. Cela était fondé sur le principe qu'aucun travailleur blessé ne devrait encourir une perte de revenu même quand il arrivait qu'un accident survenu au travail lui inflige une perte permanente de sa capacité de gagner sa vie. Quand la perte de la capacité de gagner sa vie résultait d'une maladie comme l'arthrite rhumatoïde, le travailleur restait méritant, mais pas complètement méritant. S'il arrivait qu'un travailleur devienne incapable de gagner assez pour se maintenir à niveau avec ce qu'on tenait pour être une vie décente, il n'avait alors plus à travailler puisqu'on lui accordait une rente, appelée pension d'invalide, capable de lui procurer un niveau de vie décent. S'il advenait qu'une personne fût assez handicapée pour s'avérer incapable de se maintenir à ce niveau de vie, ou qu'elle n'ait jamais vraiment été salariée, l'indemnité était encore moins généreuse sous l'assistance publique. Ce programme reste le prototype de la codification du test établissant le « droit au mérite ».

TABLEAU 7
Programme prussien d'assurance contre l'invalidité

Niveau du mérite	Fonds d'assurance	Indemnisation
Incapacité de travailler découlant d'une blessure liée au travail	Assurance contre les accidents du travail	Remplacement du revenu et indemnités partielles et permanentes
Incapacité de travailler découlant de la maladie d'un salarié	Assurance de pension publique (pension d'invalide)	Remplacement du revenu pour une période déterminée, suivi d'une indemnité limitée quand il y a présence d'une impossibilité de toute forme de travail
Incapacité de travailler survenant chez quelqu'un qui n'a jamais été un véritable salarié	Assistance publique	Allocation de subsistance

À travers l'Europe, les législatures imitèrent la Prusse, l'une après l'autre, pour se doter de programmes de pensions pour les personnes âgées, de soins pour les malades et les infirmes. En Angleterre, David Lloyd George et William John Braithwaite, un fonctionnaire qui était l'assistant personnel de Lloyd George, ont suivi attentivement ces développements. Le programme britannique fut instauré en 1911 pour une partie des travailleurs, puis étendu à tous les salariés en 1920[11]. Travailleurs, employeurs et l'État versaient tous des cotisations dans un fonds qui paierait des allocations pour les maladies et le chômage de manière à maintenir les salariés dans un état convenable d'aptitude au travail ; les avantages étaient plus généreux dans les régions où l'autorité locale devenait l'objet des pressions du mouvement syndical. Certains gouvernements ont modifié le modèle prussien d'une manière avantageuse[12]. Les Hollandais, par exemple, n'ont pas retenu la distinction des variétés d'accidents et ont indemnisé l'incapacité de travailler de la même manière, peu importe sa cause[13]. La Suisse et la Nouvelle-Zélande, par contre, ont été fascinées par la notion d'accident au point d'en élargir la portée à toute forme d'incapacité de travailler résultant d'un accident, peu importe où il survient, que ce soit sur la route ou bien lors de la pratique d'un sport.

TABLEAU 8

Indemnités pour incapacité des programmes d'accidents du travail

Définitions cliniques	Critères
Causalité	Blessure ? Survenue au travail ?
Consolidation (fixe et stabilisée)	Peut-on s'attendre à plus de guérison ?
Incapacité	Quelle est la capacité résiduelle de travailler du travailleur accidenté ?

Bismarck ne s'en est pas remis au corps médical pour construire son programme d'assurance contre l'invalidité. Il a cependant fait appel aux médecins pour l'aider à l'administrer. À l'époque, la médecine prussienne était la fine pointe de la médecine occidentale. Il s'agissait d'une institution dominée par des penseurs réductionnistes. C'est ainsi que Theodor Billroth, un professeur de chirurgie de Berlin, pouvait déclarer : «Si toute la médecine sociale doit absolument faire partie du programme des études médicales, il ne faut pas que cela accapare plus de deux heures par semestre, disons pendant les deux derniers semestres, sinon cela se fera aux dépens des autres matières au programme[14].» L'idée que ce qui faisait la valeur du médecin était le détail de la compréhension qu'il avait des maladies affectant les organes du corps est typique de la conception médicale prussienne. Cet héritage est encore bien vivace de nos jours. C'est la perspective avec laquelle on a abordé les problèmes soulevés par l'administration du programme prussien d'assurance contre l'invalidité (tableau 8). Pour avoir droit à la compensation du salarié (les accidents de travail, selon leur appellation contemporaine), l'incapacité de travailler devait découler d'une blessure infligée au travail. Pour la médecine de Prusse, c'était limpide : un accident est un accident et une blessure est une blessure. De la même manière, imaginer qu'un médecin de Prusse ne puisse pas déterminer quand un patient avait atteint l'apogée de son amélioration médicale (la consolidation selon le jargon européen) confinait à l'insulte. Pour ce qui concerne la définition du potentiel résiduel de travail d'un salarié, la réponse prussienne, ses conséquences et son influence feront l'objet du prochain chapitre. Dans celui-ci, on ne s'occupe que de la première question.

L'expérience de Speenhamland et la notion du dividende du citoyen

Presque tous les recours accessibles aux pauvres de l'Occident, qu'ils soient bien portants ou handicapés, sont conditionnels à une vérification de leur « mérite » à l'aide d'un test qui est, au mieux, arbitraire, mais souvent aveuglé par les préjugés. À l'époque des colonies, les Britanniques lancèrent une expérience sociale pour trouver une solution de rechange à l'évaluation du mérite : une évaluation des moyens. Le 6 mai 1795, plusieurs juges du Berkshire ainsi que d'autres hommes d'influence se rencontrèrent à l'auberge du Pélican de Speenhamland (faisant maintenant partie de Newbury), pour étudier les solutions capables de remédier à un problème social urgent. Les pauvres des régions rurales, qu'ils soient infirmes ou bien portants, étaient désespérés. Il est vrai que la Grande-Bretagne cherchait à établir un empire puissant qui alimente son infrastructure industrielle encore embryonnaire. Mais elle venait aussi de perdre ses colonies américaines et de lancer une nouvelle guerre contre la France. L'état de l'économie n'était guère favorable pour le salarié agricole, qui se voyait interdire l'accès aux terres de la commune pour la plantation au moment même où grimpait le coût des aliments. Plusieurs en furent réduits à dépendre de la charité des riches ; les lois sur la pauvreté étaient terrifiantes et souvent un recours de dernière instance. Il en découlait que beaucoup étaient contraints de piller pour survivre, tandis que ceux qui se faisaient capturer devenaient les « criminels » peuplant les colonies pénales de Grande-Bretagne, sises à Sydney, en Australie, et ailleurs. Les juges et les grands bourgeois quittèrent l'auberge du Pélican pour traduire, dans une loi, le « système de Speenhamland », que les magistrats du sud agricole de l'Angleterre adopteront jusqu'à son abrogation en 1834 (M. Speizman, « Speenhamland : An Experiment in Guaranteed Income », *Social Service Review* 40, 1966 : 44-55). On estimait qu'un salaire minimum adéquat devait être proposé aux fermiers sans pour autant être rendu obligatoire. De préférence, quand il s'avérait que les gains d'un salarié ne parvenaient pas à satisfaire les exigences minimales de la subsistance, la différence entre le revenu gagné et les besoins serait payée à même les fonds prélevés par un impôt des pauvres. Le système de Speenhamland séduisit beaucoup de pays parce qu'il précisait la définition du filet de sécurité sociale : le minimum nécessaire était calculé sur la base du prix courant d'une miche de pain d'un gallon et sur le nombre de ces miches qui était nécessaire pour nourrir un travailleur et sa famille. C'est ainsi que naquit le principe du revenu minimum garanti. Le mérite n'avait plus rien à voir, tout juste le maintien du revenu ajusté pour tenir compte du prix du pain. Le Parlement de William Pitt allait bientôt adopter une loi de facilitation. C'est aussi à l'origine de la notion du «niveau de pauvreté», lequel reste défini, encore aujourd'hui, comme le multiple de l'argent nécessaire pour assurer la subsistance (habituellement trois fois ce montant).

Le système de Speenhamland se maintint pendant trente-neuf ans en dépit des controverses et des débats qui ne s'arrêtèrent jamais. On a soutenu que les employeurs n'avaient aucun incitatif à payer un salaire décent puisque les conséquences de ne pas le faire retombaient sur tous les payeurs de taxes, y compris ceux qui n'avaient aucun employé. Il reste possible qu'ils aient disposé d'encore moins qu'aucun incitatif. La loi Gilbert fut adoptée en 1782 pour amenuiser certains irritants des lois sur les pauvres. Avant la loi Gilbert, n'importe quel travailleur recherchant la charité qui était tenu pour être bien portant se retrouvait confiné dans un hospice. La loi Gilbert dotait les paroisses de l'autorité requise pour trouver du boulot pour ces nécessiteux à l'extérieur de l'hospice. Ces contingents de «livreurs» constituaient des bassins de main-d'œuvre peu coûteuse, capables de mettre les employeurs à l'abri de l'obligation de payer convenablement leurs salariés comme l'exigeait le système de Speenhamland. On peut se demander si le rapport Yates dont on a déjà parlé n'a pas été inspiré par ce précédent malthusien brutalement régressif. De toute façon, c'est le système Speenhamland, et non la loi Gilbert, qu'on tient responsable d'avoir corrompu la détermination et l'ingéniosité de la classe ouvrière anglaise. De plus, le concept du revenu garanti continue de porter les stigmates de l'expérience de Speenhamland. Il reste des intellectuels et des politiciens pour porter aux nues la fibre morale de la classe ouvrière et dénoncer l'immoralité des employeurs qui ont exploité les imperfections du système Speenhamland. Il est manifeste qu'il y avait trop de facteurs de confusion pour que le système Speenhamland puisse vérifier correctement que le revenu garanti pouvait constituer une solution de rechange à l'évaluation du mérite constituant la clef de voûte de l'État-providence de la Prusse.

Qu'elle soit juste ou pas, l'idée du revenu garanti n'est jamais disparue. Le fait de substituer un test des moyens à celui du mérite constitue un sujet de réflexion pour ceux qui connaissent le destin des travailleurs contemporains devenus invalides. L'idée d'un revenu garanti a été proposée aux États-Unis comme solution à la «guerre contre la pauvreté» constituant la clef de voûte de la grande société de l'administration Johnson et de la réforme du bien-être social de l'administration Nixon (C. Murray, « Looking Back », *Wilson Quarterly* [1984] : 97-139).

Elle réapparut sous le déguisement de « l'impôt négatif sur le revenu ». En dépit de sa rhétorique préconisant la réduction de l'assistance sociale et l'augmentation de la rémunération du travail, Nixon a essayé de faire adopter par le Congrès un programme d'assistance pour la famille. Ce programme aurait garanti aux familles intactes comptant des adultes au travail un supplément garanti de revenu, advenant que leurs salaires eussent été insuffisants. Ce projet est mort en couches (D. P. Moynihan, *The Politics of a Guaranteed Income*, New York : Random House, 1973).

Les joutes politiques ont cependant laissé derrière elles deux documents qui continuent d'alimenter l'esprit de ceux qui se demandent si un revenu garanti ne constituerait pas une solution plus gentille, sinon plus efficace et raisonnable pour aider le pauvre, que la pratique actuelle de la vérification stratifiée du mérite.

Un de ces deux documents est le rapport de la commission du président sur les programmes de protection du revenu présenté à la Maison-Blanche, le 12 novembre 1969 (President's Commission on Income Maintenance Programs, *Poverty Amid Plenty : The American Paradox*, Washington, DC : U.S. Government Printing Office, 1969).

Ce fut un travail remarquable accompli par des gens encore plus remarquables, comptant des géants de l'industrie comme Thomas J. Watson de la société IBM et Henry S. Rowen de la Rand Corporation. La commission est arrivée à la conclusion qu'un programme de maintien du revenu; ressemblant au programme d'assistance aux familles, était défendable et aurait déjà dû être implanté. Les modérés et les conservateurs n'en restèrent pas moins campés sur leur position statuant que tel programme compromettrait « l'éthique du travail », le legs Speenhamland. Pour réagir à ce débat, l'Office of Economic Opportunity entreprit de réaliser un des plus ambitieux projets de recherche en sciences sociales qui ait jamais vu le jour dans l'histoire. Ce disant, je fais référence à une expérience scientifique et non à un bricolage empirique. L'expérience de l'impôt négatif sur le revenu commença en 1968, dura une décennie et recruta près de 9 000 participants du New Jersey, de la Pennsylvanie, de l'Iowa, de la Caroline du Nord, de l'Indiana, de Washington et du Colorado. Dans chaque site, un échantillon de citoyens à faible revenu fut réparti au hasard soit dans un groupe expérimental recevant un revenu garanti, soit dans un groupe de contrôle qui en était dépourvu. Les économistes exploitent depuis ce temps les données produites par cette recherche. À nos propres fins, quiconque pense que le revenu garanti peut constituer une solution de remplacement avantageuse à l'État-providence doit enregistrer : le revenu garanti s'est avéré improductif en ce sens qu'il a réduit l'effort au travail des pauvres, particulièrement celui des jeunes hommes qui n'étaient pas encore chefs de famille. Les résultats des sites de Seattle et de Denver sont déconcertants puisque même les taux de dissolution du mariage ont augmenté (Office of Income Security Policy, « Overview of the Final Report of the Seattle-Denver Income Maintenance Experiment », May 1983, http://aspe.hhs.gov/hsp/SIME-DIME83/index.htm).

Les indicateurs de résultats ne tenaient pas compte de l'évaluation du bonheur. Peut-être que le revenu garanti a facilité la vie en procurant plus de satisfactions aux bénéficiaires que n'en connurent ceux qui passèrent leur temps à circuler de la pauvreté au travail mal payé et à l'assurance emploi. Et si c'était le cas, l'impôt négatif tel qu'il a été appliqué dans l'expérience de l'impôt négatif n'en serait pas moins le moindre de deux maux.

Il se trouve toujours des intellectuels et des politiciens pour chercher une solution au problème de la sécurité du revenu. Plusieurs ont fini par se rallier au concept d'un « dividende du citoyen », histoire d'éviter les connotations péjoratives de « l'impôt négatif sur le revenu ». Ce concept est fondé sur l'idée que les nations qui réussissent sont semblables aux entreprises publiques qui ont du succès, à la différence que ce sont tous les citoyens qui en détiennent, en droit, les actions. Pourquoi ne partagerait-on pas les profits en conséquence ? On peut trouver des plaidoyers en faveur d'un « salaire social » dans les écrits de Thomas Paine, Martin Luther King fils, James Tobin, Paul Samuelson, John Kenneth Galbraith et plusieurs autres au cours de leur carrière. Même aujourd'hui, des économistes et des politologues défendent cette proposition. Puisque le système fondé sur l'évaluation du mérite a mal vieilli au cours du dernier siècle, je crois qu'on devra bientôt relancer le débat sur le concept du dividende du citoyen.

Le mécanisme américain d'assurance invalidité

Les États-Unis se sont engagés à contrecœur et à la petite semaine dans une dialectique qui n'est pas encore parvenue au terme de sa logique comme on peut le voir au tableau 9. Au cours des premières décennies du XXe siècle, on amorça la mise en place de l'assurance contre les accidents du travail mais pas comme programme national, chaque État l'adaptant à ses convenances et la mettant en vigueur à sa discrétion. Des universitaires progressistes notoires comme John Commons de l'Université du Wisconsin et Henry Seager de l'Université Columbia, qui avaient fondé en 1906 l'American Association for Labor Legislation (AALL), réclamèrent un programme d'indemnisation plus complet. I.M. Rubinow, un médecin et le chef actuaire de la Metropolitan Life Insurance Company, devint promoteur de premier plan de l'assurance sociale[15], particulièrement de l'assurance maladie, pour briser le cercle vicieux de la maladie et de la ruine[16]. C'est en grande partie à cause de l'AALL que l'indemnisation des travailleurs finit par s'imposer. Le Congrès estimait que ce type de programme constituait une forme de taxation qui n'était pas compatible avec la constitution. Le programme adopté par l'État de New York fut néanmoins avalisé par la Cour suprême, ce qui entraîna les autres États, un par un, à imiter ce précédent sur un période de deux décennies. Mais ni l'AALL, ni Theodore Roosevelt, ni le Parti progressiste ne parvinrent à persuader le Congrès d'adopter un programme élargi d'assurance sociale. Même l'American Medical Association, dans un mouvement d'altruisme, s'est jointe à la pression, mais ce fut peine perdue. L'arrivée de Woodrow Wilson à la Maison-Blanche allait suspendre ce débat pour deux décennies. En 1934, Rubinow déplorait toujours « l'accident, la maladie, la vieillesse et le chômage qui constituaient les quatre cavaliers dévastant la vie et le patrimoine de millions de salariés[17] ».

Avec la Grande Dépression, l'attitude du gouvernement fédéral à l'égard de ces quatre cavaliers s'est modifiée. Le président Franklin D. Roosevelt demanda au Congrès le 9 juin 1934 « d'adopter des mécanismes de protection contre les malheurs qu'on n'a pas encore pu éliminer de notre monde. Je suis à la recherche de moyens capables de protéger immédiatement contre plusieurs des grandes tragédies de l'existence, notamment celles qui sont associées au chômage et au vieillissement. » Roosevelt fit venir à Washington, Edwin E. Witte de l'Université du Wisconsin pour diriger un comité chargé de trouver les moyens d'y parvenir[18]. Le comité Witte, comptant des autorités comme Frances Perkins et Frank Porter Graham, était à la hauteur du défi[19], mais le contexte politique de l'époque ne pouvait accepter qu'un seul programme de pension de vieillesse, la Loi de la sécurité sociale de 1935. L'assurance invalidité s'enlisa dans un débat stipulant qu'en l'absence d'un « test strict » il devenait impossible de se prémunir contre les réclamations injustifiées. On reparlera de ce débat au prochain chapitre.

TABLEAU 9
Le mécanisme américain d'assurance invalidité

Niveau du mérite	Fonds d'assurance	Indemnisation
Invalidité découlant d'une blessure liée à l'emploi	Assurance contre les accidents du travail	Remplacement du revenu Remboursement des soins de santé nécessités par la blessure
Invalidité ne découlant pas d'une blessure liée à l'emploi d'un travailleur	Sécurité sociale Assurance invalidité	Pension modeste quand la victime est jugée incapable de gagner le salaire minimum Assurance maladie par Medicare
Invalidité survenue chez quelqu'un qui n'a pas d'emploi	Supplément de revenu de la sécurité sociale	Assistance sociale quand la personne est incapable de gagner le salaire minimum Assurance maladie par Medicaid

L'invention de la « blessure » lombaire

Tous les mécanismes d'indemnisation des travailleurs sont, aux États-Unis, fondés sur le système « sans égard à la faute », ce qui signifie qu'un employeur jouit en principe de l'immunité en responsabilité civile, avec quelques exceptions, comme lorsqu'une blessure a été infligée volontairement. Ces mécanismes remboursent les frais médicaux et remplacent le revenu perdu en raison d'une blessure subie dans le cours habituel d'un emploi, ainsi que l'expriment la plupart des statuts[20]. L'objectif est de minimiser le fardeau financier qui vient aggraver ces blessures. À l'origine, des tableaux de compensation furent construits, stipulant l'indemnisation qui s'appliquerait advenant la perte d'un œil, d'un membre ou de la vie. Quand il devint manifeste que les travailleurs pouvaient pâtir d'autres agents que la seule force physique, comme l'exposition au plomb, au mercure ou à l'anthrax, de nouvelles lois ont prévu l'indemnisation des maladies d'origine professionnelle, ce qui ne fit rien pour amenuiser le caractère contentieux de la notion de « blessure » et de la rigidité des tableaux d'indemnisation[21].

La « crampe de l'écrivain » et le « poignet du télégraphiste » devinrent des cris de ralliement des premiers syndicats britanniques, de sorte que ces problèmes furent incorporés au tableau britannique d'indemnisation des maladies professionnelles en 1908, ce qui n'empêcha pas la poursuite du débat médical qui culmina, une décennie plus tard, dans la rubrique de « névrose professionnelle[22] ». Quand on s'aperçoit pour la première fois qu'on souffre d'une hernie inguinale alors qu'on se trouve au travail, est-ce que cette hernie est une blessure indemnisable ? Elle le devint quand la notion de « déchirure » s'introduisit dans le langage de tous les jours. Comme on l'a vu au chapitre 1, la colonne du rail était une affliction socialement construite affectant les passagers et non les travailleurs du rail.

La lombalgie régionale n'était pas tenue pour être une blessure jusqu'au milieu des années 1930, alors que W. J. Mixter, un neurochirurgien éminent du Massachusetts General Hospital, attribua le syndrome de la queue de cheval[23], sinon tous les maux de dos[24], à une herniation des disques intervertébraux pour laquelle il décrivit un traitement chirurgical. Dans les titres de ses principales publications (préparées en collaboration avec J. S. Barr et J. B. Ayer), Mixter a choisi de nommer la lésion « hernie discale », une manière de symboliser la déchirure d'une structure normale. La « hernie » a captivé l'attention de tous les administrateurs des mécanismes d'accidents du travail et aussi celle de tous leurs assesseurs et de tant d'autres travaillant en sécurité du travail ou fournissant des traitements aux victimes de sinistres. Quand le résultat est une « hernie », quand elle est précipitée par une activité usuelle qui est habituellement confortable, le travailleur a subi une « blessure » indemnisable de son dos.

Cette inférence influencera la douleur et éprouvera la capacité de faire face à l'épisode de lombalgie suivant qu'on devra traverser. Non seulement faudra-t-il vivre avec la douleur, mais encore faudra-t-il affronter la notion de traumatisme. C'est ce qui explique que le narratif de la détresse liée au mal de dos comprenne l'expression : « Je me suis blessé au dos. » C'est aussi ce qui explique que nous, médecins, nous sentions contraints de demander au patient souffrant de lombalgie : « Qu'étiez-vous en train de faire quand la douleur est apparue ? » Il est difficile d'imaginer pareil dialogue autour d'un mal de tête, en dehors d'un traumatisme violent à la tête. Pourtant, cela fait soixante-dix ans que l'idée d'une blessure du dos empoisonne la vie de travailleurs souffrant de lombalgie incapacitante que les mécanismes d'assurance contre les accidents de travail sont censés aider. Au cours des dernières décennies, la construction de la « hernie discale », son diagnostic et plusieurs de ses conséquences ont été testés rigoureusement. On a ainsi appris pourquoi la notion de « hernie discale » est une théorie physiopathologique incorrecte et pourquoi la notion de « blessure du dos indemnisable » est un sophisme capable de rendre les gens encore plus malades. Ce sont là des leçons susceptibles d'éclairer la réforme.

Comme je l'ai déjà montré d'une manière détaillée dans les chapitres précédents, la lombalgie régionale n'a pas grand-chose à voir avec la hernie discale ni aucune autre forme de pathologie de la colonne vertébrale. Les causes précises de la lombalgie régionale continuent d'échapper aux méthodes scientifiques d'observation. Les changements dégénératifs de la colonne vertébrale deviennent de plus en plus nombreux avec le passage des décennies, au point de devenir omniprésents, tout en n'ayant rien à voir avec ce qu'on fait dans la vie. L'âge auquel ils apparaissent et leur intensité sont déterminés par la génétique et les contributions propres aux influences de l'environnement sont à peine discernables[25]. Les colonnes vertébrales vieillissantes, peu importe leur âge, ne sont pas les dépositaires des traces des traumatismes encaissés pendant la vie, pas plus qu'elles n'offrent d'indices anatomiques pointant vers la cause d'une lombalgie. Elles attestent du vieillissement et non pas de la décrépitude[26]. La « blessure du dos » est une construction sociale et non pas un diagnostic clinique valide.

Les amputations traumatiques, les fractures et les blessures par écrasement peuvent survenir au travail, lors d'activités habituelles du travail. Il en va de même pour le rhume, d'autant plus qu'une très grande proportion de l'exposition aux gouttelettes infectieuses survient au travail. Mais l'on ne tient pas le rhume pour une blessure ou une maladie professionnelle, même quand il arrive qu'il rende temporairement incapable de travailler. Il est indéniable que la lombalgie régionale puisse survenir pendant qu'on travaille. Mais se pourrait-il que la lombalgie survienne à cause du travail, comme c'est le cas pour une blessure? Se pourrait-il que des sources de tension biomécanique habituellement inoffensives deviennent pathogènes?

Il s'agit là d'une question séduisante pour l'intuition. Car, après tout, la lombalgie régionale est toujours mécanique; la douleur augmente quand on ajoute à la tension biomécanique du dos endolori, comme lorsqu'on se penche vers l'avant. Des tâches qui avaient toujours été faciles à domicile ou au travail deviennent soudainement très pénibles, parfois infaisables. La construction de la «blessure du dos» stipule que les exigences physiques qui exacerbent la douleur sont la cause immédiate du dommage supposé plutôt qu'une influence sur l'intensité de la détresse. Il faut absolument débarrasser les systèmes médical et de l'assistance sociale de cette notion erronée et pernicieuse.

La Collaboration Cochrane a révisé de multiples études de cohortes réalisées dans les usines contemporaines à la recherche d'un indice montrant qu'une réduction des tâches impliquant la manipulation de charges diminue l'incidence ou la gravité de la lombalgie au travail. Elle a conclu que:

> «Il existe une preuve de force moyenne que les conseils et une formation en manipulation des matériaux (MM) ne sont pas plus efficaces, pour prévenir la lombalgie ou l'incapacité provoquée par la lombalgie, que l'absence de ces activités (quatre études) ou les seuls conseils (une étude). Il existe une preuve limitée que les conseils et la formation en MM ne sont pas plus efficaces que l'exercice ou l'utilisation d'une ceinture lombaire pour la prévention de la lombalgie (trois études), et que les conseils en MM et les équipements de levage ne sont pas plus efficaces que les seuls conseils en MM (une étude) ou bien l'absence de toute intervention (une étude) pour prévenir la lombalgie et l'incapacité qui en découle[27]. »

Tout comme c'est le cas pour l'anatomie pathologique de la colonne, l'incidence de la lombalgie n'a presque rien à voir avec les supposés traumatismes légers qu'infligeraient les tâches de levage[28]. Il n'est donc pas surprenant que l'incidence des « blessures du dos » soit restée réfractaire aux vagues successives de conseils et de gadgets ergonomiques, d'inventions cliniques et de réadaptation, de bricolages juridiques et régulatoires[29]. La « blessure du dos » reste le fléau de la main-d'œuvre en dépit du fait que les tâches de l'atelier contemporain soient bien moins exigeantes qu'elles l'étaient pour les générations antérieures. La « blessure du dos » continue de rendre compte de la plus grande partie des coûts d'indemnisation payés par les mécanismes d'accidents du travail[30], comptant pour 2 à 4 pour cent des revenus bruts des employeurs américains[31]. Cela fait des décennies que nous savons que nous ratons quelque chose, mais notre réaction a toujours été de rafistoler le régime plutôt que de remettre en cause notre approche.

L'ergonomie, la psychophysique... et la métaphysique

L'invention de la hernie discale et son entretien par les administrateurs des mécanismes d'indemnisation des travailleurs ont dressé la table. Mais les ergonomes et des syndiqués ont conspiré pour imposer trois idées : une lombalgie incapacitante survenant au travail résulte des exigences physiques des tâches ; une lombalgie incapacitante est une blessure indemnisable ; la promotion de la sécurité au travail appelle des modifications dans les exigences physiques des tâches.

L'ergonomie est un domaine du génie industriel. Aux États-Unis, elle s'est développée pour étudier les interactions homme-machine dans le but d'en améliorer l'efficacité. Les ergonomes utilisent les études temps-mouvements à le recherche des mouvements et des efforts inutiles. C'est pour ce motif précis que l'ergonomie n'est pas très populaire auprès des syndicats. Ce qui importe, c'est qu'il revient aux ergonomes de suggérer les modifications à apporter aux appareils pour augmenter l'efficacité des opérateurs. Les ergonomes sont mis à contribution pour l'aménagement des postes de pilotage des avions, des transports militaires et dans beaucoup d'autres secteurs, pour assurer que l'opérateur moyen soit capable de fonctionner.

À partir du début des années 1960, des ergonomes comme Erwin Tichauer ont ajouté des préoccupations comme le confort dans l'exécution des tâches parmi les déterminants de l'efficacité de leur réalisation[32]. Tichauer introduisit des paramètres d'intérêt comme la forme et la longueur des poignées. C'est lui qui reconnut que des tenailles angulées étaient plus faciles à manipuler que des tenailles droites. Stover Snook fut le pionnier de la psychophysique alors qu'il était un scientifique travaillant dans un laboratoire de recherche soutenu par Liberty Mutual, une société d'assurance constituée par la loi introduisant au Massachusetts l'assurance contre les accidents du travail au début du XXe siècle. La psychophysique s'intéresse à l'étude des aspects d'une tâche qui s'avèrent plus acceptables pour les travailleurs, aspects qui vont des caractéristiques biomécaniques à la température ambiante[33]. Ces tendances de l'ergonomie comportaient une validité manifeste, ce qui en facilita l'acceptation.

Au début des années 1970, l'ergonomie connut la percée lui permettant d'échapper à l'obscurité de l'utilité pour se retrouver sous les feux de la rampe de la primordialité. Quand une tâche s'avère malaisée, il se peut qu'elle soit dommageable, opinèrent certains ergonomes. Si Don Chaffin et ses collègues du groupe d'ergonomie de l'Université du Michigan avaient des doutes, ces doutes s'évaporèrent quand parurent des études montrant qu'un mauvaise adaptation de la résistance d'un travailleur aux exigences physiques de tâches exigeant la manipulation de charges était associé aux problèmes du dos[34]. Du point de vue de l'épidémiologie, il s'agissait d'études inappropriées, même pour l'époque : la définition des résultats, la constitution des groupes de comparaison et les méthodes d'analyse étaient toutes inacceptables. Pour rester charitables, il s'agissait d'ergonomes qui s'étaient aventurés en épidémiologie. Ignorant leurs limites méthodologiques, ils ont néanmoins conclu que leurs études soutenaient leur prémisse que les tâches non confortables endommageaient la région lombaire.

Il est évident qu'une tâche s'avérant inacceptable ou malaisée doit être modifiée quand c'est possible, sinon partagée ou encore mécanisée. Toutefois, quand une tâche est habituelle, et habituellement confortable, et qu'elle cesse de l'être quand on souffre de lombalgie, faut-il alors en conclure que c'est la tâche qui a provoqué la lombalgie et qu'il faut en conséquence la modifier, sinon l'éliminer ? C'est ce qu'argumente l'ergonomie contemporaine. Les organisations de travailleurs ont épousé cette conclusion et continuent de l'appuyer de nos jours. Pourtant, les organisations syndicales ne sont pas friandes de l'élimination des tâches, que ce soit par la sous-traitance ou par la mécanisation. Mais elles sont intraitables pour soutenir que les tâches qui deviennent plus pénibles quand on souf-fre de lombalgie doivent être modifiées, sinon confiées à un person-nel plus nombreux pour les réaliser. L'hypothèse ergonomique est devenue objet de discorde sur le front des relations de travail depuis la parution de ces études. Elle a de plus augmenté le nombre des ave-nues accessibles aux avocats pour l'instigation de recours juridiques en «dommages toxiques» à l'encontre des manufacturiers d'appareils potentiellement dommageables. Plusieurs normes applicables à la manipulation des charges ont été élaborées par les syndicats et même promulguées par le National Institute of Occupational Safety and Health (NIOSH); les normes les plus importantes sont variables et d'une validité défectueuse dans les études transversales[35]. L'Occupational Safety and Health Administration (OSHA) participe à ce cirque, émettant des avis d'infraction et percevant des amendes des employeurs en vertu de la clause du devoir de diligence de l'Oc-cupational Safety and Health[36]. Cette clause visait à faciliter l'établis-sement de la primauté de la réglementation pour les situations où un milieu de travail est manifestement dangereux même quand ce type de danger n'est pas encore explicitement compris dans un règlement. L'OSHA a accepté l'hypothèse ergonomique pour fonder la légiti-mité de ses interventions en dépit de la fragilité de ses fondements en science. On verra plus loin que les efforts pour réglementer les normes ergonomiques se sont poursuivis sous l'administration Clinton et qu'ils restent vigoureux même de nos jours.

Quand la médecine du travail cherchait à se consolider comme discipline, ses leaders ont décidé qu'une maîtrise en santé publique (MPH) constituerait une des exigences pour la certification dans la spécialité. Des programmes de maîtrise ont été organisés dans les universités du Michigan et de Cincinnati pour répondre aux besoins de ses praticiens, plusieurs à titre d'étudiants à temps partiel pendant qu'ils détenaient des postes dans l'industrie. Tous ont été initiés aux croyances ergonomiques et la plupart les ont acceptées, leur donnant une place centrale dans le programme d'études de leur discipline.

À compter des années 1970 jusque fort avant dans les années 1990, les ergonomes et leurs collègues ont réalisé un grand nombre d'études d'observation à la recherche d'une association entre les exigences physiques d'une tâche et la probabilité qu'un travailleur trouve son prochain épisode de lombalgie assez intolérable pour qu'il réclame une indemnisation pour une « blessure du dos ». Des associations furent extirpées de ces ensembles de données, des associations limitées mais remarquablement incohérentes. Pour tous ceux qui souhaitaient que les hypothèses ergonomiques soient soutenues par un fond scientifique solide, cette documentation pléthorique suffisait. Il s'en trouva parmi nous pour signaler rapidement et avec énergie qu'il s'agissait là d'une documentation essentiellement marginale alors qu'existaient des éléments de connaissance fort plus éclairants. Ce qui n'empêcha pas le NIOSH d'en faire une analyse qui reste une démonstration splendide de la manière avec laquelle on peut asservir la connaissance scientifique aux fins d'un programme politique. En 1997, le NIOSH fit paraître son « analyse critique de la preuve épidémiologique portant sur les problèmes musculosquelettiques régionaux associés au travail[37] ». Ce volume est un recueil d'études d'observation, stratifié par région anatomique, pondéré pour la qualité des études et analysé en fonction de la force de l'association entre les exigences physiques des tâches et la « blessure ». Le chapitre 6 compte 96 pages d'analyse de données d'observation portant sur le signalement d'une lombalgie régionale en tant que « blessure ». Le chapitre 7 compte 16 pages consacrées aux facteurs psychosociaux, soulignant que, bien qu'il existe une documentation suggérant que ces facteurs puissent influencer la probabilité que les travailleurs signalent un problème musculosquelettique, les auteurs pensent qu'il est « difficile de déterminer l'importance relative de l'influence des facteurs physiques et des facteurs psychologiques », ce qui les justifiait de ne pas s'y frotter. En vérité, il existait déjà une documentation foisonnante au milieu des années 1990 sur ce problème, et elle n'a pas cessé de s'accumuler.

La « blessure au dos » en tant que plainte de substitution

La science contemporaine a recherché et trouvé des associations avec le mal de dos incapacitant qui rendent caduc le paradigme de la blessure[38]. Ces facteurs sont même associés au taux et au niveau de rétablissement de la lombalgie régionale, même quand elle est d'origine traumatique[39]. Il en résulte une conception complètement différente de l'expérience de la lombalgie régionale incapacitante. Comme on l'a déjà dit, la lombalgie est une affliction intermittente et récurrente de la vie courante. Quand on est un adulte parfaitement bien portant et en âge de travailler, il n'est pas normal de vivre toute une année sans connaître au moins un épisode important de lombalgie. Pour plusieurs, cet épisode sera mémorable[40] ; pour un nombre encore plus grand, cet épisode rentre dans l'ordre et tombe dans l'oubli. La plupart de ceux qui feront appel aux soins, y compris les soins médicaux, guériront rapidement, qu'ils consultent dans le contexte de leur travail, ou pas[41]. La récupération est une construction individuelle ; pour certains, l'absence de douleur importe plus que la récupération de la fonction tandis que, pour d'autres, c'est l'inverse qui prévaut[42]. Une fois qu'on a récupéré d'un premier épisode aigu, la récurrence est imprévisible mais loin d'être inévitable ; moins du tiers souffriront d'une récurrence mémorable au cours de l'année[43]. Certains, constituant une minorité notable, vont s'en remettre lentement, s'ils y parviennent. Pour ceux-là, surmonter les défis que pose la lombalgie colore chaque journée de leur vie. Le rendement au travail peut s'en trouver tellement compromis que le travailleur se sent contraint de réclamer une indemnité d'invalidité en vertu du programme de compensation des travailleurs quand son mal de dos peut se qualifier pour devenir une « blessure ».

Le bon sens suggère que les motifs expliquant que quelqu'un soit plus susceptible de se remémorer d'un mal de dos, ou de le juger digne d'un traitement ou de le trouver responsable d'une incapacité sont liés à l'intensité de la douleur, à la pénibilité des tâches ou à l'efficacité des traitements, mais, dans ce cas précis, le bons sens n'a pas raison. Alexander Magora fut le premier à le comprendre, il y a plus de trente ans[44]. Son message a été compris assez rapidement par quelques-uns[45]. Au moment d'entrer dans le XXIe siècle, on disposait de solides connaissances soutenant la possibilité que des facteurs entravant la capacité de surmonter la lombalgie se dissimulent dans le contexte psychosocial du milieu de travail[46], et que ces facteurs soient beaucoup plus étroitement associés à la lombalgie incapacitante que n'importe quel facteur lié à la pénibilité des tâches. Des études plus récentes provenant de Manchester[47], Bruxelles[48], Londres[49], Leyden[50], Helsinki[51], Copenhague[52], Washington D.C.[53] et d'ailleurs soutiennent toutes cette possibilité. Une étude réalisée par J. H. Andersen, J. P. Haar et P. Frost constitue une belle illustration[54]. On a observé 5 604 travailleurs danois pendant deux ans, dont la grande majorité ont souffert de douleur musculosquelettique, surtout de la lombalgie. Pourtant la transition entre l'absence de douleur, la douleur légère et la douleur plus intense était largement influencée par des facteurs psychosociaux du milieu de travail, agissant en synergie avec des facteurs personnels et d'autres liés à la santé.

Les conclusions de la révision Cochrane de 2007, qu'on a déjà mentionnée plus haut, ont été reprises dans une recension plus récente de la documentation scientifique en provenance d'Australie[55] et par un groupe de travail sur les problèmes musculosquelettiques du Finnish Institute of Occupational Health[56]. La conclusion de l'institut de Finlande est la suivante : « Il n'existe pas de preuve démontrant l'utilité des conseils ou de la formation des travailleurs, avec ou sans appareillage de levage pour la prévention de la lombalgie et de l'incapacité en découlant. Les découvertes remettent en cause la pratique largement répandue de former les travailleurs sur les méthodes correctes de manipulation des objets. » En Europe où l'ergonomie se voit comme la discipline du génie des « facteurs humains », ces observations sont mieux accueillies qu'aux États-Unis où l'ergonomie est plus obnubilée par la biomécanique. Il n'en reste pas moins que l'« Ergonomics Working Group » du ministère américain de la Défense a reconnu qu'il fallait tenir compte tant des sources d'exposition liées au travail que des sources qui ne le sont pas (facteurs psychosociaux et autres) quand vient le moment d'analyser les causes de l'incapacité provoquée par les troubles musculosquelettiques régionaux[57]. Ce qui n'empêche aucunement la construction de la « blessure du dos » de rester incrustée ; elle soutient une entreprise et est elle-même soutenue par une gigantesque entreprise capable d'influencer l'adoption des lois nécessaires, résistant aux résultats d'études qui remettent en cause sa validité[58].

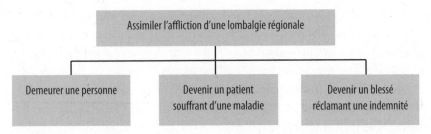

FIGURE 7. Ces choix constituent les principales solutions de rechange disponibles pour une personne souffrant de lombalgie régionale. Le destin d'une minorité est la lombalgie persistante interdisant la possibilité de gagner sa vie. Il existe deux programmes d'assistance financière susceptibles de rejoindre pratiquement tous les travailleurs américains qui se trouvent dans cette situation. L'un est administré par le système de la sécurité sociale et l'autre par les divers programmes d'assurance contre les accidents de travail. Les deux dépendent des médecins comme agents de validation des réclamations. Les deux sont des mécanismes compliqués mais sont très différents. Ce chapitre porte sur l'interface entre ces systèmes et les personnes atteintes de lombalgie régionale persistante qui réclament une indemnité pour incapacité.

La convergence entre les déductions de Mixter relatives à la hernie discale et les programmes d'assurance contre les accidents de travail a transformé la lombalgie survenant au travail en plainte de substitution. Comme on l'a déjà dit, quand on se trouve aux prises avec une lombalgie, on a le choix entre trois manières de réagir (figure 7). On peut tenter de faire face le mieux possible tout en encaissant les conseils, qu'ils soient sollicités ou pas, sur la conduite qu'il faudrait adopter. Quand la vie s'avère médiocre en dehors du travail, la probabilité est plus grande qu'on demande l'avis d'un médecin ou d'une ressource alternative. Quand la vie au travail est constamment décourageante et qu'on ne voit aucune porte de sortie et quand l'employeur en offre aucune[59], le prochain épisode de lombalgie pourrait devenir la « paille proverbiale » : ce sera alors une « blessure ». Quand il advient que ni le médecin, ni l'employeur, ni le professionnel en ressources humaines, ni l'expert en assurance (ni même le travailleur lui-même) ne comprennent que ce mal de dos est intolérable et incapacitant parce que le travailleur se trouve prisonnier d'un emploi détestable, insatisfaisant ou précaire, que son superviseur est hostile sinon cruel, que ses collègues sont déplaisants[60], que le travailleur s'estime sous-évalué ou mal payé, ou que le travailleur se trouve écrasé par des problèmes personnels, il est probable que le travailleur ne voie pas d'autre issue[61]. « Je me suis blessé au dos » est la sémiotique qui en résulte.

Est-ce important que la « blessure » du dos soit souvent une plainte de substitution ? Car, après tout, la lombalgie peut être incapacitante non pas tant en raison de ce qui doit être manipulé qu'en raison du moment où cela doit être fait. On pourrait accepter de vivre avec cette plainte de substitution si son résultat, qui est de déclencher une demande d'indemnité, avait des chances d'aider le travailleur qui souffre. Comme on le verra au prochain chapitre, les conséquences de l'adoption de la plainte de substitution pour soutenir le rôle du travailleur réclamant une indemnité d'incapacité sert rarement le meilleur intérêt des travailleurs. On dépensera de l'argent pour tenter de réparer la colonne « blessée », pour exiger du travailleur qu'il prouve que sa « blessure » est incapacitante, pour tenter d'enseigner au travailleur que sa « blessure » n'est pas incapacitante et pour blâmer le travailleur de ne pas retourner à un emploi détestable, sinon odieux. Mises ensemble, ce sont de grosses sommes dépensées pour des activités qui ratent la forêt pour l'épinette. Ce qui est plus grave, c'est que le travailleur se trouve exposé au risque d'une aggravation de sa souffrance pendant que se déroulent ces activités. Les programmes d'assurance contre les accidents du travail dépensent la plus grande partie de leurs ressources pour fournir au travailleur souffrant d'une blessure au dos des traitements souillés par des traces de racisme[62], de la chirurgie sans efficacité[63] et une définition incorrecte, sinon stupide, de l'invalidité résiduelle[64].

Il est certain que le monde développé doit à la main-d'œuvre un emploi qui soit confortable pour les travailleurs bien portants, et accommodant quand il leur arrive d'être malades, même si leur maladie n'est qu'une situation difficile de la vie courante, comme le prochain épisode de lombalgie incapacitante[65]. Pourtant, il existe un legs infiniment plus important de la saga de la « blessure » du dos du XXe siècle. Encore plus important qu'un milieu de travail confortable pour les bien portants et accommodant pour les malades est un milieu de travail qui respecte les besoins de l'humanité de ses travailleurs, notamment le besoin d'être valorisé, d'être rassuré, de jouir d'une autonomie décisionnelle et de disposer d'un avenir. Le « capital humain » ne saurait mériter moins.

HUIT

La paille qui rompit le dos du chameau

La lombalgie régionale est donc une expérience intermittente et récurrente de la vie normale. En outre, il n'y a pas de lombalgie régionale qui soit insignifiante, puisque chaque épisode impose de ralentir. Chaque épisode, en effet, modifie nos habitudes biomécaniques tant et si bien que la flexion par en avant, même lorsqu'on est assis sur une chaise, peut s'avérer inconfortable ou bien encore des tâches comme chausser ses propres souliers peuvent devenir redoutables. Il s'ensuit donc que chaque épisode est une affliction. Le terme « affliction » est choisi méticuleusement et ne comporte aucune connotation positive ou négative. La vie comporte plusieurs afflictions ; la lombalgie régionale en est une qu'on ne peut jamais complètement ignorer. Elle commande qu'on fasse quelque chose et l'on a vu qu'on dispose d'un certain nombre d'options (figure 8).

J'appelle le choix de l'une ou l'autre de ces options le « traitement » de l'affliction. Chacun le fait à sa façon. Une expérience antérieure, son « sens commun », la souffrance et l'anxiété jouent tous leur rôle dans la manière dont on traite une affliction comme la lombalgie régionale. Bien des épisodes sont si fugaces qu'on n'a même pas le temps d'envisager les options. D'autres épisodes peuvent s'avérer si cruellement souffrants qu'on se trouve contraint de choisir très rapidement. Peu importe ce qu'on fera, la majorité d'entre nous finiront par surmonter si bien l'affliction que l'épisode suivra son cours et se terminera sans qu'on s'en rappelle bien longtemps. Il peut arriver qu'on modifie ses activités, qu'on se plaigne auprès d'un proche ou d'une personne qui nous est chère, qu'on avale un analgésique en vente libre, histoire de passer au travers, mais pas grand-chose d'autre.

Quelquefois par contre, il arrive que les ressources personnelles et la patience soient sollicitées au point de contraindre à demander de l'aide. En dépit de ce qu'en pense le sens commun collectif, il existe des données scientifiques convaincantes montrant que, lorsqu'on décide de consulter un médecin ou un autre professionnel pour une douleur ou un symptôme signalant la compromission d'une fonction, ce n'est pas tant en raison de l'intensité de la douleur ni de la désorganisation de la vie courante que pour des facteurs psychosociaux qui entravent la capacité de faire face à cette affliction.

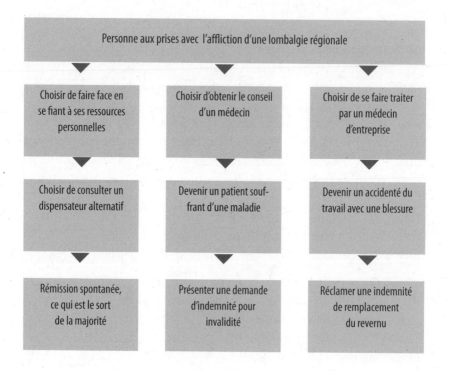

FIGURE 8. Les manières de gérer l'affliction de la lombalgie

Dans ce chapitre, nous allons étudier le contexte de la lombalgie persistante qui compromet la capacité de gagner sa vie. Dans une perspective plus générale, les gens qui connaissent ce malheur sont exceptionnels. Compte tenu du caractère ubiquitaire de l'affliction, ces individus exceptionnels ne sont pas rares dans les pratiques de soins primaires ni dans celles de certaines spécialités. Quand, en

1992, nous avons réalisé une enquête téléphonique en Caroline du Nord, près de 4 % des répondants adultes se sont dits affectés d'une lombalgie chronique ; parmi eux, la moitié estimaient être en mauvaise santé, un tiers souffraient d'un handicap permanent et la plupart consultait fréquemment le médecin. Les enquêtes réalisées dans d'autres communautés ont donné des résultats similaires. Lorsque nous avons répété cette enquête en 2006, le nombre des répondants affectés du même problème avait plus que doublé. À mon avis, ce phénomène résulte de l'augmentation du chômage dans le secteur manufacturier de la Caroline du Nord[1].

Nous avons aussi entrepris une étude de cohorte dans laquelle nous avons suivi des patients provenant de plus de deux cents cliniques, pendant une période de dix années suivant leur visite initiale. Les cliniques d'orthopédie, de chiropraxie, de médecine interne et d'organismes de maintien de la santé étaient représentées. Pour la majorité des gens souffrant de lombalgie régionale qui choisissaient de consulter, les conséquences n'étaient ni spectaculaires ni décourageantes. Plusieurs traitements divers furent offerts et acceptés. En dépit de tous ces soins, presque tous ont fini par se sentir assez bien pour redevenir des personnes, la plupart n'ayant pas été détériorés par leur consommation d'interventions largement inefficaces. Je soupçonne que la plupart ont été changés pour toujours par cette interaction avec un praticien de leur choix, mais ma conclusion se fonde sur mes observations cliniques et non pas sur des informations systématiques. On sait que les patients ont tendance à consulter de nouveau lors de récurrences, habituellement le même type de professionnel[2]. Les soins d'une partie de la cohorte de Caroline du Nord étaient remboursés par les accidents de travail, pour les travailleurs ayant subi une « blessure » au dos. Ceux qui ont eu recours aux soins médicaux ou chiropratiques en tant que travailleurs requérant une indemnisation dans la cohorte de Caroline du Nord sont redevenus fonctionnels aussi rapidement que ceux qui avaient consulté parce qu'ils s'étaient protégés par une assurance maladie n'imposant pas la condition d'avoir été blessé. Par contre, les travailleurs qui bénéficiaient de l'assurance contre les accidents de travail sont revenus à leur vie habituelle et à leur poste de travail en étant moins convaincus d'être aussi bien qu'avant leur blessure[3].

L'expérience des patients de Caroline du Nord est semblable à celles qui proviennent d'études de cohortes réalisées dans d'autres pays riches comme la Grande-Bretagne[4], le Canada[5] et la Hollande[6]. Par contre, l'expérience des patients de Caroline du Nord qui réclament une indemnisation de travailleurs souffrant d'une blessure aiguë du dos, ainsi qu'on l'a signalé plus haut, ne se prête pas aussi bien à la généralisation. Tout dépend de la manière dont le programme d'indemnisation est administré, du climat du milieu de travail et d'autres caractéristiques qui sont propres à une économie donnée. Par exemple, l'Ontario Workplace Safety and Insurance Board est le principal organisme d'indemnisation des travailleurs de la province, protégeant plus des deux tiers des salariés de l'Ontario. Les travailleurs qui sont incapables de travailler à cause d'une lombalgie régionale aiguë évoluent mal en Ontario ; il n'y en a que 12 % qui récupèrent rapidement[7].

Indemniser un travailleur souffrant d'un « blessure » dorsale régionale indemnisable

Cela fait plus d'une décennie qu'il est devenu absolument manifeste que ce n'est pas tant ce qui doit être manipulé, ni la manière de le faire qui importe, que la possibilité qu'on doive le faire et à quel moment[8]. La notion d'une « blessure » lombaire régionale est une fiction et tout critère d'exposition est dépourvu de fondement. C'est pour cela qu'il y a une si grande variabilité parmi les programmes d'indemnisation des travailleurs. Certains programmes tentent de quantifier leur définition de la « blessure » en pondérant la contribution de la susceptibilité individuelle du travailleur (âge, lésion de la colonne vertébrale, etc.) et celle des exigences de la tâche au moment de l'apparition des symptômes. D'autres programmes sont disposés à admettre qu'un travailleur est plus à même d'être blessé quand des tâches harassantes sont assumées depuis longtemps, ce qui revient à accepter la thèse de « la blessure par l'usure » en dépit de sa contradiction par les connaissances disponibles. D'autres exigent que la douleur soit apparue subitement pendant le travail. L'AMA parvient à concilier tant la notion de blessure que celle d'assignation de la cause[9], mais il y a, pour elle, le risque qu'il pourrait lui en coûter gros de faire autrement, y compris de renoncer à la planche à billets que constituent ses guides pour l'évaluation de l'incapacité permanente, à propos desquels on aura fort à dire dans quelques moments.

Tous les États obligent les employeurs à se procurer de l'assurance contre les accidents de travail pour leurs salariés. L'obligation est moins manifeste pour les travailleurs à temps partiel et pour les entreprises qui ne comptent que quelques travailleurs. Mais, à toutes fins utiles, les assurances contre les accidents de travail sont ce que nous avons de plus comparable aux programmes nationaux d'assurance maladie, bien qu'elles ne protègent que les salariés seulement dans le cas de blessures. Une fois qu'il est « blessé » un travailleur atteint de lombalgie incapacitante a droit à tout ce que le fric peut procurer pour se rétablir.

Les programmes d'assurance contre les accidents de travail sont extrêmement efficaces pour tous les accidents du travail provoqués par des traumatismes. Quand un travailleur souffre d'une blessure par écrasement, d'une brûlure, d'une lacération, ou même s'il décède, tout soin médical et toute compensation requis sont fournis rapidement sans aucune contestation. En outre, les travailleurs ayant récupéré d'un accident traumatique tendent à revenir au travail, à moins de rester affectés d'un handicap trop marqué, et ils sont habituellement accueillis à bras ouverts. Ces brillants états de service en gestion de la crise et en réadaptation ne valent par contre que pour les blessures par traumatisme et non pas pour les problèmes musculosquelettiques régionaux indemnisables. Bien que 80 % des réclamations soient liées aux premières, 80 % des dépenses ont rapport avec les 20 % des réclamations liées aux problèmes musculosquelettiques régionaux, la « blessure » lombaire régionale, plus particulièrement.

Les programmes d'assurance contre les accidents de travail des cinquante États, du district de Columbia et les programmes fédéraux coûtent près de 90 milliards de dollars aux employeurs, mais n'ont payé que 55 milliards en prestations en 2005. La différence s'explique par les coûts administratifs ainsi que par les profits des sociétés privées qui fournissent les polices d'assurance ou qui administrent les programmes des grandes sociétés qui fournissent elles-mêmes l'assurance. Quelques États comme l'Ohio, Washington et l'Oregon ont des agences gouvernementales qui fournissent les services d'assurance et qui ont pu accumuler des surplus faramineux à certaines époques. Pendant plusieurs années, les coûts pour les employeurs de l'indemnisation des travailleurs ont crû beaucoup plus vite que les indemnités versées aux travailleurs accidentés. L'industrie de l'assurance contre les accidents de travail est lucrative. Ce qu'il en coûte aux employeurs pour cette assurance est environ 2 % de la masse salariale, mais peut varier considérablement d'un secteur à l'autre selon l'expérience en sinistres. Les secteurs qui font plus de réclamations, comme celui de la construction, paient plus cher. Même dans l'industrie de la construction, où les réclamations pour accidents par traumatisme sont fréquentes, les « blessures » régionales du dos constituent les réclamations les plus fréquentes et rendent compte de la plus grande partie des coûts des réclamations ainsi que des jours d'incapacité[10]. De la somme totale payée en indemnités, un peu moins de la moitié est consacrée aux services médicaux tandis que le reste sert au remplacement du revenu. Le coût des services médicaux augmente continuellement, rendant compte de toute la croissance des coûts des programmes d'assurance[11].

TABLEAU 10

Définir une « blessure » lombaire régionale indemnisable

Définitions cliniques	Critères
Causalité	Blessé durant le travail
Amélioration médicale maximale	Fixée et stable
Invalidité	Remplacement du revenu fondé sur l'estimation de l'incapacité

Le tableau 10 est une modification du tableau 7 du dernier chapitre dans lequel je discutais des définitions médicales qui sont requises pour l'administration d'un système d'assurance sociale à la prussienne. Le tableau 10 représente la situation actuelle des États-Unis. Comme nous l'avons déjà dit, l'idée qu'une lombalgie régionale puisse se qualifier en tant que blessure a été adoptée par les administrateurs des programmes d'assurance contre les accidents de travail. Mais la notion qu'une lombalgie particulière puisse être « une blessure » est souvent contestée. Une spécialité juridique se consacre précisément au soutien des travailleurs dont les réclamations pour une blessure régionale du dos se heurtent à des résistances administratives. Habituellement, les honoraires de l'avocat sont conditionnels au résultat de la réclamation ; l'avocat touche un pourcentage de l'indemnité quand la réclamation est acceptée. C'est l'avocat qui est responsable d'aider le travailleur à préciser le détail de ses symptômes et de les présenter d'une manière qui rend sa réclamation acceptable ; c'est aussi lui qui l'aidera à obtenir une indemnisation qui soit juste quand il persiste une incapacité résiduelle qu'on estime improbable de guérir. Comme c'est le cas pour tout litige concernant un dommage personnel, cette manière de procéder entrave la capacité de surmonter les symptômes et empêche le demandeur de percevoir toute amélioration. Il existe même un conflit d'intérêts inhérent ; plus un demandeur s'améliore, plus petite sera son indemnité et, par conséquent, plus bas seront les honoraires à payer à l'avocat. Les épidémiologistes ont étudié l'association entre le soutien d'un avocat et le résultat dans les ensembles de données des assurances contre les accidents de travail. L'association avec l'allongement de la période pendant laquelle on est un patient est constante et forte[12]. La complémentaire est que plus on est gravement blessé, plus est grande la probabilité qu'on aura recours à un avocat. Si l'expérience acquise avec la réforme de l'indemnisation pour la « blessure cervicale en coup de fouet » est pertinente, il n'est pas évident que cela soit bénéfique.

La recherche de « l'amélioration médicale maximale »

« L'amélioration médicale maximale » – la détermination que toute amélioration ultérieure soit improbable – relève essentiellement des médecins, et pas seulement de ceux qui traitent la victime, comme on le verra. Tout programme d'assurance contre les accidents de travail stipule que le travailleur blessé a droit à tous les services médicaux nécessaires pour obtenir le plein rétablissement. La définition du degré de non-guérison ou de guérison incomplète de la victime est l'objet de la détermination de l'invalidité.

Ce droit s'avère être un sabre à double tranchant pour le travailleur souffrant d'une « blessure » du dos indemnisable. Ce travailleur n'est pas un *patient* souffrant d'une maladie lombaire régionale ; il est un *demandeur d'indemnité* affecté d'une blessure lombaire régionale. Nous savons que des éléments liés à l'insatisfaction au travail sont probablement des facteurs dominants qui ont donné lieu à la réclamation[14], ce qui entraîne le demandeur à introduire une teinte de revendication, sinon de colère, dans sa complainte. Il ne s'agit pas du patient anxieux qui voudrait bien savoir pourquoi il souffre de lombalgie. Il s'agit d'un travailleur qui, parce qu'on lui reconnaît le droit de présenter une réclamation en vertu de l'assurance pour les accidents du travail, a été certifié comme ayant été blessé pendant qu'il était au travail et pour avoir été blessé par son travail. Il découle de cette blessure que la douleur lombaire compromet sa capacité de travailler, ajoutant l'injure à la blessure. Contester l'intensité de la douleur du dos ou le degré avec lequel cette douleur rend incapable, c'est un peu comme remettre en cause l'honnêteté du travailleur, et c'est souvent le cas. Qui plus est, il n'existe pas de moyen pour quantifier la douleur tout comme il n'existe pas de lésion anatomopathologique qui soit associable à une exposition du travail ni qui soit acceptable pour servir de cause de la souffrance.

La véracité est tout ce que possède le travailleur pour valider sa réclamation. Comme je l'ai déjà dit, il y a des années, «tant qu'on doit prouver qu'on est malade, on ne peut pas guérir[15]». Quand on se retrouve contesté, il est naturel qu'on fasse encore plus attention aux symptômes, qu'on soit plus attentif à ce qui les aggrave qu'à ce qui les soulage, qu'on fasse preuve de moins d'ingéniosité pour éviter les circonstances les aggravant et qu'on tienne toute autre affliction musculosquelettique concomitante pour un nouvel échec. Dès le départ de la contestation, la douleur ressentie par le travailleur souffrant d'une «blessure» du dos est éprouvante et colorée d'éléments dépressifs; des éléments de comportements d'évitement par peur de récurrence sont acquis au fur et à mesure que la contestation de la réclamation se consolide[16]. En d'autres mots, plus est longue la preuve de leur souffrance que doivent faire les réclamants, plus ils deviennent handicapés par l'inquiétude que toute activité puisse aggraver leur souffrance. Les patients qui sont bien conseillés ne s'enferrent pas dans ce type de marasme; pour les réclamants, il s'agit là d'un champ de mines qui suscitera toutes sortes de comportements contre-productifs de malade (figure 9).

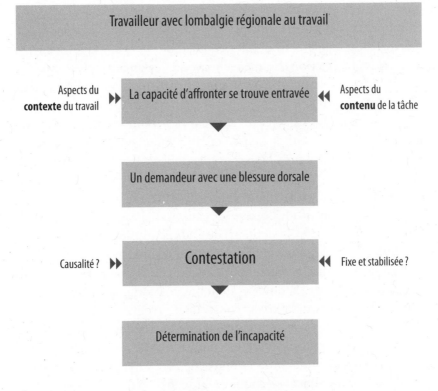

FIGURE 9. Le parcours périlleux conduisant à la détermination de l'invalidité du travailleur éprouvant une blessure du dos indemnisable traverse une contestation qui peut durer plusieurs mois, quand ce n'est pas des années. Puisque, par définition, les blessures régionales du dos surviennent alors qu'on accomplit des tâches qui sont familières, usuelles et habituellement confortables, une lombalgie régionale n'est jamais qualifiée de blessure sans résistance administrative quand ce n'est pas tatillon. Ce diagnostic ne passe jamais facilement dans le gosier des directions de ressources humaines ni dans celui des responsables de l'assurance contre les accidents de travail. Puisque la réclamation émerge souvent du contexte d'une revendication, toutes les précautions administratives sont aggravantes. En ce qui concerne les décisions médicales et chirurgicales, un demandeur d'indemnité est désavantagé par rapport à un patient. Un refus de traitement affecte le demandeur de l'insinuation qu'il ne souhaite pas vraiment s'améliorer ni retourner au travail.

On a discuté des comportements de malade dans le contexte de la fibromyalgie au chapitre 3. Le contexte que nous analysons ici comporte lui aussi l'obligation de prouver qu'on est malade. « Les comportements délétères de malade » ont une connotation péjorative de nos jours et cela ne devrait pas être le cas. Ces comportements délétères peuvent comprendre l'augmentation des symptômes, des descriptions particulières de la détresse, l'affectation et d'autres comportements qui ne sont pas compatibles avec la physiopathologie de la lombalgie, sans oublier la rancœur et l'hostilité qui peuvent colorer les interactions du médecin avec le réclamant. Les comportements d'un patient cherchant à obtenir une indemnité d'incapacité pour une lombalgie régionale, ou une compensation pour une blessure régionale du dos, relèvent souvent des comportements délétères de maladie[17]. Au cours de la dernière décennie s'est imposée la nécessité de bien évaluer et de bien traiter la douleur. En 1995, l'American Pain Society a proposé que l'établissement du score de la douleur devienne le «cinquième signe vital». En 2000, la Joint Commission on Accreditation of Healthcare Organizations a établi de nouvelles normes pour soigner la douleur, de l'admission jusqu'au congé[18]. Il s'agit là de percées importantes en ce qui regarde la manière d'aborder certaines situations cliniques douloureuses, notamment la douleur postopératoire, la douleur dentaire et la douleur liée au cancer. Mais je suis persuadé que cela constitue un recul en ce qui regarde le lot et la manière d'accueillir les personnes qui réclament une indemnisation pour un problème musculosquelettique régional en général, et une lombalgie indemnisable en particulier. Les patients atteints de problèmes musculosquelettiques régionaux à qui l'on demande de calibrer leur souffrance ont appris à le faire avec des énoncés aussi généraux que celui-ci: «Aujourd'hui, la douleur est au niveau 6 sur une échelle de 10.»

Ils acquièrent aussi des manières d'exprimer leur détresse qui sont propres à ce type de situation clinique. Par exemple, l'énoncé «j'ai vraiment un seuil élevé de perception de la douleur», fréquemment entendu, est une façon de nier qu'on soit en train d'exagérer ses symptômes. Je suis le rhumatologue consultant d'une grande population de patients souffrant d'arthrite rhumatoïde et d'autres maladies inflammatoires chroniques et douloureuses des articulations. Les infirmières qui travaillent dans ma clinique sont aussi celles qui travaillent dans la clinique voisine, une clinique de la douleur fréquentée par plusieurs personnes souffrant de blessures dorsales chroniques. Les patients qui souffrent d'arthrite rhumatoïde ont du mal à calibrer leur douleur. Ils réagissent avec des questions comme: «Voulez-vous dire maintenant, ou ce matin?» ou bien encore «Voulez-vous dire aux mains ou bien aux genoux?» Ils n'arrivent pas à se reconnaître en termes de score de souffrance. Les demandeurs d'indemnité pour blessures dorsales régionales ont appris à surmonter cette difficulté.

La contestation conduisant à la définition de l'amélioration médicale maximale comporte des conséquences graves qu'il faut comprendre (figure 8). L'amélioration médicale maximale est aussi libellée « fixée et stabilisée » dans certains États, et consolidation en Europe. Indépendamment du nom qu'on lui donne, la contestation gravite autour de la douleur, tant de sa fiabilité en tant que symptôme incapacitant, comme on l'a déjà vu, que de sa suppression, une fois qu'on a reconnu sa fiabilité. Et cette contestation dépouille le demandeur d'un rôle primordial dans la prise de décision médico-chirurgicale.

L'incapacité prescrite

La détermination de l'incapacité survient presque toujours alors que le demandeur est en congé de maladie et reçoit une allocation financière, une indemnité temporaire d'infirmité totale, valide tant que le demandeur est sous traitement. On exige habituellement du patient qu'il s'abstienne de toute activité s'avérant douloureuse. Ce type de consigne peut s'avérer palliatif en phase aiguë d'une lombalgie régionale, bien que la prescription la meilleure consiste à continuer ses activités courantes du mieux qu'on peut. Après quelques semaines de cette contestation, l'association de la douleur avec une activité devient moins manifeste[19], et n'importe quelle recommandation autre que de continuer à vivre sa vie n'est plus palliative. Plusieurs méthodes ont été essayées pour encourager le retour hâtif aux activités courantes, ce qui fait dérailler la contestation. Certaines ont été soumises à l'examen de la science. Les traitements physiques comme les régimes graduels d'activités[20], les interventions ergonomiques[21] ainsi que les programmes de formation[22] se sont avérés inconstants et d'efficacité très modeste. Deux constituent des démonstrations éloquentes.

La Norvège compte une population de 4,3 millions. C'est un pays riche, homogène et très progressif, offrant depuis plus d'un demi-siècle un programme de sécurité sociale à tous ses citoyens. Au cours de la dernière décennie, le ministère royal de la Santé et des

Affaires sociales de la Norvège a procédé à l'évaluation de ce programme. Un des objectifs de l'évaluation était d'améliorer la composante d'assurance pour invalidité. Le ministère a eu la sagesse de confier à l'épidémiologie clinique la tâche de vérifier l'efficacité de n'importe quelle réforme, avant et après sa mise en œuvre. Les travailleurs norvégiens souffrant d'une lombalgie régionale qu'ils estiment incapacitante peuvent prendre un congé de maladie sans pénalité financière. Pour les deux premières semaines, le coût est assumé par l'employeur tandis que, par la suite, c'est l'administration de l'assurance nationale qui prend le relais. Près de 85 % retournent au travail au cours des deux premières semaines[23], un «iceberg» de morbidité qui a échappé au radar épidémiologique de la Norvège et d'ailleurs. L'essentiel des efforts de réforme concerne les 15 % des travailleurs qui ne sont pas revenus au travail en dedans de deux semaines[24]. Près des deux tiers de ces travailleurs seront de retour au travail en dedans de deux ou trois mois tandis qu'un tiers ne reviendront jamais au travail.

Il y a une décennie, le ministère a créé un programme de «congé de maladie actif» en vertu duquel l'administration de l'assurance nationale rembourserait le salaire habituel des travailleurs atteints de lombalgie incapacitante qui retourneraient assumer des tâches modifiées au travail. Ce programme n'eut aucun effet perceptible sur la probabilité d'invalidité de longue durée[25]. Alors le ministère conçut une intervention multidisciplinaire visant à éduquer et à rassurer les travailleurs. Cette initiative parvint à récupérer une petite partie des travailleurs encore invalides après deux mois et qui étaient voués à l'invalidité de longue durée[26]. Les travailleurs de Norvège qui prennent un congé de maladie de longue durée pour lombalgie sont des gens qu'on a transformés en pétitionnaires d'assurance. Ils proviennent d'une population à risque de lombalgie régionale insurmontable en Norvège, ont de multiples autres symptômes et sont en général «épuisés et vidés[27]». On les a décrits comme affectés d'un «syndrome» de douleur musculaire sise dans toute la colonne vertébrale ainsi que dans les jambes et la tête, accompagnée de troubles du sommeil, d'anxiété, de tristesse et de dépression[28]. Nous avons déjà décrit cette population au chapitre 3 et ailleurs. Pour les gens qui vivent sous un «un ciel orageux», le «retour au travail» constitue un objectif de santé publique trop étroit qui est susceptible de déclencher, chez ceux qu'il est censé aider, des comportements de malades qui sont contre-productifs.

P. Loisel et ses collègues du Québec ont conçu un « programme participatif en ergonomie » destiné aux travailleurs souffrant d'une blessure du dos et qui avaient dû arrêter de travailler depuis un mois et plus. Le « modèle de Sherbrooke » appelait la formation d'un groupe de collaboration pour chaque travailleur atteint de lombalgie régionale persistante. Ce groupe était dirigé par un ergonome et comptait le travailleur blessé, son superviseur ainsi que des représentants de l'employeur et des syndicats. Après avoir observé les tâches du travailleur, le groupe arrêtait un « diagnostic ergonomique spécifique » et présentait à l'employeur des recommandations précises. Le travailleur blessé était en outre recruté dans une école enseignant le soin du dos (une école du dos) et dans un programme multidisciplinaire de réhabilitation au travail pour améliorer la résistance au travail. Le modèle de Sherbrooke a été soumis à une étude clinique aléatoire, répartissant au hasard quarante milieux de travail au modèle ou aux soins habituels[29]. Les patients assignés au modèle de Sherbrooke sont retournés au travail deux fois plus vite que les autres ; les travailleurs assignés au modèle de Sherbrooke ont été en congé de maladie pendant 67 jours en moyenne contre 131 jours pour ceux qui avaient été assignés aux soins usuels.

Dans la publication de cette étude, le résultat très impressionnant a été attribué essentiellement à l'intervention ergonomique. Mais, en vérité, un rapport ultérieur, publié quatre années plus tard, a révélé que la plupart des employeurs n'avaient jamais appliqué la prescription ergonomique[30]. Le modèle de Sherbrooke s'est avéré une forme particulière de médiation. Il est troublant qu'on continue de croire que les exigences physiques des tâches d'un poste de travail constituent un facteur critique de l'incapacité imputable à la lombalgie régionale. Nul n'a jamais réussi à modifier les exigences physiques d'une tâche de manière à réduire l'incapacité, en dépit de tous les efforts que l'on consacre à cette entreprise[31]. Ce n'est pas la tâche de l'atelier moderne qui rend invalide ; c'est la panoplie de facteurs psychosociaux et personnels entravant la capacité d'affronter la lombalgie et prédisposant la victime de lombalgie à la tenir pour invalidante et à présenter une réclamation d'incapacité auprès de l'assurance contre les accidents de travail[32].

L'analgésie aux opiacés

Les demandeurs d'indemnité amorcent la contestation avec la douleur comme plainte principale. Il n'y a pas de demandeur, ni de médecin d'ailleurs, qui soit enclin à tenir cette plainte pour une substitution d'une autre plainte. La plupart des patients ont essayé des analgésiques en vente libre sans encouragement médical et les ont trouvés insuffisants. J'ai écrit longuement ailleurs sur l'histoire, la pharmacologie, la promotion commerciale et les abus liés aux ordonnances d'analgésiques non narcotiques[33]. Je souhaite parler ici de l'ordonnance d'opiacés dans le contexte de la détermination de l'amélioration médicale maximale. Aucune des multiples consignes de traitement pour la lombalgie n'encourage l'analgésie aux opiacés. Pourtant, les opiacés sont fréquemment prescrits aux demandeurs d'indemnité pour lombalgie régionale et sont associés aux résultats médiocres dans cette population[34]. Plus tôt sont prescrits les opiacés, plus est grande la probabilité que le blessé ne s'améliorera pas[35]. Dans le contexte de la lombalgie chronique, les opiacés ne sont pas différents des analgésiques non narcotiques en matière d'efficacité[36] ou d'absence d'efficacité[37]. En outre, dans ce contexte, les opiacés sont souvent associées aux problèmes de toxicomanie[38].

Quand apprendra-t-on jamais? Ces travailleurs sont victimes d'une sagesse conventionnelle qui est dangereuse pour leur santé. On les persuade de croire que leur lombalgie régionale est une blessure incapacitante résultant d'un accident de travail. On les contraint à utiliser leur souffrance pour valider leur recherche de services de santé remboursés et d'indemnités pour invalidité. Peu importe la nature des facteurs psychosociaux qui ont rendu leur lombalgie intolérable, la contestation à résoudre pour avoir accès à ces deux avantages surajoute de la souffrance à leur lombalgie. On leur raconte que leur infirmité ne se résoudra pas tant qu'on n'aura pas éliminé la douleur. On leur enseigne à se percevoir comme des scores de douleur. On les embarque sur un parcours interminable, traitant leur souffrance avec des opiacés dont on dit qu'ils sont conçus précisément pour cette sorte de souffrance, mais qui semblent trop faibles pour la soulager, ce qui entraîne l'augmentation des doses. Ils adoptent des comportements de malades de plus en plus mésadaptés, ce qui leur vaut le dédain, sinon le mépris de ceux qui les traitent. Personne ne leur dit que les opiacés ne sont pas efficaces pour leur douleur et ne font que compliquer leur souffrance. Et ce n'est là que le début de leur cauchemar. Puisque ni le temps ni les opiacés ne sont utiles, qu'ont-ils à perdre à rechercher une solution chirurgicale?

Le zèle chirurgical

Je me demande combien de patients accepteraient un traitement chirurgical pour une lombalgie après avoir lu le chapitre 6 de cet ouvrage. Même pour la lombalgie persistante, aucune justification scientifique ne soutient le traitement chirurgical. Qu'on me permette de redire cela d'une manière correcte: il y a eu une recherche scientifique visant à recenser les avantages du traitement chirurgical et on n'a rien trouvé. Il en découle que les meilleures connaissances disponibles proscrivent les traitements chirurgicaux. Les procédures électives qui n'ont pas réussi l'évaluation scientifique ne devraient pas être remboursées et elles ne le seraient pas n'eût été de la nature perverse des programmes américains d'assurance maladie et d'assurance contre les accidents de travail. Il n'y a pas un patient lucide qui accepterait une intervention chirurgicale s'il n'était aveuglé par la désinformation et ses préjugés, sans oublier la superbe du chirurgien. Si un chirurgien avait l'obligation de dire que seul son jugement clinique soutient la nécessité de la chirurgie, nombreux seraient les patients qui se défileraient.

Mais il n'y a pas un pétitionnaire qui puisse se défiler aussi facilement, en supposant que ce soit possible. Car le faire implique que le pétitionnaire n'est pas vraiment désireux de faire tout ce qui est possible pour se rétablir assez pour retourner au travail et ainsi renoncer à l'indemnité pour invalidité. Il en résulte qu'une foule d'interventions sont réalisées sur des pétitionnaires, y compris un lot d'interventions nouvelles et d'interventions de reprise. Quand les pétitionnaires ne s'améliorent pas, particulièrement après plusieurs interventions, ils se valent le diagnostic « d'échecs du dos », comme si l'échec relevait de leur responsabilité plutôt que de celle d'interventions défectueuses. Et ces chirurgies trahissent beaucoup plus fréquemment les pétitionnaires que les patients qui ne sont pas concernés par les indemnisations d'invalidité[39]. Tellement en vérité qu'un chirurgien de grand renom prévient les chirurgiens qui traitent des travailleurs souffrant de lombalgie indemnisable «de garder ce problème en mémoire quand ils conseillent des patients et quand ils analysent les résultats... Assurez-vous de ne pas aggraver le problème en renforçant le comportement de malade[40]. »

Abondante est l'information portant sur le nombre de pétitionnaires en indemnité d'invalidité et sur ce qu'il advient de leur quête. Aux États-Unis, cette quête est plus marquée par le zèle des interventions que partout ailleurs. Nous ne savons pas grand-chose par contre des avantages que cela procure aux travailleurs, en supposant qu'il s'en trouve. Il n'existe pratiquement aucune étude de leur destin, une fois que leur dossier se trouve fermé. Il y a vingt ans, j'ai demandé au procureur général de l'État de la Caroline du Nord la permission de faire une étude de suivi de cette nature. Il était probable que la Robert Wood Johnson Foundation subventionnerait pareille recherche, vu que l'étude de la compensation des travailleurs accidentés faisait partie de priorités à l'époque. En outre, je disposais, parmi mes collègues de la faculté de l'université, d'épidémiologues réputés et expérimentés, de statisticiens et d'experts en études par enquête. Il nous était possible de faire une étude de suivi et de protéger rigoureusement l'anonymat des travailleurs qui participaient à l'étude. Le procureur me fit savoir, en termes non équivoques et par écrit, qu'il ne saurait endosser pareille recherche et qu'il la tiendrait pour un viol illégal de la confidentialité des patients, advenant que je donne suite et réalise mon projet. J'ai donc dû me résoudre à ronger mon frein pendant deux décennies. Pendant ce temps, les études révisées par les pairs et décrivant les résultats des traitements infligés aux travailleurs souffrant de lombalgie indemnisable, une fois que leur dossier fut fermé, demeuraient rares. Puis nous eûmes la chance de trouver une région du Missouri qui nous autorisa à étudier une grande cohorte de travailleurs qui avaient réclamé une compensation. Mes collègues Raymond Taite, John Chibnall et Helena Andresen et moi étions prêts à procéder et avons pu obtenir pour ce faire le soutien financier de l'agence fédérale pour la recherche en services de santé. J'en dirai beaucoup plus sur les résultats de cette étude un peu plus loin. L'influence de la chirurgie sur le devenir des pétitionnaires dans cette étude du Missouri est par contre immédiatement pertinente pour notre discussion[41]. Cette région donnait l'occasion d'observer les inégalités raciales dans le programme d'assurance contre les accidents de travail. Les Caucasiens avaient une probabilité excédant de 40 % celle des Afro-Américains de recevoir un diagnostic d'hernie discale. En outre, les Blancs qui recevaient ce diagnostic avaient un probabilité deux fois plus grande de recevoir un traitement chirurgical. Puisque les services de santé de tous étaient remboursés de la même manière, il y avait autre chose pour influencer la prise de décision en faveur de la chirurgie. Dans cette cohorte, les travailleurs afro-américains obtenaient des scores inférieurs d'invalidité et des indemnités plus modestes et, d'une manière paradoxale, étaient épargnés des affres de la chirurgie non nécessaire.

En dehors du retour au travail et de la clôture de la demande d'indemnité, la définition de l'amélioration médicale maximale arrive à son terme quand les médecins traitants ne savent plus où donner de la tête ou quand le pétitionnaire refuse de continuer à collaborer au traitement. C'est alors que le pétitionnaire est déclaré « stabilisé et consolidé » et passe à la définition de son invalidité sur laquelle l'indemnisation est établie. Avant de discuter de la définition de l'invalidité, le système d'indemnisation des accidents du travail prévoit deux étapes additionnelles que doivent affronter les pétitionnaires et il importe de les examiner dès maintenant.

Les examens médicaux indépendants

Il existe une différence entre la consultation et l'examen médical indépendant (EMI). Le consultant est choisi par le médecin traitant avec l'accord du patient dans l'espoir que le consultant procurera des pistes susceptibles d'améliorer le traitement du patient. Le consultant devient ainsi un médecin traitant et une consultation devient une collaboration. L'EMI est fait par un tiers pour lui procurer une appréciation de la condition du patient. Ce patient est habituellement un plaignant ou bien un pétitionnaire d'indemnisation. L'EMI procure une appréciation, et non pas un traitement, laquelle peut requérir une révision des dossiers, des examens détaillés, y compris divers examens de laboratoire.

Il importe que toute personne procédant à un EMI ne croie pas que le seul bénéficiaire de l'EMI soit la partie qui a demandé l'examen. En 2004, les cours suprêmes de l'Arizona et du Michigan, suivies par un certain nombre d'autres, ont établi que le médecin examinateur, en répondant à une demande de service d'un tiers, ne doit pas pour autant négliger ses devoirs à l'égard de la personne qu'il examine. Ces devoirs comprennent celui de ne pas nuire, celui de diagnostiquer correctement, celui de faire état de ses observations à la personne examinée et celui de protéger la confidentialité[42]. J'espère que ces précédents juridiques vont endiguer l'autoritarisme de l'EMI. Trop souvent, les conclusions de l'EMI sont une opinion fondée sur les préjugés et le jugement clinique de l'examinateur, une opinion ayant préséance sur ce que peuvent dire les connaissances disponibles.

La fonction de l'EMI est mise à contribution dans des contextes qui n'ont rien à voir avec ce que nous étudions, comme les procès en responsabilité professionnelle. Toutefois, la fonction de l'EMI est de plus en plus fréquemment invoquée par les assureurs pendant la détermination de l'amélioration médicale maximale, habituellement pour contester la validité d'une procédure diagnostique ou thérapeutique. Il arrive souvent, aussi, que l'EMI soit mis à contribution dans la définition de l'invalidité en contexte d'accident du travail ou par l'administration de la sécurité sociale (ASS) où l'EMI est plutôt désigné « examen contracté ». Nous reviendrons sur ces phénomènes bientôt.

Il n'est donc pas étonnant qu'on ne dispose que de très peu d'information sur les EMI, à part le fait qu'ils font souvent partie du processus entourant les blessures du dos et qu'ils sont très coûteux. Les examinateurs réclament des honoraires « coutumiers », ce qui veut dire, dans le cas des chirurgiens, qu'ils réclament l'équivalent de temps qu'ils auraient passé en salle d'opération. La réalisation d'un EMI est payante. Dans les procédures d'accidents du travail, on demande aux EMI de jauger l'ordre de grandeur de la « blessure » et la justesse des interventions. La première finit presque toujours par devenir un jugement de la véracité et du caractère du pétitionnaire. La recherche d'un diagnostic précis est habituellement terminée à ce moment.

L'EMI est à la poursuite d'indices suggérant la simulation ou l'exagération des symptômes. Les soupçons peuvent enfler quand les signes décelés à l'examen physique semblent ne pas être « physiologiques[43] ». Quand, par exemple, la douleur d'un patient est exacerbée par la flexion de la hanche alors qu'il est couché mais qu'elle ne l'est

pas quand on déplie le genou alors qu'il est assis, on peut soupçon-
ner un comportement délétère de maladie, sinon de la simulation,
puisque ces deux mouvements étirent également le nerf sciatique.
Des tests psychologiques de mémoire ou de fonction cognitive ont
été utilisés pour tester la véracité de pétitionnaires souffrant de blessures musculosquelettiques régionales[44]. Tout cela me rend mal à
l'aise et très critique de l'EMI parce qu'à mon avis cet examen promeut l'ajout de comportements contre-productifs de malade. Le
malheureux pétitionnaire en est déjà surchargé en raison du processus de définition de l'invalidité et des circonstances à l'origine de la
pétition, en premier lieu. L'EMI reste néanmoins incrusté dans ce
processus et est tenu pour augmenter l'efficacité de la gestion des
réclamations d'indemnité pour les blessures du dos indemnisables[45].
Pour ma part, je ne fais jamais d'EMI.

Les cliniques de la douleur et de conditionnement au travail

Quand le processus arrive à son terme, la détermination de
l'invalidité surgit. L'ordre de grandeur de l'indemnité dépend de
l'importance de l'incapacité, souvent décrite par le décalage éloignant la victime d'une restauration complète de la situation qui existait avant la blessure. Ces indemnités partielles et permanentes
peuvent prendre la forme d'un paiement forfaitaire ou bien d'une
rente à long terme. Les compagnies d'assurance préfèrent cette dernière parce qu'elles ont un plan actuariel d'affaires, ce qui veut dire
qu'elles prélèvent des primes, de sorte qu'elles peuvent capitaliser le
montant qu'elles requerront pour payer la rente d'invalidité au travailleur jusqu'à ce qu'il atteigne l'âge de 65 ans, et disposent de toute
la latitude pour investir les primes entretemps. Les avocats préfèrent,
quant à eux, les paiements forfaitaires puisque leurs honoraires
conditionnels sont fonction du paiement total. La taille de l'indemnité est réduite quand le travailleur stabilisé et consolidé peut retourner au travail, particulièrement dans son ancien poste. Cela signifie
que le fait de tenter de réduire la douleur et d'augmenter la capacité
fonctionnelle pourrait sembler rationnel sur le plan fiscal si les
contradictions que nous venons de présenter n'existaient pas. En
vérité, les tentatives visant à aider le travailleur à retrouver son niveau
antérieur de fonctionnement sont dispendieuses et de faible
rendement.

L'objectif de réduire la douleur a suscité la prolifération des cliniques de la douleur, employant souvent des anesthésistes disposés à recourir aux opiacés, à injecter anesthésiques locaux et corticostéroïdes dans diverses parties du corps et même à installer des stimulateurs de la moelle épinière. En dépit du manque d'études d'observations convaincantes, sinon d'études systématiques[46], tous ces remèdes non éprouvés sont subventionnés par les assureurs en accident du travail. Les EMI sont de la même farine. Les injections sont coûteuses. Peu de cliniques de la douleur ont des états de services impressionnants quand il s'agit de retourner les gens au travail ; leur réalisation est plus une temporisation inspirée de l'espérance d'une lente amélioration.

Le conditionnement au travail et la réadaptation multidisciplinaire adoptent une orientation opposée. Compte tenu du fait que l'invalidité persiste en dépit de toutes les interventions dont on a parlé, peut-être une approche diamétralement opposée fonctionnera-t-elle. Réduisons progressivement les opiacés, redevenons actifs et en forme et repensons aux options et aux perspectives d'avenir. Tel programme peut durer des mois, habituellement avec moult visites en clinique externe mais aussi des séjours en centres de réadaptation. C'est aussi très coûteux, puisque cela peut exiger des assureurs des dizaines de milliers de dollars par travailleur. Plusieurs de ces programmes font grand état de leur réussite à retourner des travailleurs en emploi. Certains peuvent avoir assez de persuasion pour obtenir ces résultats, comme lorsqu'ils déclarent que tout participant qui ne s'est pas amélioré en dedans de x mois signale en vérité le refus de s'améliorer, ce qui justifiera qu'on révise à la baisse son indemnité. Les avocats n'ont guère de sympathie pour ce genre de persuasion.

Il y a eu beaucoup d'essais cliniques aléatoires des diverses formes de réadaptation multidisciplinaire et de conditionnement au travail. Au cours de la dernière décennie, la Collaboration Cochrane et d'autres ont régulièrement passé la documentation au peigne fin ; la recherche des preuves d'avantages est restée essentiellement stérile. La Collaboration Cochrane a récemment révisé la documentation traitant des écoles de dos[47] et des traitements du comportement[48]. Les études sont inconstantes, et les preuves qu'on peut extraire de certaines sont loin d'être solides. Des traitement variés à base d'injections[49] et la stimulation électrique transcutanée[50] n'ont même pas fait aussi bien. Les tentatives de recenser des sous-groupes de pétitionnaires dans les écoles de dos, ou dans les programmes de réadaptation multidisciplinaire qui bénéficieraient de ces programmes, sont entravées par la grande diversité des traitements et des patients ainsi que par les vices des études[51]. Il y a suggestion d'un avantage procuré par la réadaptation psychosociale[52] et d'autres programmes portant sur des questions psychologiques[53], plus particulièrement ceux qui mettent l'accent sur les approches du comportement cognitif[54]. Au mieux, tous ces efforts induisent une amélioration de la perception du bien-être, amélioration qui n'est cependant pas assez forte pour augmenter le retour au travail, pour ne rien dire de l'impression de se sentir «enfin redevenu intégral». En outre, les suggestions les plus encourageantes de l'efficacité de la réadaptation multidisciplinaire proviennent d'Europe. La manière américaine de procéder est distincte; épouvantablement vicieuse en matière de contestation judiciaire, d'ingéniosité chirurgicale et de virulence de la part de la communauté des anesthésistes et autres spécialistes de la douleur. Les pétitionnaires entrent en boitant dans les cliniques multidisciplinaires, ayant perdu tout espoir et toute leur autonomie, s'attendant au pire et redoutant que tout ce qu'ils feront ne fera qu'empirer la douleur. C'est alors qu'ils entendent quelqu'un leur dire que leur douleur n'est pas si terrible et que le temps est venu de s'en accommoder, que l'inactivité est mauvaise et qu'il est grand temps d'en sortir; la poubelle pour les pilules et ramenez-vous à l'emploi que vous trouviez détestable pour commencer, ou bien acceptez qu'on vous affecte à un poste moins important. C'est une situation kafkaïenne. Il s'agit là du préambule effrayant, douloureux, iatrogénique qui introduit à la définition de l'invalidité.

La définition de l'invalidité fondée sur l'incapacité

Une fois qu'on a atteint l'amélioration médicale maximale, comment mesurer la capacité résiduelle de travail détenue par un pétitionnaire? Au XVIIᵉ siècle, Thomas Sydenham nous a enseigné que les symptômes sont les indices d'un processus pathologique sous-jacent et la logique stipulant que le traitement du processus sous-jacent résulterait en la disparition des symptômes[55]. La médecine prussienne a développé cette conception, développement

embrassé par la médecine moderne dans ses «diagnostics différen-
tiels», des listes de maladies pouvant possiblement rendre compte de
la souffrance d'un patient. Chaque fois que cette manière de travailler donne un résultat, comme dans le cas des maladies infectieuses particulières, le paradigme souffrance-maladie triomphe. Mais
l'insistance sur la cause sous-jacente de la souffrance fait négliger
l'importance de l'expérience de la souffrance. Au chapitre 2, nous
avons montré en quoi la lombalgie régionale constituait un exemple
particulièrement éclairant de l'effondrement de cette approche. Pour
la médecine prussienne, il n'y avait pas d'effondrement.

De telle sorte que, lorsqu'on lui demanda une solution pour
résoudre l'énigme de la détermination de l'invalidité il y a un siècle,
la médecine prussienne proposa l'inverse du paradigme souffrance-
maladie. Puisque la médecine était si bonne à déduire la maladie à
partir des symptômes, ne pourrait-elle pas l'être tout autant pour
déduire la souffrance à partir de la maladie? Plus on trouvait de
maladies, plus on devrait trouver de la souffrance. De sorte qu'à un
certain niveau la maladie pourrait compromettre le rendement au
travail et ainsi rendre compte de la «souffrance» que constitue l'incapacité au travail. Au royaume de la détermination de l'invalidité, la
maladie est appelée «diminution» et la souffrance de l'incapacité au
travail est appelée «invalidité». Dans les premiers temps de la compensation des travailleurs, des tableaux d'incapacité définissaient les
rentes d'invalidité: tant pour la perte d'un œil, plus pour la perte
d'une main que celle d'un pied, plus pour la perte d'un pouce que
pour celle d'un auriculaire et ainsi de suite. Il va de soi que les
défauts de la détermination de l'invalidité fondée sur la diminution
étaient manifestes dès le départ, même dans les cas de perte de parties du corps. Pour un pianiste, la perte d'un auriculaire est une
diminution cruciale alors que cela n'aurait pas autant d'importance
pour des tâches impliquant la puissance de la préhension. Pour les
blessures impliquant une compromission de la fonction plutôt
qu'une perte, les tableaux étaient inadéquats et cette manière de faire
mena rapidement aux conflits.

La descente aux enfers d'un pétitionnaire dont on doit déterminer l'invalidité ressemble beaucoup à la situation de Josef K. dans
Le procès de Franz Kafka. Ce caissier de banque se trouva mis aux
arrêts sans qu'on ne lui dise jamais de quoi on l'accusait. Étourdi de

l'expérience qu'il vient de subir au tribunal, il quitte la pièce et demande à une personne qu'il sait familière avec pareilles procédures de lui expliquer ce qui se passe[56].

> « Il appert que vous ne connaissez pas encore ces gens et que vous pourriez mal comprendre, commence par lui répondre son interlocuteur. Vous ne devez pas oublier que, dans ces procédures, des choses surgissent constamment pour discussion, choses qui semblent simplement échapper à la raison, les gens étant trop fatigués et distraits pour penser, de sorte qu'ils se réfugient dans la superstition... Et l'une de ces superstitions stipule qu'il est possible de reconnaître dans le visage de quelqu'un, particulièrement à partir de la ligne de ses lèvres, de quelle manière son affaire se terminera. Si bien que les gens ont déclaré, en s'appuyant sur l'expression de vos lèvres, que vous seriez vraisemblablement jugé coupable et cela dans un proche avenir. »

Josef K. poursuit et demande s'il existe un ensemble de règles communes, un consensus sur lequel s'appuierait le jugement et son compagnon lui répond : « Ils n'ont que peu d'intérêts communs. Il arrive qu'un groupe croie en avoir trouvé un, mais pour s'apercevoir rapidement qu'il en n'est rien. Il est donc impossible d'organiser une action concertée à l'encontre du tribunal. Chaque cas est jugé à son propre mérite, le tribunal étant très méticuleux à ce propos, de sorte qu'aucune action commune n'est concevable. » Josef K. est rendu fou par ce procédé.

Kafka est né à Prague en 1883, dans une famille germano-bohémienne de confession juive. Il obtint son doctorat en jurisprudence de l'Université Karls-Ferdinand de Prague en juin 1906 et il travailla comme fonctionnaire de l'État jusqu'à son décès de la tuberculose à l'âge de quarante et un ans. De son vivant, il ne fit paraître que quelques courtes nouvelles. *Le procès* et *Le château* ne parurent qu'après sa mort, grâce au travail de Max Brod, en dépit du souhait de Kafka que Brod détruise ces deux manuscrits. Brod, lui-même auteur prolixe de nouvelles, était un vieil ami de Kafka et son confrère de faculté. Il a lui aussi gagné sa vie comme fonctionnaire jusqu'à ce qu'il s'enfuie en Palestine, chassé par l'invasion nazie. Brod a aussi édité le journal de Kafka et expliqué la tragédie personnelle à l'origine du *Procès*. De 1908 à 1913, Kafka travailla à l'Institut d'assurance pour les accidents des travailleurs du royaume de Bohème, à

Prague. Voici comment Brod décrit l'influence sur Kafka de cette expérience avec la compensation des travailleurs[57] :

> « Il est manifeste que Kafka acquit une grande partie de sa connaissance du monde et de la vie, ainsi que son pessimisme sceptique, de ses expériences dans cette carrière dans laquelle il se trouvait en contact avec des travailleurs victimes d'injustice ; une carrière le confrontant aux servitudes du fastidieux travail officiel et le contraignant à mijoter dans le marécage des dossiers. Des chapitres entiers du *Procès* et du *Château* tirent leur contexte et leur réalisme de l'air que Kafka était contraint de respirer à l'Institut des accidents des travailleurs. »

Il ne fallut qu'une décennie pour que la mise en forme de la méthode prussienne pour déterminer l'invalidité à partir de l'incapacité ne devienne kafkaïenne.

Au cours de premières décennies du XXe siècle, État par État, les États-Unis adoptèrent le modèle prussien pour l'assurance des accidents du travail, la détermination de l'invalidité à partir de l'incapacité et tout le reste. Il n'existait aucune protection sociale pour le travailleur dont l'invalidité ne pouvait être attribuée à un accident de travail dans la Loi sur la sécurité sociale de 1935. Le consensus de plusieurs comités qui avaient siégé pendant les deux décennies qui suivirent était qu'il fallait se doter d'une assurance contre l'invalidité, mais que sa gestion serait délicate et son coût prohibitif, à moins qu'on ne trouve le moyen de se prémunir contre les réclamations injustifiées en invalidité totale, ce que pourrait faire un test « strict », si tant est qu'on puisse en mettre un au point[58].

Les comités du Congrès favorisaient le précédent prussien en vertu duquel on délègue aux médecins la responsabilité de déterminer l'invalidité en se fondant sur l'incapacité, mais les médecins ont regimbé. Les leaders des principales organisations médicales ont argumenté au Congrès que pareil rôle était une abomination[59], introduisant la contradiction destructrice d'un système médical qui certifierait invalides des gens en même temps qu'il s'efforce de les réadapter... Étiqueter une personne comme invalide pourrait détruire sa motivation de récupérer... Les prestations en espèces, fondées sur l'incapacité, fourniraient un incitatif financier pour ne pas se réadapter... La certification de l'invalidité d'un patient aux fins d'un

programme gouvernemental entrerait en conflit avec la relation thérapeutique du médecin.

Le Congrès décréta qu'une maladie «authentique» pouvait
être établie d'une manière fiable par les médecins, à l'aide de techniques cliniques permettant d'attribuer une grandeur mesurable à
l'incapacité. L'assurance invalidité de la sécurité sociale (SSDI) fut
implantée en stipulant que la détermination de l'invalidité devait
être fondée sur l'incapacité. L'administration de la sécurité sociale
(SSA) a codifié la procédure dans un document, *Disability Evaluation
under Social Security*, procédure qui n'a que peu changé après bien
des éditions. On appelle maintenant ce document le *Blue Book*, qui
peut être consulté en ligne à l'adresse suivante : http://www.ssa.gov/
disability/professionals/bluebook/. La substantifique moelle du *Blue
Book* est faite de la liste des incapacités, semblable aux tableaux d'indemnisation des premières régies des assurances contre les accidents
de travail. On y retrouve les incapacités constituant le test «strict»
qui justifie la compensation pour une invalidité totale et permanente, lorsqu'elles sont présentes. Voici ce qu'on retrouve en 2006
pour la lombalgie régionale incapacitante :

> 1.04. *Problèmes de la colonne vertébrale* (par exemple, hernie du
> noyau pulpeux, arachnoïdite, sténose spinale, ostéoarthrite, mala-
> die dégénérative du disque intervertébral, arthrite facettaire, frac-
> ture vertébrale), compromettant un racine nerveuse (y compris la
> queue de cheval) ou la moelle épinière. Avec :
> A. Des signes prouvant la compression d'une racine nerveuse,
> preuve caractérisée par la répartition neuro-anatomique de la dou-
> leur, la limitation des mouvements de la colonne vertébrale, la perte
> de motricité (atrophie musculaire associée à de la faiblesse ou faib-
> lesse musculaire simple) accompagnée d'une perte sensorielle et des
> réflexes ainsi que, dans les cas de souffrance du bas du dos, un test
> positif du levage de la jambe, en positions assise et couchée.

Pareille description est en vigueur depuis le lancement du programme. Il s'agit là d'une formulation indéfendable pour plusieurs
raisons. Nul patient souffrant de lombalgie régionale incapacitante
et persistante qui choisirait de réclamer auprès de la SSDI (figure 7)
ne pourrait se qualifier puisque la preuve de la « compression d'une
racine nerveuse » est un préalable. Pour simplifier la présentation de
cet ouvrage, je n'ai pas inclus la discussion de la sciatique ni d'autres

formes du mal de dos impliquant les nerfs des membres inférieurs. Par contre, pratiquement tous les problèmes dont nous avons discutés au sujet de la lombalgie régionale restent pertinents pour le sous-groupe de problèmes régionaux du dos avec douleurs aux jambes dont l'incapacité est mentionnée. Pour les réclamants avec douleur aux jambes, la définition de leur invalidité est fondée sur leur capacité de gagner un salaire.

Les réclamants auprès de la SSDI qui souffrent de lombalgie régionale sans douleur aux jambes ne sont pas compris dans la liste. Il vont devoir s'embarquer pour un voyage d'une durée d'une année les ballottant entre Charybde et Scylla, année pendant laquelle ils ne peuvent travailler (sinon, ils ne sont pas handicapés) et seront à peu près sûrement dépourvus de toute assurance (à moins que leur conjoint ne détienne un emploi comportant l'avantage de l'assurance maladie). Puisque la lombalgie régionale n'est pas incluse dans le *Blue Book*, leur recours sera refusé par la SSDI, et ce refus sera confirmé lors de l'appel. Il est probable qu'on leur fera subir un examen externe pour déterminer s'ils ont une incapacité comparable à celles qu'on y trouve énumérées. À moins qu'ils ne souffrent d'autres incapacités concomitantes comme l'emphysème, l'examen externe confirmera la décision de l'assureur. Après deux refus, la plupart des demandeurs vont faire appel devant l'un des mille juges du droit administratif. Environ la moitié de ces appels réussissent particulièrement quand l'appelant recrute un avocat dont les honoraires seront déduits de l'indemnité reçue. Il existe un autre recours, mais il est encore plus tortueux et rarement employé. Les juges en droit administratif disposent d'une latitude bien plus grande pour déterminer l'invalidité; les témoignages du réclamant et ceux des membres de la communauté dont il provient, peuvent servir pour compléter la détermination de l'incapacité. Mais le rôle du juge est souvent imprévisible, ce qui fait évoquer l'expérience de Josef K.

Environ le tiers de ceux qui ont fait appel à la SSDI en 2005 et le quart de ceux qui ont demandé pour le supplément de revenu (SSI) en 2005 ont émergé de ce processus avec une pension. Les différences entre la SSDI et le SSI sont présentées au tableau 9: pour être admissible à la SSDI, on doit disposer d'antécédents significatifs d'emploi mais la détermination de l'invalidité est identique pour les deux programmes. Le taux de réussite des victimes qui ne souffrent que de lombalgie incapacitante était beaucoup plus modeste, à moins qu'au cours de l'examen externe n'apparaissent d'autres incapacités susceptibles d'être synergiques avec la lombalgie. C'est le cas pour la plupart de ceux qui ont reçu une pension pour n'importe quelle invalidité due à des problèmes musculosquelettiques, à moins que l'invalidité ne découle d'un échec du traitement chirurgical. Il y a plusieurs années, j'ai participé à un groupe de travail convoqué par l'administration des services sociaux, pour réviser la liste des incapacités. J'ai demandé pourquoi un échec du remplacement de la hanche constituait une incapacité admissible alors que la hanche frappée d'une maladie articulaire systémique, comme l'arthrite rhumatoïde, ne l'était pas. Il résulta de ma requête que les chirurgiens constituèrent leur propre sous-groupe de travail, de sorte qu'ils purent définir entre eux les incapacités postopératoires admissibles, notamment par suite de chirurgie de la colonne, sans avoir à répondre à mes questions.

Bien que l'analyse de la « fonction des examens médicaux externes » se soit révélée impossible, on dispose de données à propos des examens externes. Il y a plusieurs années, nous avons étudié la pensée des médecins qui faisaient plusieurs examens externes chaque année sans pour autant ne faire que cela[60]. Un certain nombre acceptèrent d'agir volontairement comme sujets dans notre étude. On donna à chacun un jeu de cartes avec une vignette racontant l'histoire d'un homme caucasien de 40 ans en chômage qu'ils reçoivent pour faire un examen externe en relation avec une réclamation auprès de la SSDI, par suite d'une incapacité d'une durée d'un an en raison d'une lombalgie. L'objectif de l'examen externe n'est pas d'évaluer l'invalidité mais de fournir à l'équipe de la SSA (habituellement un médecin et un conseiller en réadaptation professionnelle) l'information nécessaire pour décider si les incapacités du demandeur sont comparables à celles qu'on trouve dans les tableaux d'indemnisation. Par contre, le rapport peut contenir l'opinion de l'examinateur à propos de l'invalidité du demandeur et le scénario de l'entrevue est rempli d'interactions à cette fin. Chaque vignette se terminait par l'affirmation que cet homme était capable de faire un travail léger, ce qui voulait dire qu'on lui refuserait les avantages de l'assurance. À travers le jeu de cartes, les histoires contenaient des permutations des descripteurs : deux niveaux de douleur, deux histoires professionnelles, deux à propos de la mobilité, des radiographies normales et anormales ou des signes physiques, et trois niveaux de mobilité. Au bas de chaque carte se trouvait une échelle traduisant l'opinion du médecin à propos de sa plus ou moins grande conviction que l'homme était invalide, en dépit du fait qu'on lui nierait les avantages de l'assurance parce qu'il était capable de faire du travail léger. Il en est ressorti que les médecins ont été influencés par tous les descripteurs, sauf la douleur. Par exemple, plus l'examen ou les radiographies contenaient des indices de mauvais présage, plus certain était le médecin que l'homme était invalide. Mais, dans le contexte d'un examen imposé, les symptômes n'étaient plus tenus pour pertinents. Il s'agit là d'une définition de l'invalidité fondée sur l'incapacité dans sa forme la plus pure. C'est l'apothéose du réductionnisme prussien achevé, le paradigme souffrance-maladie. Ce n'est plus de la médecine par contre, puisque la médecine part toujours de la narration de la souffrance. Dans le contexte des examens imposés, ces médecins ne tiennent pas un rôle de médecin ; ils sont devenus des agents de l'État.

Tableau 11

Critères d'attribution d'une pension d'invalidité
dans le système de sécurité sociale

Déterminations cliniques	Critères
Causalité	Non pertinente
Amélioration médicale maximale	Malade depuis au moins 12 mois, ou moins s'il s'avère qu'on ne s'améliorera jamais
Invalidité	Déduite de l'incapacité de toute activité à n'importe quel salaire minimum en raison d'une incapacité présente dans les tableaux ou bien d'une autre qui soit estimée équivalente à l'une qui est présente dans les tableaux

Le programme d'assurance invalidité de la SSA est une mine de données pour les économétristes[61], les statisticiens et les actuaires, y compris tous ceux qu'embauche la SSA et dont le rapport annuel des statistiques descriptives et ses mises à jour sont facilement accessibles en ligne. C'est ainsi que les statistiques descriptives pour 2006 peuvent être consultées à l'adresse suivante : http://www.ssa.gov/policy/docs/statcomps/di_ast/2006/index.html. Pour être admissible à l'assurance de la SSDI, il faut avoir été salarié et avoir cotisé au fonds de la sécurité sociale pendant au moins cinq des dix dernières années. Les critères d'invalidité sont les mêmes pour la SSDI et la SSA (tableau 11), toutes deux étant gérées par des organismes d'État. Le financement de la SSDI est de la responsabilité du gouvernement fédéral; pour la SSI, le financement provient de l'État et sa générosité est variable. Environ 80 % des adultes non retraités jugés invalides se qualifient pour une pension de la SSDI; les autres se qualifient pour une rente d'invalidité en vertu de la SSI. En 1985, il y avait environ 2 % des adultes qui se retrouvaient sur les listes de la SSDI; le pourcentage avait doublé en 2005. Cette augmentation reflète le fait que chaque année le nombre des nouveaux prestataires excède celui des départs par décès, retraite ou bien encore par la récupération de la capacité de travailler. Au taux actuel de la croissance, plus de 6 % de la population adulte admissible se retrouvera sur les listes de la SSDI au cours de la prochaine décennie, sinon avant. En 2006, il y avait plus de 7 millions d'Américains qui bénéficiaient de la SSDI et plus de 3 millions recevaient la SSI. La catégorie d'incapacité qui est la plus fréquemment associée avec les plus grands nombres de pensionnés, dont le taux de croissance est le plus élevé et qui compte le plus grand nombre d'indemnisations pas année, est celle des troubles musculosquelettiques, dont les problèmes de la colonne sont le dénominateur commun. Cela est illustré dans le tableau 12.

Tableau 12
Indemnisations annuelles de la SSDI pour invalidité liée aux problèmes musculosquelettiques, où prédomine la lombalgie régionale incapacitante

Indemnisations annuelles	1983	2003
Nombre total	41 782	199 014
Indemnisations par 1 000 assurés	0,39	1,38
Proportion de toutes les indemnisations	13,4	26,3

Il est difficile d'imaginer que cette croissance puisse refléter une érosion de la santé vertébrale des Américains. Il est plus raisonnable de penser que les éléments psychosociaux prédisposant quiconque à faire la réclamation d'une compensation pour blessure dorsale régionale, ou à consulter en tant que patient souffrant de lombalgie, ou bien encore à prendre un «congé de maladie» en Europe[62] ou au Japon[63] pour une lombalgie, interagissent sur la scène de l'invalidité à long terme. Notre société est dorénavant d'une complexité croissante, ayant atteint son zénith dans les années 1960 et 1970 et qui a dévalué progressivement son capital humain. De plus en plus fréquemment, les gens en viennent à trouver difficile la poursuite de leur vie, tellement difficile que des afflictions comme le prochain épisode de lombalgie sont plus susceptibles de paraître « chroniques » et les programmes d'indemnisation pour invalidité sembler être la seule porte de sortie. La majorité de ceux qui postulent en vain pour la SSDI ou le SSI ne retournent pas travailler[64]. Les économistes ont juxtaposé les données du chômage avec celles de la SSA, tentant de déterminer si les postulants à qui l'on avait refusé une indemnité ne pouvaient se trouver un emploi parce qu'ils étaient frappés d'incapacité au travail ou parce qu'ils étaient incapables de trouver un travail attrayant (ce qui résonne comme Henry Mayhew de l'époque victorienne). L'association entre le nombre de demandes d'assurance emploi et le nombre de demandes d'assurance invalidité suggère que de plus en plus de travailleurs déplacés ou découragés tentent d'obtenir une pension d'invalidité[65]. Les coûts de la SSDI et de l'assurance maladie, sa servante, sont nez à nez avec d'autres grands programmes sociaux dans la course pour engloutir la totalité du produit national brut.

J'ai signalé que l'assurance contre les accidents du travail fut notre premier programme national d'assurance maladie, bien qu'il ne fût accessible qu'aux seuls travailleurs blessés pour guérir leur blessure. Telle qu'elle a été conçue à l'origine, la SSDI n'était pas vraiment notre deuxième programme car la législation originale ne comportait aucun avantage pour la santé. Quand il arrivait qu'on tombe malade en ne disposant que de ressources limitées, il se pouvait qu'on trouve un médecin traitant pour un salaire de misère. Les solutions de rechange comptaient les cliniques charitables entretenues par les communautés religieuses ou les hôpitaux municipaux, ainsi que cela se passait depuis le Moyen Âge. Quand il fallait être admis à l'hôpital, il y avait les salles des hôpitaux municipaux, sinon les départements d'enseignement des hôpitaux universitaires. J'ai été témoin de tout cela comme enfant, comme étudiant puis comme médecin résident. La fourniture de services de santé en vertu de la SSDI a dû attendre l'organisation du programme Medicare au milieu des années 1960. Le plus près qu'on ait jamais approché de cela survint avec les amendements techniques de 1958 en vertu desquels un contribuable invalide âgé de plus de 65 ans pouvait déduire de ses impôts jusqu'à 15 000 $ en frais médicaux.

Il est remarquable que même cela ne survint que dans les années 1950. Un des économistes les plus influents de l'époque était le Prix Nobel Friedrich Hayek, qui avait grandi à Vienne puis accepté une chaire à la London School of Economics, où il fut le collègue et l'ami de Karl Popper. Hayek fut l'un des plus grands philosophes politiques du XXᵉ siècle. Il était passionnément opposé au socialisme et à tout ce qui s'en inspirait parce que cette doctrine plaçait le contrôle de toute l'économie dans les mains de quelques-uns et prédisposait au totalitarisme. Sa compréhension du monde limitait l'État à l'établissement de la règle du droit et confiait à l'économie l'organisation de la société. Pour Hayek, la planification socialiste était contre-nature et sans fondement scientifique. Il a vécu longtemps (1899-1992) et a pu voir sa philosophie inspirer la crainte du communisme dans l'après-guerre et l'engouement frénétique pour le libre marché de l'ère Thatcher-Reagan. C'est à cause d'Hayek qu'il parut raisonnable à la nation de s'alarmer quand l'AMA qualifia de médecine «socialisée» le programme national d'assurance maladie. Hayek a été critiqué tout au long de sa vie[66]. Rares sont ceux qui contesteraient que l'influence d'Hayek a pesé lourdement sur le développement de l'assurance sociale aux États-Unis pendant la deuxième moitié du XXᵉ siècle, une influence qui continue d'étouffer l'innovation même aujourd'hui.

Le tourbillon de la détermination de l'invalidité

La détermination de l'invalidité n'est pas une procédure objective; c'est un lit de Procuste pour tout le monde hors les plus malheureux des Américains qui sont frappés d'une maladie ou d'un accident catastrophique. Cachées sous les statistiques et les données actuarielles sont moult tragédies humaines. L'aventure épique du demandeur de la SSDI et du SSI souffrant de lombalgie régionale en atteste. J'ai longtemps soupçonné que son destin était quand même moins atroce que celui du travailleur réclamant des accidents du travail pour une «blessure» lombaire régionale persistante. Comme je l'ai déjà dit, une région du Missouri nous a permis de poser des questions portant sur les résultats à long terme pour les demandeurs d'indemnité atteints de «blessures» incapacitantes du dos. Peut-être que ce labyrinthe malveillant, monstrueux et iatrogène, qui tente de se faire passer pour une assurance sociale, sert bien les travailleurs qui trouvent leur lombalgie régionale intolérable et qui sont ainsi aspirés dans le remède «exclusif» requérant qu'on qualifie leur affliction de «blessure». Mais, comme nous l'avons trouvé, cela n'est pas vrai et les travailleurs ne s'en trouvent pas mieux. La détermination de l'invalidité fondée sur l'incapacité n'a rien à voir avec leur niveau de capacité à long terme[67]. Ceux dont l'invalidité partielle permanente est jugée moins grave s'en tirent le plus mal. Ce sont surtout des Afro-Américains, mécontents des méthodes de compensation des travailleurs, et très mal servis par la chirurgie. Leur destin est de s'engager dans le labyrinthe tortueux qu'on appelle la SSDI[68].

L'hégémonie médicale

Mon utilisation des mots «maladie» et «souffrance» est dans la tradition d'Edward Huth, l'ancien rédacteur des *Annals of Internal Medicine*. Il définissait la souffrance comme étant les symptômes qui amenaient quelqu'un chez le médecin et la maladie comme étant «ce qu'avait quelqu'un qui revenait de chez son médecin. La maladie est ce qui frappe un organe; la souffrance est ce qui frappe un homme[69].»

Comme on l'a vu, au début du XXᵉ siècle, la médecine en vint à assumer un rôle élargi d'arbitre des comportements sociaux qui se trouvaient associés à certains états maladifs. Avec le temps, au fur et à mesure que la «dominance professionnelle» de la médecine (Eliot Freidson[70]) et son «autorité culturelle» (Paul Starr[71]) devinrent encore plus dogmatiques, la médicalisation de l'absentéisme au travail et de l'invalidité de longue durée finit par relever de la compétence des médecins. L'hégémonie culturelle de la médecine continue de s'imposer en dépit du caractère radical des changements qui frappent l'industrie médicale des États-Unis. La «dominance professionnelle» est largement accaparée par un petit nombre d'entrepreneurs moraux comme ceux qui sont responsables du développement de l'entreprise cardiovasculaire, du «centre de santé universitaire corporatif[72]» et d'autres évolutions apparentées. La médicalisation devient encore plus ingénieuse, s'étendant à la parenté avec les promesses de la génomique[73] et à la misère avec le diagnostic de « fibromyalgie[74] ». L'invalidité a été balkanisée, de sorte que les personnes souffrant d'incapacité se trouvent perdues dans un labyrinthe de procédures et de définitions[75].

La réforme est le sujet du prochain chapitre. Par réforme, je n'entends pas le bricolage du système que nous connaissons ; ce serait jeter de la poudre aux yeux. La lombalgie régionale est une belle illustration de la médicalisation des afflictions de la vie courante, de l'inefficacité des traitements médicaux et alternatifs, de l'iatrogénie clinique et sociale et des barrières sociétales et financières interdisant l'accès aux soins efficaces et aux recours pour la souffrance de l'incapacité au travail. Aujourd'hui, nous nous trouvons embourbés dans des notions devenues désuètes depuis fort longtemps, ce que nous pouvons corriger par une solide connaissance moderne. La réforme n'est pas seulement due depuis longtemps, elle est maintenant faisable d'une manière rationnelle.

NEUF

Quand on ne sait pas où l'on va, tous les chemins y mènent

Dénoncer le système des services de santé des États-Unis est devenu une industrie. Les universitaires le critiquent constamment, les politiciens se battent la coulpe, les pontes de la politique sont entièrement accaparés par la promotion de la qualité et la sensibilisation aux disparités tandis que les administrateurs happent toutes les «innovations» qui imposent des stratégies d'entreprises de gestion à une profession dévolue au service de l'humanité. Pendant ce temps, des entrepreneurs en moralité s'occupent de la promotion de la santé à l'aide de tests dépourvus de tout avantage clinique démontrable et du traitement de maladies avec des interventions aux avantages discutables, dont on minimise les risques et qui coûtent la peau des fesses[1]. Les médias électroniques et imprimés nous assomment d'un marketing cacophonique commandité par l'industrie, marketing tentant de se faire passer pour de l'information sur la santé[2]. Parlant d'éducation à la santé, toute l'institution américaine de la médecine est truffée de conflits d'intérêts financiers, des meneurs d'opinions aux centres universitaires de santé[3].

Qui peut encore douter que les États-Unis ont construit le plus irrationnel des systèmes de soins de la planète? Que ce soit en ce qui concerne les disparités de la santé, les rapports coûts-avantages absurdes, les dépenses qui mènent à la ruine les malades insouciants qui ne sont pas assurés, les traitements qui sont plus dangereux qu'utiles et, ce qui est pis, un système qui est proprement insoutenable. Comme on l'a vu, le traitement et le destin des Américains souffrant du mal de dos sont emblématiques de ce délire[4].

La perception par la population qu'il y a quelque chose de détraqué dans les soins de santé des États-Unis grandit, tout comme l'incrédulité avec laquelle on accueille les propositions stipulant que le bricolage et les transferts budgétaires d'une caisse à l'autre vont résoudre tous les problèmes. L'argent ne saurait être le facteur principal : on dépense un trillion de dollars chaque année, 17 % du produit intérieur brut. C'est plus du double de la proportion dépensée par n'importe quel autre pays et pour quels résultats ? Quel avantage a-t-on vraiment tiré des 30 milliards de dollars dépensés en 2005 pour les services médicaux et chirurgicaux des soins des seuls maux de dos (http://www.meps.ahrq.gov/mepsweb/) ? La plupart de ces faits sont devenus douloureusement manifestes pour la plupart d'entre nous, à l'exception peut-être de la terrible inflation des prix. Par exemple, pour un même médicament, le prix du comprimé est, aux États-Unis, 50 % plus élevé que dans les pays de la Communauté européenne. En 2006, on dépensait près de 450 $ par habitant pour l'administration de notre système, dépassant de loin tous les autres pays. La France s'en tirant avec 250 $ par habitant, le Canada avec 150 $ tandis que le Danemark, la Finlande et la Corée du Sud y parvenaient avec moins de 100 $ par habitant.

Je ne veux pas insister sur toute cette infamie. Ce n'est ni mon style ni une direction qui soit bien efficace. Le mieux que l'on puisse faire est d'imposer au système actuel de devenir rationnel, résolument tourné vers les besoins des patients en s'appuyant sur les connaissances disponibles pour poursuivre les objectifs d'assurer la santé et de fournir le soutien nécessaire quand l'assurance est tenue en échec. Nous avons la chance de disposer d'un cadre de médecins provenant des rangs des meilleurs et des plus brillants, et qui ne demandent pas mieux que d'offrir ce qu'il y a de meilleur à leurs patients. Il est vrai qu'on ne les entend pas souvent, mais ils sont là et ils sont nombreux. Je le sais pour en avoir formé un grand nombre et pour en avoir soutenu encore plus pendant toutes ces années. Ils constituent une armée de l'ombre et une majorité silencieuse récompensée par le respect, la reconnaissance et la confiance plutôt que par le fric.

L'examen de la manière dont la médecine américaine fait défaut à ses obligations générales constitue le sujet de deux livres que j'ai déjà publiés[5]. Dans le présent ouvrage, je recours à la lombalgie régionale pour sa valeur exemplaire qui transcende les limites de la responsabilité et de la solidarité de l'État-providence pour lancer la recherche d'une approche qui soit mieux compatible avec le bien-être de la population. Au cours du XXᵉ siècle, deux traditions de la philosophie morale ont convergé pour donner lieu à la création de l'État-providence contemporain, l'une utilitariste, l'autre kantienne. La tradition utilitariste s'emploie à réaliser ce qui plaît et est valorisée par la majorité. L'éthique kantienne valorise la pensée rationnelle et la responsabilité personnelle en ce qui concerne l'acceptabilité des conséquences des gestes qu'on fait[6]. Dans le contexte de la santé publique, la distinction à établir se situe entre ce que requiert un malade particulier et les besoins des collectifs de malades. Il existe une tension inhérente dans cette dichotomie qui reflète la dissonance survenant entre l'autonomie et le paternalisme, entre le bien commun et ce qui profite à un particulier, et entre le résultat d'une intervention et ce qu'il en coûte pour l'obtenir. Cette tension a mené à une éthique communautaire qui impose les valeurs communes, les idéaux et les aspirations de la communauté, c'est-à-dire le bien commun, aux souhaits et au bien-être des individus pris dans leur ensemble. Esquisser le chemin conduisant à ce compromis est possible en mettant à contribution la science du XXIᵉ siècle.

La santé du public

Bien qu'il y ait plus de nonagénaires de nos jours, la proportion de la population qui se rend à cet âge n'augmente pas, du moins pas aussi vite, et la plupart de ceux qui y parviennent sont décrépits. Je me sens à l'aise pour stipuler que notre espèce a une espérance de vie limitée dont le terme est aux environs de quatre-vingt-cinq ans. Quand on est octogénaire, la maladie qui provoquera le décès n'est pas importante ; ce qui est beaucoup plus important, c'est que le passage de vie à trépas soit aussi doux que la vie a été mémorable. Quand on parvient à un âge avancé, la cause du décès est-elle vraiment importante ? L'épidémiologie du parcours de la vie est la science qui révèle les lois régissant la durée du voyage qui mène à la mort, toutes causes de décès confondues[7]. La cause immédiate ou précise du décès n'est pas pertinente chez les octogénaires. À quoi peut servir l'ablation du côlon, de la prostate ou du sein quand le patient meurt au même âge d'une autre maladie ? Quand on entend parler d'une épidémie d'une maladie fatale, que ce soit une maladie cardiaque ou un cancer par exemple, on devrait toujours demander à quel âge ; les octogénaires meurent et personne n'autorise qu'on inscrive sur le certificat de décès, « décédé parce qu'il est parvenu au terme de sa longévité[8] ».

C'est avec indignation qu'on devrait recevoir la nouvelle que des aînés prennent des statines, des hypoglycémiants oraux ou bien encore sont astreints à subir des procédures invasives pour des problèmes d'artériosclérose ou des problèmes musculosquelettiques régionaux. Ce sont là des actions qui ne profitent aucunement aux jeunes ; chez les aînés, ces produits et procédures induisent la fragilité quand ce n'est pas pire. Les vieux méritent beaucoup mieux ; ils ont droit qu'on s'intéresse à leurs symptômes[9] et au soutien d'une communauté solidaire. Le principal défi pour la santé de la population d'un pays développé est d'amener les citoyens à leur quatre-vingt-cinquième anniversaire dans un parcours de vie qui soit gratifiant, puis d'assurer qu'ils ne mourront pas dans la douleur et la solitude. Dans ce contexte, la santé de la population dépend du degré selon lequel les citoyens sont satisfaits de leur statut socioéconomique[10], ce qui est étroitement lié à la composition du voisinage de leur résidence[11] et à la satisfaction qu'ils éprouvent à l'égard de leur emploi[12]. Des insuffisances de ces caractéristiques du parcours de la vie mènent les gens aux portes de la mort pendant la septième décennie de leur vie et non la huitième ; c'est la mortalité pour toutes les causes. En outre, ces influences malignes excèdent pratiquement tous les autres facteurs de risque liés aux comportements dangereux pour la santé et aux maladies cardiovasculaires. C'est un des motifs qui expliquent que les programmes cherchant à éliminer ces risques obtiennent de si piètres résultats ; l'autre motif est que les médicaments utilisés sont inefficaces et inutiles en fin de vie[13]. Comme on l'a vu, la lombalgie régionale chronique qui incite à consulter ou qui est incapacitante est une voie d'accès à cette zone de péril mortel.

La santé de la population

Atteindre l'âge de quatre-vingt-cinq ans au terme d'une vie gratifiante n'est pas un défi banal même pour ceux qui sont à l'aise dans leur statut socioéconomique et satisfaits de leur occupation. Pour ceux qui sont dépourvus de ces avantages, la vie ne dure pas aussi longtemps mais l'atteinte de son terme n'est pas un mince défi non plus. Il intervient des épisodes cliniques que la médecine contemporaine est capable d'affronter, comme les traumatismes, l'appendicite, certaines maladies infectieuses et d'autres. Il existe des maladies comme la maladie coronarienne symptomatique, l'arthrite rhumatoïde, la sclérose en plaques pour lesquelles la médecine peut offrir des avantages. Quand c'est le cas, il faut administrer des traitements valides d'une manière qui soit efficace.

Puis il y a ces très nombreuses afflictions de la vie qu'on ne peut toutes éviter et qui ne répondent pas aux traitements comme on les dispense pour la maladie; la mélancolie, le chagrin, la fatigue et le deuil sont autant d'exemples. Ce ne sont pas là des maladies, mais des parties de la vie de tous et chacun. Il existe d'autres expériences omniprésentes de souffrance que notre culture se refuse à tenir pour des péripéties de l'évolution normale de la vie; maux de tête, brûlements d'estomac, insomnie, variations du transit intestinal et plusieurs problèmes musculosquelettiques régionaux, pour en nommer quelques-uns. Eux non plus ne répondent pas au traitement des maladies parce que ce ne sont pas des maladies. En outre, toutes ces afflictions de l'existence sont perçues différemment dès qu'on les étiquette «maladie». C'est cet étiquetage qu'on appelle «la médicalisation». Cet étiquetage peut être palliatif, mais, quand il ne l'est pas, il est iatrogénique et provoque une exacerbation des symptômes. La lombalgie régionale est un exemple particulièrement éloquent de médicalisation iatrogénique.

L'État habilitant

Comme le dit si bien Neil Gilbert, un économiste de Berkeley, l'État-providence est en train d'évoluer rapidement vers l'état habilitant[14]. Ce qui ne signifie pas la disparition des programmes d'aide sociale. Les considérations économiques contemporaines portent sur la flexibilité du travail et l'ouverture de nouveaux marchés. Ce contexte va appeler des politiques d'aide sociale capables d'habiliter un plus grand nombre de gens à travailler dans l'économie en croissance dans le secteur privé.

Je ne suis pas un luddite. Je comprends que les préférences des esprits libéraux et de certains plus conservateurs convergent vers les solutions d'Hayek, vers la privatisation et le capitalisme bienveillant et ce que Gilbert appelle « l'État habilitant » qui se fait le promoteur du travail en tant que manifestation de solidarité. Cette dialectique est maintenant devenue éthique de communication. Mais, du point de vue d'un médecin qui a consacré des décennies à étudier la maladie de l'incapacité au travail, l'objectif premier du capitalisme n'est pas l'accumulation du capital ni même la recherche des avantages que procure l'accumulation du capital ; cet objectif primordial est de créer des emplois qui permettent de vivre. Si la transformation de l'État-providence en État habilitant ne valorise pas le capital humain, elle est condamnée à l'échec pour les mêmes motifs qui ont conduit Hayek à vomir le socialisme. Le capital humain signifie plus qu'une méritocratie. La valorisation du capital humain requiert une philosophie de la vie qui tolère les défaillances, qui sympathise avec les vicissitudes et qui accepte les échecs. La valorisation du capital humain met à contribution tant l'âme du poète que l'esprit de l'économiste. Sous cet éclairage, recourant à la lombalgie régionale comme exemple et à une forte dose d'humilité, je proposerai de transformer un État-providence en un État habilitant qui valorise le capital humain. Pour que cette transformation ait une chance de réussir, il faudra prendre d'assaut quelques chasses gardées contemporaines.

Placer le cheval des services de santé devant la charrue des services de santé

Dans les débats portant sur la réforme des services de santé, un objectif fait l'unanimité : la « qualité ». Si les médecins pouvaient donc pratiquer en conformité avec les normes de qualité, l'institution de la médecine américaine serait suprême et imbattable. Au contraire de la lombalgie, l'infarctus du myocarde se prête commodément tant à la définition de la maladie qu'à celle du résultat ainsi qu'au consensus en ce qui concerne le traitement optimal qu'il faut lui donner. Si c'est vraiment le cas, pourquoi la stimulation de la « qualité » du traitement des crises cardiaques avec force carottes et bâtons n'améliore-t-elle pas le résultat du traitement[15] ? Ceux qui font une idée fixe de l'amélioration de la qualité prétendent qu'il faut faire encore mieux ce que nous faisons déjà. Je réponds que ce que nous faisons est, au mieux, inutile et probablement dangereux. Ma réponse est fondée sur la documentation traitant de l'efficacité de ce que nous faisons, en dépit des connaissances établies (théories) et de l'industrie qui est vouée aux pratiques actuelles. L'approche américaine du traitement de la maladie coronarienne remporte le championnat de l'erreur médicale de type II, terme que j'emploie pour désigner le fait de faire l'inutile d'une manière impeccable. La manière de traiter la lombalgie régionale est un deuxième exemple, la chirurgie vertébrale notamment.

La qualité de la manière de faire ne saurait être un objectif en elle-même ; elle en devient un seulement quand la performance profite aux patients ! La majorité des dollars dépensés en service de santé aux États-Unis ne procurent aucun avantage aux patients. De telle sorte que bien des services qu'on fait passer pour des triomphes de la médecine américaine ne sont guère mieux qu'une fausse représentation[16]. La chirurgie de la colonne vertébrale pour la lombalgie régionale a gagné ce déshonneur. La priorité de la réforme des services de santé des Américains est d'arrêter de rembourser les services inutiles qui sont profitables. Et l'on dispose des connaissances nécessaires pour ce faire.

La preuve de l'efficacité

Les connaissances renseignant sur l'utilité distinguent entre l'efficience et l'efficacité. L'efficience vérifie si une procédure fonctionne ; l'efficacité vérifie si elle fonctionne assez bien pour qu'elle vaille la peine d'être mise en place. La seule preuve convaincante de l'efficience clinique, ou bien de l'association entre une exposition (à un médicament ou une procédure, par exemple) et un effet sur la santé, provient d'études cliniques aléatoires comportant des groupes de comparaison. Tout autre devis de recherche est plus susceptible de créer de la confusion à cause des préjugés, des biais et d'autres sources d'erreur. Ces devis alternatifs de recherche sont appelés « études d'observation ». Les études de cohorte observent un groupe de personnes pendant un certain temps, s'appuyant sur la modélisation statistique pour rechercher des associations liées à certains résultats. Les études cas-témoins recherchent les attributs des cas qui sont absents chez les gens qui n'ont pas la maladie qu'on étudie. Les études transversales prennent un cliché instantané d'une population à un moment précis, tentant de reconnaître si ceux qui sont porteurs de l'effet de santé recherché sont différents de ceux qui ne sont pas porteurs. Tous ces devis sont plus simples et fort moins coûteux que les études cliniques aléatoires, parce qu'on accepte les participants comme on les trouve. Mais tous ces devis ont des limites intrinsèques. Certaines peuvent être surmontées par la méticulosité dans la réalisation de l'étude et l'analyse de ses résultats[17], mais il n'existe pas de manœuvre qui permette de neutraliser les faiblesses intrinsèques. Les devis constituent autant de manières rapides et frustes de tester une hypothèse clinique. Quand on les réalise le mieux possible et que les résultats ne donnent lieu à aucune explosion de joie, le moment est venu de passer à une autre hypothèse. Quand le résultat est prometteur et qu'il est important, le moment est venu de passer à l'étude clinique aléatoire. Je ne suis certainement pas le seul à me méfier des études d'observation[18]. On s'en tiendra donc aux seules preuves d'efficience décelées dans les études cliniques aléatoires pour tout ce qui concerne la politique de santé.

J'ai discuté au chapitre 4 des différences entre la preuve d'un effet (efficience) et l'efficacité. La preuve de l'efficience procure l'assurance qu'une association donnée entre la consommation d'un médicament et un bon résultat clinique par exemple, dans un contexte particulier, n'est probablement pas survenue par hasard. L'efficacité concerne la question primordiale qui suit : compte tenu de l'efficience, le résultat est-il intéressant ? S'agit-il de la confirmation d'un effet qui soit assez important, assez probable et assez peu dangereux pour que je cherche à me le procurer ?

Si je vous dis détenir la preuve qu'une statine, un médicament abaissant le cholestérol, prévient les crises cardiaques, ne souhaiterez-vous pas connaître son efficacité ? Si je vous dis qu'il me faudra traiter 250 hommes en bonne santé mais avec un « cholestérol élevé » pendant cinq ans pour prévenir peut-être une crise cardiaque mais aucun décès par maladie cardiaque, seriez-vous prêt à prendre ce médicament ? Et s'il fallait que je ne traite que 75 personnes pendant la même durée pour obtenir le même résultat, accepteriez-vous l'ordonnance ? Si je dis plutôt que la consommation de ce médicament réduira de 6 % à 4 % votre risque de faire une crise cardiaque au cours des cinq prochaines années, accepterez-vous de prendre le médicament ? (J'aurais tout aussi bien pu vous dire que la réduction de 6 % à 4 % est une réduction de risque de 30 % du risque relatif, une pratique indéfendable à moins que je ne vous dise aussi que la réduction du risque absolu est 6 % – 4 % = 2 %.) Je viens tout juste de vous présenter les limites supérieure et inférieure de l'efficacité des statines en prévention primaire des crises cardiaques selon les études cliniques aléatoires[19]. Les statines préviennent les crises cardiaques chez l'homme selon une fréquence située entre 1 homme sur 70 et 1 homme sur 250 par période de cinq ans et ne préviennent aucun décès. J'aurais aussi pu dire que la réduction du risque absolu est située quelque part entre 2 % et 0,5 %. Ce niveau d'efficacité vous persuadera-t-il d'avaler une statine chaque jour pendant cinq années sinon plus ? Le feriez-vous si vous aviez à payer ce médicament de votre poche ? La manière habituelle de définir la « valeur » des choses dans les services de santé est fondée sur l'étude combinée de l'avantage, des risques et du coût. Pour l'instant, je ne tiendrai pas compte du coût, mais j'y reviendrai.

Si j'insiste autant sur la notion de l'efficacité, c'est parce qu'elle est fondamentale pour la construction d'un système de soins de santé qui soit rationnel. Les discussions publiques de cette question varient de la luminosité la plus intense aux platitudes les plus niaises, ce qui peut donner lieu à une confusion que le marketing sait admirablement exploiter et pas dans la seule publicité directe aux consommateurs. On a même eu droit à une étude clinique aléatoire des différentes façons de décrire l'efficacité[20]. On a demandé à un grand nombre de personnes d'estimer la valeur d'un médicament à consommer pendant cinq ans pour prévenir une crise cardiaque, dont l'efficacité était décrite de trois manières distinctes : retard de la crise de deux mois parmi tous les gens traités, retard de huit mois pour un patient sur quatre ou prévention d'une crise cardiaque pour une personne parmi treize patients. Pour la première description de l'efficacité, 69 % des interrogés ont répondu qu'ils prendraient la pilule ; pour la seconde, 82 % consentaient à la prendre ; pour la dernière, 93 % étaient d'accord.

Il va de soi que ces trois présentations disent la même chose. Mais, dans la troisième présentation, le « nombre qu'il faut traiter » (NFT) s'avère plus persuasif. La psychologie cognitive dit que deux influences pèsent sur la manière dont on comprend le risque[21]. La première est liée au système analytique qu'on a élaboré à partir des notions mathématiques qu'on maîtrise. La deuxième est liée aux émotions. Des interactions multiples et complexes entre ces deux sources d'influence résulte ce qu'on tient pour un comportement rationnel. Je ne suis pas certain que le fait d'être persuadé par le NFT soit le plus rationnel de tous les choix possibles, mais il est manifeste que cela reste ce qui est le plus consonnant avec la notion de risque que la majorité adopte. Pour ma part, je préfère connaître les données pour en tirer la réduction du risque absolu. Et une réduction du risque absolu de 2 % suppose un NFT d'environ 50 tandis qu'une réduction de 5 % signifie un NFT d'environ 20, de sorte que les participants de l'étude aléatoire et moi nous retrouvons dans la même zone d'estimation. Mais ceux qui se contentent des seules informations décrivant l'efficience, sans tenir compte de l'efficacité, ne jouent pas dans la même ligue.

C'est l'efficience, et non pas l'efficacité, qui constitue la première préoccupation des analyses systématiques de la Collaboration Cochrane, tout comme elle reste le facteur critique des décisions concernant les autorisations de mise en marché des produits pharmaceutiques par la FDA. L'efficience, et non pas l'efficacité, constitue l'hypothèse testée dans presque toutes les études cliniques aléatoires. Parmi tous les organismes du monde de la médecine factuelle, seul le club de lecture de l'American College of Physicians attache de l'importance à l'efficacité en fournissant le calcul du NFT. Récemment, le US Task Force on Preventive Services a commencé à l'imiter. Il existe une justification utilitaire pour accepter la validité d'une petite efficacité, qui, pour paraître insignifiante pour un particulier, peut s'avérer substantielle pour une population prise dans son ensemble. D'où le fait qu'un NFT de 250, comme dans l'exemple, puisse profiter à plusieurs quand on traite des millions de personnes. Le fait de généraliser au fardeau de maladie d'une population les conclusions dérivées d'une étude clinique aléatoire découle des travaux de pionnier de G. Rose[22], mais recourt aussi à des raccourcis que je ne saurais accepter. Car cette manière de faire suppose qu'un essai clinique aléatoire puisse être rendu assez puissant, au sens statistique de ce terme, pour reconnaître d'une manière fiable de petits effets. Comme je l'ai dit au chapitre 4, il persiste des erreurs inévita-

bles et impossibles à mesurer qui sont liées aux méthodes d'allocation aléatoire des participants et ces erreurs devraient inquiéter les
gens tout autant qu'elles m'incitent au scepticisme.

Si l'on parvenait à renforcer les études pour détecter de grosses
différences d'efficience, fondées sur une définition consensuelle préa-
lablement arrêtée de ce qui serait valable, la taille, la durée et le coût
des études cliniques aléatoires baisseraient substantiellement en
même temps qu'augmenterait la reproductibilité de leurs résultats. Il
suffirait de quelques études de grande efficacité pour faire la preuve
de l'efficience dans des sous-groupes de patients, les jeunes, les vieux,
qu'ils soient sujets à confusion ou pas. On cesserait d'étudier pendant des années des dizaines de milliers de personnes dans l'espoir de
déceler la preuve d'un petit effet à partir du dragage d'un marécage
de données. Une grande efficience (un gros effet) ne saurait manquer
de faire ressortir l'efficacité même dans ces sous-groupes.

La principale objection formulée à l'encontre d'essais cliniques aléatoires capables de trouver pareilles preuves de l'efficience est
liée à la reconnaissance des effets secondaires indésirables. Car de tels
essais ne pourraient pas reconnaître des effets indésirables qui
seraient presque aussi fréquents que l'effet thérapeutique étudié, ou
qui seraient fréquents chez les gens qui n'auraient pas satisfait les
critères d'admissibilité pour participer à une étude (comme le fait
d'être trop jeune ou trop vieux, ou bien d'avoir des maladies concomitantes). Il s'agit de la conséquence du principe premier, « d'abord,
ne pas nuire[23] » et cela est important. Les essais cliniques aléatoires de
l'efficience donnent toutefois une estimation des effets indésirables
les plus fréquents survenant à court terme.

La seule manière de surveiller la présence d'effets indésirables
plus rares ou de moindre gravité dans tous les sous-groupes de la
population est de recourir à une pharmacovigilance bien structurée
et efficace. Il s'agit là d'une des nombreuses recommandations présentées en 2007 par l'Institute of Medicine, dans le contexte d'une
réorganisation de la FDA et d'une révision de ses responsabilités de
régulateur, auxquelles la FDA a commencé à répondre[24]. Il existe une
proposition d'organiser, au sein de l'Administration des vétérans, un
projet pilote dans lequel on surveillerait les médicaments sous ordonnance et leurs résultats cliniques, ce qui serait possible en raison du

fait que ce système est construit selon le principe du payeur unique. La proposition de réforme que je présente plus loin comporte une approche encore plus large de la pharmacovigilance.

Les dispositifs, les procédures et le rapport risques/avantages

La troisième institution qu'il faut affronter est celle de l'industrie qui soutient la conception et la construction des nouveaux appareils médicaux. Le jugement de la Cour suprême *Riegel vs Medtronic* écarte la contestation judiciaire de la question de la sécurité des appareils, comme on l'a vu au chapitre 6. Il n'est pas exclu qu'il y aura d'autres poursuites liées à des fautes de construction, sinon des erreurs de manipulation, mais la Cour suprême postule que l'autorisation de mise en marché d'un appareil par la FDA constitue une assurance de premier ordre de l'innocuité d'un appareil. La garantie de son efficacité est une question secondaire que la FDA délaisse au jugement et à la compétence de celui qui fait fonctionner l'appareil. Je me demande si les juges de la Cour suprême seront toujours de cet avis après avoir lu le chapitre 6 de cet ouvrage. Par contre, les recours civils devant les tribunaux constituent un remède inefficace. Cela est inefficace au plan de la procédure puisque le jugement d'un tribunal peut n'avoir aucune valeur jurisprudentielle pour un autre. Les litiges en responsabilité civile constituent une pilule difficile à avaler lors du processus judiciaire quand ce sont des appareils médicaux qui sont en cause ; la distinction entre un effet indésirable et un résultat indésirable est rarement sans équivoque dans un cas particulier.

Le temps est venu, tant pour la FDA que pour le public, d'exiger la même rigueur pour autoriser la mise en marché des dispositifs utilisés dans les traitements facultatifs qu'on le fait pour les produits pharmaceutiques. Ce qui signifie que la preuve scientifique de l'efficience est un préalable à l'autorisation. Quand il existe un appareil du même type qui a déjà fait ses preuves, on devrait exiger un essai clinique aléatoire faisant la preuve de la justesse du passage de l'ancien appareil au nouveau en même temps qu'on imposera la surveillance continue pour les effets secondaires indésirables survenant avec le temps, une fois la mise en marché autorisée. Un exemple de ceci est le matériel requis pour procéder au remplacement complet de la hanche. On ne devrait jamais autoriser la mise en marché d'un nouvel appareil quand le résultat de l'essai clinique aléatoire est plus petit qu'une amélioration significative du résultat par rapport au traitement habituel qui est utilisé ; un résultat suggérant une « équivalence d'efficience » dans le court terme ne saurait justifier d'encourir l'incertitude liée aux problèmes qui peuvent survenir dans l'avenir. Je ne puis accepter de soutenir l'innovation pour l'innovation[25].

Je me méfie aussi beaucoup des essais simultanés. Quand il existe un appareil (ou un médicament) qui est très efficace, il devient alors l'étalon de référence pour le traitement. Les études cliniques aléatoires doivent comparer le nouvel appareil à cet étalon de référence. Il serait contraire à l'éthique de comparer le nouvel appareil à un placebo parce que, ce faisant, on priverait le groupe de comparaison d'un traitement connu pour être efficace pour leur maladie. L'étude clinique aléatoire d'un nouvel appareil représente un défi éthique aussi exigeant que celui de mettre des patients sous placebo. Avant de procéder à une telle étude, il faut résoudre deux problèmes : Quelle est la solidité de l'étalon de référence ? Quel avantage d'efficience doit-on exiger du nouvel appareil pour qu'il supplante l'étalon de référence ? Quand l'étalon de référence est à peine efficace, la démonstration que le nouvel appareil ne fait pas mieux pose tout un problème de logique. Quand l'étalon de référence est déjà efficace, combien plus efficace doit être le nouvel appareil pour justifier l'exposition de patients à des risques futurs encore inconnus ?

L'histoire de l'introduction des interventions chirurgicales pour traiter la lombalgie est un bel exemple (chapitre 6). Puisqu'il n'y a pratiquement pas d'intervention qui se soit avérée efficiente, il n'existe pas d'intervention qui puisse servir d'étalon de référence. Les normes de qualité des soins sont fondées sur des consensus plutôt que sur la connaissance. Et nombreuses sont les études dans lesquelles on compare l'ingéniosité du chercheur avec sa conception de ce que devrait être le soin optimal. Toutes les nouvelles manières d'extraire les disques, de fusionner les vertèbres et de remplacer des disques ont été comparées avec les procédures courantes, donnant lieu à des résultats équivoques en matière d'efficacité. Immanquablement, le chercheur conclut au succès parce que sa procédure ne s'est pas avérée pire que les procédures courantes mais se trouverait plus solidement fondée sur le plan théorique, ce qui renvoie, en vérité, aux préjugés du chercheur.

Toute suggestion qu'une étude clinique au placebo soit nécessaire pour établir l'efficacité est tenue pour être blasphématoire sur le plan de l'éthique, comme si le résultat était une question de vie ou de mort. Quand il s'agit vraiment d'une question de vie ou de mort, le moins qu'on puisse faire est d'administrer précisément le soin qui sert d'étalon de référence. Mais les interventions pour la lombalgie sont conçues pour soulager la lombalgie et améliorer le fonctionnement et les interventions sont encore plus sujettes à l'effet placebo que ne le sont les médicaments et les traitements physiques (chapitre 5). Un essai clinique aléatoire comparant une intervention envahissante avec un placebo qui n'est pas envahissant introduit un préjugé puissant en faveur de l'efficience de l'intervention. La seule manière de neutraliser ce préjugé est le recours à une fausse intervention et il existe des précédents de ce type d'études, le premier et le plus éloquent provenant de la cardiologie d'intervention[26]. Longue est l'histoire des interventions chirurgicales pour l'angine de poitrine. Dans les années 1950, la bonne idée était de ligaturer l'artère mammaire interne qui pouvait concurrencer l'irrigation artérielle de la partie antérieure externe du cœur. Cette ligature améliora grandement les patients et stimula l'audace de leurs chirurgiens. Puis survint un essai aléatoire avec groupe contrôle sous fausse intervention et double insu[27]. Ni les patients ni ceux qui avaient à évaluer les résultats postopératoires ne savaient si la cicatrice du thorax n'était que de l'épaisseur de la peau. On a trouvé que les patients qui n'avaient subi que l'incision de la peau s'en tiraient aussi bien que ceux dont on avait ligaturé l'artère mammaire interne. Cette procédure fut enterrée et le monde médical découvrit l'importance du placebo en chirurgie dont les bioéthiciens parlent avec grande éloquence depuis. Il advint que les chirurgiens participant à cette étude n'avaient pas prévenu leurs patients qu'ils étaient intégrés dans une étude clinique aléatoire. Si on le leur avait dit, auraient-ils accepté de participer ?

Depuis ce temps, les chirurgiens soutiennent qu'une fausse opération est intrinsèquement nuisible, donc incompatible avec l'éthique. Le fait de proposer des témoins pour leur faire subir une fausse opération est devenu un vrai brûlot que bien peu se sentent prêts à aborder sur le terrain des faits, quitte à en discourir à profusion sur celui des théories. Mais il s'en trouve quelques-uns qui ont donné des résultats fort précieux. Un exemple est fourni par l'étude clinique avec fausse opération IDET, de la sonde qu'on a discutée au chapitre 6 qu'on introduisait dans un disque intervertébral pour le chauffer. Il y eut plusieurs études utilisant la fausse opération pour tester l'injection dans plusieurs éléments de la structure anatomique de la colonne vertébrale, pour traiter la lombalgie; aucun de ces traitements qui s'est avéré efficace, pas plus que les traitements où le comparateur n'était pas envahissant[28]. Un autre étude comportant une fausse opération a évalué l'efficacité de la chirurgie arthroscopique pour le traitement de l'ostéoarthrite douloureuse du genou[29]. Les participants ont été bien informés de la nature de l'étude. Un peu plus de la moitié de ceux qui étaient admissibles à l'étude de l'arthroscopie se sont portés volontaires, ce qui constitue un taux de refus un peu plus élevé que pour les essais de médicaments, mais pas tant que cela. Je suis d'accord avec les propositions de Franklin Miller, un éthicien des Instituts nationaux de la santé[30]. Quand il n'existe pas de comparateur actif, si les risques de la fausse opération sont minimisés, si le consentement est vraiment éclairé et si les risques sont contrebalancés correctement par l'importance scientifique des faits découverts, les essais cliniques aléatoires comportant une fausse opération sont conformes aux règles de l'éthique. En vérité, compte tenu des tragédies que sont la chirurgie contemporaine de la colonne vertébrale et la cardiologie d'intervention[31], ce sont l'autorisation de mise en marché de dispositifs implantables et l'endossement des procédures invasives en l'absence de toute évaluation scientifique qui violent l'éthique.

Les normes à respecter pour autoriser la mise en marché des dispositifs et des interventions chirurgicales électives par la FDA devraient être les mêmes que celles qu'on utilise pour les innovations pharmaceutiques. Nous, les professionnels et la population, devons maîtriser les motifs appelant cette rigueur.

La clinimétrie orientée vers les patients et les organismes contractuels de recherche

La dernière institution que nous avons à traiter dans cette section est jeune: l'organisme contractuel de recherche (OCR). La demande d'autorisation de mise en marché d'un nouveau médicament à la FDA est un document imposant. En son centre, on trouve l'analyse d'au moins un essai clinique aléatoire qui a fourni la preuve statistique que le nouveau médicament est aussi bon, sinon meilleur, qu'un médicament existant. L'émission de l'autorisation de mise en marché comporte le fait de persuader la FDA que cette preuve est solide et que le besoin pour le médicament est bien réel. De nos jours, pour la plupart des demandes d'autorisation, le manufacturier a confié à la sous-traitance la responsabilité de préparer le document de présentation, y compris la réalisation de l'étude clinique aléatoire. La préparation des demandes d'autorisation a donné naissance à une industrie multimilliardaire comprenant des entreprises qui font les études cliniques, qui en analysent les données et qui soutiennent les fabricants de médicaments dans la préparation et la défense des demandes d'autorisation.

Il existe plusieurs OCR dont certains sont intégrés à des centres universitaires de santé. J'ai eu et exprimé mes inquiétudes en rapport avec ce type d'arrangement dès le départ, et j'étais là au début. Le patriarche des OCR a été Dennis Gillings, qui était jeune professeur avec moi, un collègue collaborant à la réalisation de projets de recherche et à la rédaction d'un livre avant que ses activités de consultant pour l'industrie pharmaceutique ne deviennent Quintiles Transnational Inc. Mes appréhensions à propos du mariage de l'industrie pharmaceutique avec les OCR étaient liées aux conflits d'intérêts. On a tellement écrit sur ce sujet que je n'ai pas à dénoncer la manière dont le plan d'affaires de l'industrie pharmaceutique est mû par la recherche du profit et les marges bénéficiaires. L'OCR est au service de ce modèle de fonctionnement.

Alors que le scientifique teste des hypothèses nulles, postulant un résultat négatif et tenant pour une bonne surprise un résultat positif, l'homme d'affaires souhaite et attend un résultat positif et est fort déçu lorsqu'il ne survient pas ; il arrive souvent que ce désappointement soit aussi fort coûteux. On peut donc concevoir que les réactions d'entreprise du manufacturier de médicaments et de l'OCR seront plus ouvertes à la continuité des relations d'affaires en présence de résultats positifs qu'en contexte de résultats négatifs. Un résultat négatif pourrait augmenter l'attrait d'un OCR concurrent. Compte tenu du rôle du jugement dans l'analyse des énormes banques de données que produisent tant d'études cliniques aléatoires, on n'a pas besoin de postuler malhonnêteté ni malveillance pour concevoir qu'il puisse y avoir des préjugés à l'œuvre. Ce n'est pas un mystère que les études soutenues par l'industrie soient plus fréquemment positives que les autres lorsqu'on compare des essais d'un même médicament, ou d'une même classe de médicaments, réalisés par l'industrie avec ceux qui sont réalisés par la recherche indépendante. J'ai illustré ce phénomène beaucoup plus largement que pour la seule lombalgie chronique dans *Malades d'inquiétude*[32].

Nous sommes en voie d'institutionnaliser les conflits d'intérêts. Tout commence avec la manière de confier à la sous-traitance la responsabilité de faire les études cliniques aléatoires, puis rejoint les centres universitaires de santé[33], atteignant finalement les médecins en pratique par l'intermédiare des «leaders d'opinion» (maîtres à penser). Je ne saurais rien approuver de tout cela[34]. On peut corriger le tir en remontant aux origines. Il serait déjà énorme de s'en tenir à la seule exigence d'études de l'efficacité. Il est beaucoup plus ardu de tripoter les données pour en extraire un gros effet que pour obtenir un petit effet, ce qui explique le dédain avec lequel j'accueille le dernier.

En conformité avec l'éthique communautariste contemporaine, j'estime sensé que les sociétés pharmaceutiques se retrouvent dans le secteur privé. Autoriser la mise en marché de leurs produits, par contre, est une responsabilité qui relève du secteur public et je soutiens que la réalisation des essais cliniques aléatoires est aussi une responsabilité du secteur public. Je recommande l'organisation de centres de clinimétrie dans les facultés de médecine et la constitution de commissions nationales d'orientation des essais cliniques. Toutes ces entités devraient être composées d'universitaires se consacrant aux questions pertinentes en épidémiologie. Il n'y a pas de pénurie d'universitaires compétents et disponibles. En outre, cet effort pourrait s'avérer infiniment plus compatible avec la mission de l'université en améliorant l'efficacité plutôt qu'en servant la profitabilité. Les fonds requis pour payer le personnel devraient provenir des coffres du gouvernement fédéral : ces coûts seront amplement compensés par les économies qui découleront de l'exclusion, des armoires de pilules de la nation, des médicaments inefficaces et de ceux d'imitation. Les commissions d'orientation classeront par ordre d'importance les études cliniques en fonction des besoins et des perspectives d'avenir des nouveaux produits, offrant ainsi aux centres de clinimétrie la possibilité de se faire concurrence pour faire les études. Les centres de clinimétrie fonctionneront comme des OCR publics et seront les seuls autorisés à préparer et à proposer des protocoles d'évaluation de nouveaux médicaments. Quand nous étions jeunes, longtemps avant qu'il ne fonde Quintiles, Dennis Gillings et moi avions conçu un protocole très efficace de conception d'essai clinique aléatoire, dans lequel on tenait un petit nombre de centres, chacun ayant recruté un petit nombre de sujets, pour autant de nœuds individualisés de données[35]. Ce type de construction autorise la généralisation de la portée des résultats tout en simplifiant les procédures d'usage courant de nos jours, ce qui en augmente considérablement l'efficience.

L'industrie de l'assurance et la pluralité des risques moraux

L'industrie de l'assurance constitue sa propre forteresse mais il faut y faire face. Une croyance très répandue veut que les sociétés d'assurance maladie aient nos intérêts à cœur et en fassent la priorité de leurs plans d'affaires. Je partageais, moi aussi, cette illusion quand j'ai entrepris, il y a une décennie, d'étudier par moi-même le système des services de santé des États-Unis. On m'avait invité à m'adresser à plusieurs comités du Congrès, au Conseil aviseur de la sécurité sociale et à d'autres agences fédérales, au National Business Group on Health et à plusieurs réunions de la National League of Cities. Plusieurs responsables des avantages sociaux des sociétés de Fortune 50 m'ont parrainé. C'est alors que j'ai été invité à passer du temps avec des chefs de file de l'assurance maladie comme William McGuire (alors avec United Healthcare), des membres du Consortium Health Group (Blue Cross et Blue Shield), des dirigeants de Cigna et leurs plus gros clients et d'autres encore. Maintenant, il ne me reste plus un seul vestige de naïveté. Les besoins, souhaits, attentes des clients, des réclamants et des bénéficiaires sont à peine perceptibles et certainement pas très prioritaires ni pour les modèles d'affaires des entreprises ni pour leurs préoccupations d'ordre éthique. On se fait tous embobiner.

La majorité des gens des États-Unis qui détiennent une assurance maladie ou une assurance contre les accidents du travail sont assurés par leur employeur et servis par une société d'assurance. Une minorité s'assure par elle-même et se trouve servie par une société d'assurance maladie. Si je requiers une transplantation cardiaque, Blue Cross et Blue Shield de la Caroline du Nord vont transférer le coût de 500 000 $ à mon employeur, l'État de la Caroline du Nord, l'ajoutant à la prime d'assurance. La société d'assurance négocie un tarif, un pourcentage du coût total, et prélève ce tarif des sommes qui passent de l'employeur aux fournisseurs de services. Si j'étais un travailleur autonome et que j'avais acheté ma propre police d'assurance, c'est le collectif des assurés qui devrait assumer la dépense additionnelle liée à la transplantation cardiaque. C'est ce qui explique que ma propre police coûte environ 6 000 $ à l'État chaque année, alors qu'il m'en coûterait de trois à quatre fois plus si je devais l'acheter par moi-même. Mais c'est là le moins abominable de ses défauts.

La prépondérance du premier arrangement, celui en vertu duquel l'employeur est, en vérité, son propre assureur, crée un conflit d'intérêts pour l'assureur. Quand on dépense plus d'argent en services de santé, il rentre encore plus de fric dans les coffres de l'assureur servant à payer les salaires plantureux et autres frais administratifs qui sont devenus des traits distinctifs de cette industrie, qu'elle soit à but lucratif ou pas. Pourquoi croyez-vous que les compagnies d'assurance maladie sont si zélées à faire la promotion du dépistage des maladies ou bien encore à rembourser les plus dispendieux des produits d'imitation, des appareils non éprouvés et des procédures? Presque tous les dépistages, de celui du cholestérol à celui du cancer de la prostate, à la mammographie, ne procurent aux dépistés que des avantages minuscules, quand ils le font, mais profitent plantureusement à ceux qui font les dépistages, et encore plus à ceux qui les remboursent.

Les Centers of Medicare and Medicaid Services (CMS), l'organisme fédéral qui administre Medicare, sont l'objet de pressions politiques colossales à propos de ce qui devrait être assuré et à quel prix. Vivement qu'advienne le système d'assurance doté d'un payeur unique! Au centre de la discorde se trouve la question de savoir qui décide ce qui sera payé et combien on paiera. Imaginons l'escalade d'activités des démarcheurs et des comités d'organisation politique si le payeur unique devenait un organisme du gouvernement fédéral. Les organismes de promotion de la santé (HMO) n'y échappent pas non plus. Des dirigeants de Kaiser de la côte Ouest se sont, une fois, amenés en avion à Chapel Hill pour discuter de la gestion rationnelle de la lombalgie et d'autres problèmes. Je leur ai demandé pourquoi ils offraient le dépistage du cancer de la prostate alors qu'ils connaissaient très bien les limites de ce dépistage et ses conséquences pour leur clientèle, sans oublier leur budget. Leur réponse était que les entreprises concurrentes de leur communauté les accuseraient de rationner sur la fourniture des services, ce qui leur vaudrait un avantage concurrentiel.

Puis on trouve le plus fameux des modèles d'assurance : celui des accidents et de la compensation des travailleurs. Encore là, la majorité de la dépense est prise en charge par les grands employeurs qui assurent les plus grands bassins de main-d'œuvre. Encore là, plus nombreuses sont les réclamations, plus c'est payant pour la compagnie d'assurance. Cette industrie a, par contre, un modèle actuariel pour l'assurance invalidité. Son modèle d'affaires exige donc que tous les fonds nécessaires pour rembourser la rente d'invalidité, pendant toute la durée de l'invalidité, soient collectés dès le début de la couverture. Ces entreprises ont des trésors de guerre dont on n'entend parler qu'en périodes de récession, quand leurs investissements obtiennent de piètres rendements. Tant qu'une entreprise peut payer ses primes, il n'existe aucun incitatif pour les fournisseurs d'assurance contre les accidents du travail, pour réformer la définition de l'amélioration médicale maximale et le cirque de la détermination de l'invalidité dont on a déjà parlé. Ces opérations restent de véritables planches à billets pour l'industrie de l'assurance contre les accidents du travail.

La justification de l'assurance est qu'on partage le risque des catastrophes qui peuvent s'abattre sur n'importe qui d'entre nous. Dans les débuts de l'assurance, on craignait qu'un assuré en manque d'argent pourrait incendier sa maison, le soi-disant argument du risque moral. Le concept du risque moral ne vaudrait que pour le réclamant. Ce n'est pas ma manière de voir les choses. Le risque moral est beaucoup plus pertinent pour tous les autres détenteurs d'enjeux, comme Kafka l'avait d'ailleurs très bien compris.

On a écrit abondamment à propos des disparités en services de santé, insistant habituellement sur les inégalités de l'accès aux services. Nous avons étudié une autre inégalité : quand on est réclamant d'une indemnisation pour incapacité au travail parce qu'on souffre d'une « blessure » régionale du dos, dans la recherche de l'amélioration médicale maximale, on a droit à tout ce qui est disponible pour guérir sa blessure. Il est hors de question de refuser tout traitement, ce qui serait faire preuve d'un bon jugement ; c'est au contraire le signe d'un refus de collaboration au traitement. Ce qui ajoute encore plus d'iatrogénie à toute celle qui menace déjà quiconque souffre de lombalgie. Il est absurde de stratifier l'accès aux meilleurs soins qu'on puisse se procurer. Un système de santé rationnel rend accessible à tous tout service valide et efficace.

Nous avons déjà vu l'analyse raisonnée fondant la détermination de l'invalidité sur la quantification de l'infirmité. Il n'y a pas de justification. Il est tout simplement incorrect de décider que quelqu'un est invalide en se basant sur la gravité perceptible d'une maladie reconnaissable. Cela devrait être relégué aux oubliettes de l'histoire et l'industrie qui la soutient ne mérite rien d'autre qu'un appel de note. Car il existe infiniment mieux.

Pour finir, un mot de l'assurance en responsabilité civile. On connaît un tas de choses sur l'expérience de maladie et sur la réparation des torts découlant d'une blessure personnelle ; il est par contre manifeste qu'il s'agit là de deux expériences de la vie qui sont incompatibles. La première requiert la mobilisation des capacités de surmonter tandis que la seconde appelle la maximisation de la souffrance. L'allègement des symptômes est un triomphe pour la première et une proposition coûteuse pour la deuxième. C'est le régime sans égard à la faute qui constitue la solution.

La promotion de la santé et l'assurance maladie

Cela fait longtemps que je tente de mettre au point une manière de lancer une réforme rationnelle du système de santé en m'appuyant sur les considérations que j'ai présentées. Cet effort est soutenu par la compréhension des contraintes politiques qui pèsent sur le jugement clinique et le soin du malade et qui émanent des systèmes de compensation des travailleurs de huit autres pays. En outre, il tient compte de la médicalisation ainsi que de l'erreur médicale de type II dont j'ai parlé dans mes livres précédents ainsi que de tous les problèmes nouveaux traités dans cet ouvrage.

La plupart des modèles de réforme ne sont pas viables en raison des contraintes fiscales et politiques. J'en ai présenté des versions préliminaires à plusieurs universitaires et plusieurs agences gouvernementales. J'ai aussi fait paraître une version préliminaire conçue comme une solution de rechange au secteur privé qui pourrait être mise à la disposition des travailleurs non assurés[36]. Je n'ai reçu aucune critique de cette proposition, mais c'est sans surprise que j'ai vu se poindre les pressions pour l'anéantir même au sein du seul État qui soit tolérant pour toute législation s'adressant aux travailleurs non assurés. Je sais bien que ce que je propose n'est pas du fignolage, mais signifie un bouleversement qui aura des répercussions sérieuses sur les revenus et le train de vie de presque tous ceux qui profitent du *statu quo*. Il s'en trouve bien peu qui en tireront des avantages financiers. Par contre, tous trouveront leur rôle clarifié dans une institution mue par une éthique communautariste qui place la santé et le bien-être des citoyens devant toute autre considération. Tous tireront gratitude et respect d'appartenir à une profession de services qui rend vraiment service. La fierté et le plaisir que procure ce travail, qui se sont évanouis au cours des cinquante dernières années, seront de retour. Il se peut que je ne vive pas assez longtemps pour en voir la mise en vigueur intégrale, mais j'espère en voir l'amorce.

Compte tenu de l'expérience de la réforme du secteur privé, je propose un système fondé sur l'État pour la promotion de la santé et l'assurance maladie. Les États moins peuplés pourront avoir à collaborer pour atteindre la masse critique d'au moins 10 millions de personnes, mais ce qui importe, c'est que le système national fonctionne comme un conglomérat d'unités fonctionnelles et indépendantes. Cela n'a rien à voir avec les préoccupations du marché ; je n'ai pas besoin de démontrer encore une fois que les principes du marché libre ne s'appliquent aucunement aux services de santé des États-Unis. Il s'agit plutôt de concevoir un système capable de soutenir les diverses philosophies du bien-être contenues dans cette réforme.

Chaque État va créer un fonds d'habilitation. Vu les précédents, il sera probablement plus acceptable de le constituer à partir d'un prélèvement sur la masse salariale (12 %), mais il pourrait tout aussi bien être alimenté par l'impôt sur le revenu. À titre de comparaison, il s'agit d'une somme beaucoup plus modeste que ce que nous dépensons présentement pour «l'assurance santé». Les fonds seront répartis en deux comptes: un compte pour l'assurance maladie et un compte pour la protection de la santé. Le compte de l'assurance maladie constitue un mécanisme de partage des risques dont l'objet est de remplacer l'assurance santé comme nous la connaissons présentement pour tous les citoyens, jusqu'à ce qu'ils deviennent admissibles à l'assurance fédérale Medicare. Le compte de la protection de la santé ne constitue pas un mécanisme de partage des risques. On y dépose tout l'argent du compte de l'assurance maladie qui n'a pas été dépensé. Et la propriété du compte de protection de la santé est établie selon les contributions de chaque participant. Les ressources du compte de la protection de la santé sont disponibles pour se procurer des services autorisés par l'État en relation avec la santé et qui ne sont pas déjà remboursés par le compte de l'assurance maladie. Tout cela devient plus clair un peu plus loin.

Le compte d'assurance maladie

Le cerveau chargé de la responsabilité de gérer le compte de l'assurance maladie est le même centre de clinimétrie qu'on a déjà présenté et qui collabore à la réalisation des études cliniques aléatoires multicentres de l'efficacité des soins. Le procédé doit autant que possible être à l'abri des conflits d'intérêts. Deux protections sont incorporées dans le système. Le premier est celui qui permet de faire la comparaison des décisions administratives provenant de tous les États. Le second découle des obligations fiduciaires des centres de clinimétrie. La quantité des fonds d'habilitation est déterminée par la taille du produit intérieur brut de chaque État. L'administration du compte d'assurance maladie ne peut dépenser plus que les fonds qui sont mis à sa disposition. En outre, l'administration ne peut se livrer à l'épargne des fonds puisque les fonds qui n'ont pas été dépensés dans le compte de l'assurance maladie sont versés au compte de la protection de la santé. Il existera néanmoins des règlements rendant illégaux l'acceptation de cadeaux et l'encaissement d'honoraires de consultants et des prestations analogues. L'équipe professionnelle des centres de clinimétrie comptera des épidémiologistes et des biostatisticiens à temps plein ainsi qu'un groupe de cliniciens formés en épidémiologie, intervenant en rotation. Comme on l'a déjà dit, ce n'est pas la main-d'œuvre qui manque.

Le principe fondamental déterminant l'orientation du compte d'assurance maladie est de rembourser tout ce qui a fait la preuve de son efficacité. Il s'agit de calculer le nombre qu'il faut traiter (NFT) sur la foi des rapports de la Collaboration Cochrane, du Journal Club de l'American College of Physicians, du dépôt des données des essais de la FDA et de toute autre information pouvant être pertinente, évitant la répétition de recherches déjà en cours ou la répétition de la démonstration d'évidences déjà bien établies. Le choix des valeurs du NFT à retenir pour maximiser l'efficacité devra recevoir le consentement de chaque centre de clinimétrie.

1. Comme on l'a vu dans les exemples déjà mentionnés, l'ordre de grandeur des effets mesurés dans diverses études réalisées pour trouver la preuve d'une efficacité est très variable. C'est ce qui explique qu'il existe un registre de valeurs pour les NFT.

2. De quel ordre de grandeur doit être un NFT pour persuader que son efficacité clinique est significative ? Pour ma part, et pour la plupart de ceux qui connaissent bien cette manière de faire, je pense qu'un NFT égal à cinquante représente la limite supérieure de ce qui est fiable et significatif. Cela signifie qu'un médecin devra traiter cinquante personnes pour que l'une d'entre elles ait une bonne chance d'être aidée. Je préférerais, pour ma part, un NFT de vingt et moins. Mais il s'agit là d'un problème de philosophie (et de coût, comme on le verra) et aussi d'un problème lié à l'effet qu'il faut mesurer. Ces valeurs sont défendables quand le résultat est sans équivoque, comme le décès, la crise cardiaque, la maladie rénale en phase terminale, etc. Encore faut-il que cet effet soit significatif dans le contexte de l'épidémiologie du décours de la vie. Si une intervention sauve la vie d'une personne sur vingt de la mort par cancer du côlon mais ne protège aucunement contre le risque de mourir au même moment de n'importe quelle autre cause, le NFT significatif n'est plus de vingt, puisqu'il n'y a pas de résultat significatif. Un décès est un décès.

3. Les NFT pour des résultats de substitution sont plus problématiques. Quel niveau d'amélioration faut-il produire chez des patients souffrant d'arthrite rhumatoïde et combien de patients faudra-t-il traiter avant de pouvoir décider que l'amélioration obtenue est significative? Cette conclusion dépend en partie de la validité et de la fiabilité de la mesure subjective d'amélioration. Quand on dispose d'une mesure raisonnablement fiable, combien doit-il y avoir de patients de plus qui s'améliorent lorsqu'on les traite avec un médicament actif, par comparaison à ceux qu'on traite avec un vieux médicament ou bien un placebo, pour conclure à une amélioration significative? Ici encore, il faut disposer d'un consensus à propos de ces valeurs et de leur pertinence pour l'efficacité clinique avant de pouvoir faire progresser la modélisation clinique[37]. Ces consensus sont toujours plus exigeants que pour les résultats sans équivoque; des NFT de cinq sont plus probables.

4. La détermination et l'analyse des NFT doivent être faites pour un grand nombre d'interventions mais ce nombre est défini et elles doivent être reprises périodiquement, au fur et à mesure où paraissent de nouvelles données. J'estime qu'un centre de clinimétrie bien équipé pourrait faire face au quart de cette commande sur une base annuelle. Il faut comprendre que la plupart des analyses concluent à l'absence ou au défaut de preuves concluantes, ce qui rend superfétatoire toute tentative de déterminer l'efficacité.

Les centres de clinimétrie ont deux autres fonctions à remplir pour le compte d'assurance maladie. Tout d'abord, une bonne partie de la médecine qu'on tient pour « pratique habituelle » n'a jamais été soumise à une évaluation scientifique et ne le sera probablement jamais. Faut-il alors la rembourser et à quel point? Ensuite, le centre doit collaborer avec le comité national qui coordonne tous les essais cliniques aléatoires évaluant l'efficacité des nouveaux équipements et médicaments.

Un bel exemple de la pratique habituelle est l'entrevue clinique. L'entrevue clinique est l'essence même de l'acte de traitement médical. On doit écouter la « plainte principale » puis la situer dans le contexte clinique et agir sur ce contexte. La plus grande partie de ce processus peut être évaluée en matière d'efficience, d'efficacité, de fiabilité et d'utilité. Mais tout ne peut pas être évalué. L'entrevue clinique fait beaucoup plus que collecter les informations nécessaires pour le diagnostic différentiel : elle établit la confiance qui est requise pour la prise de décision médicale. Il est vrai que la décision médicale est simplifiée quand on purge les listes des services remboursés, de tous les services inefficaces. D'autres pensent que les instruments informatiques de soutien à la prise de décision sont la solution, mais je suis un sceptique déterminé et je me trouve en bonne compagnie[38].

Je crains que les « aides à la décision » ne soient utiles que lorsque la décision clinique se prête au type d'étude analytique que les centres de clinimétrie utilisent pour mesurer l'efficacité d'un traitement. En ce sens, le centre de clinimétrie aide à la prise de décision. L'expérience de la maladie est beaucoup plus vaste et complexe cependant, de la sémiotique à la prise de décision, dans un contexte où les données nécessaires ne sont pas disponibles. C'est alors qu'on a besoin d'un médecin. Comme le soutient Robert McNutt, pour que le patient demeure le pilote, il doit avoir accès à un navigateur expérimenté, désintéressé et doté d'un solide jugement[39]. Je serais d'accord pour accorder à tout le monde une heure d'entrevue médicale par année de vie adulte. Ceux qui ne requièrent pas cette entrevue avant l'âge de 40 ans auront accumulé 19 heures (ou plus selon la définition du seuil de l'âge adulte) lorsqu'ils pourront utiliser au besoin. Je dis bien « au besoin » puisqu'en se référant au NFT il n'y a aucune raison pour rembourser un examen médical annuel de routine. Quand on devient inquiet, par contre, le besoin est légitime et peut s'avérer d'une grande utilité[40].

Un autre exemple de la pratique habituelle n'est pas aussi fréquent qu'il devrait l'être : l'assistance psychologique. La saga de la lombalgie ne serait pas aussi inextricable si l'on pouvait avoir commodément accès à l'assistance psychologique. Personne n'est jamais parvenu à concevoir une étude qui ferait la preuve de l'efficacité de cette assistance, pour ne rien dire de son rapport coûts/avantages, en raison des contraintes liées aux styles de pratique, aux différences des clientèles et aux mesures des résultats. Tout comme pour l'entrevue clinique, j'ai un fort préjugé favorable envers l'utilité du « traitement par la parole » dispensé par une personne déterminée à aider. Il ne coûte pas cher; pour le salaire d'un administrateur hospitalier sur-payé, on peut engager de dix à vingt travailleurs sociaux, chacun pouvant prendre en charge de dix à vingt familles en difficultés; même si cela n'aidait qu'une minorité des familles, cela ferait une grande différence. Pour une seule année de cardiologie d'interven-tion et de chirurgie cardiovasculaire inutiles à mon hôpital, on pour-rait employer des équipes formidables de travailleurs sociaux. C'est pourquoi toute personne assurée en vertu du compte d'assurance maladie a droit à une heure d'entrevue évaluative par année et à une intervention de courte durée, quand c'est indiqué.

Les centres de clinimétrie auront la possibilité de participer à la réalisation d'essais cliniques aléatoires selon l'ordre des priorités des recherches à faire, établi par le comité national d'orientation des essais cliniques aléatoires. L'acceptation de collaborer constitue pour un centre un défi considérable et une décision qui prête à consé-quence. Le centre recrutera les participants dans la région dont il est responsable, organisant la collecte et l'analyse des données et payant pour les services utilisés par les participants. Les frais liés aux services sont moindres dans le cas des essais pharmaceutiques puisque le pro-duit est fourni gratuitement par le fabricant; c'est la surveillance des effets qui s'avère coûteuse. Pour les essais cliniques de dispositifs et de procédures, les coûts liés aux services de santé peuvent s'avérer substantiels. Les « honoraires de recrutement » et autres incitatifs seront relégués aux oubliettes de l'histoire une fois que les implica-tions déontologiques de ces pratiques pour le progrès des sciences médicales auront été comprises par l'opinion publique. Il en découle qu'un centre de clinimétrie doit y songer avant d'accepter une invita-tion du comité national d'orientation des essais cliniques. Quand l'agent étudié s'avère efficace, son apport aux résidents de l'État sera-t-il suffisant pour justifier qu'on participe à cette étude, au lieu de collaborer à une autre étude?

Puisqu'on parle d'argent et de ressources, il n'y a aucun doute qu'on fera des économies énormes quand le fonds d'habilitation remplacera le cirque actuel. Les budgets de mise en marché des acti-vités éducatives des manufacturiers et des fournisseurs vont devenir transparents et faciles à réglementer. Presque tous les services de haute technologie cesseront d'être remboursés. En s'appuyant sur les sujets étudiés dans *Malades d'inquiétude*, la dépense annuelle par habitant à prélever sur le compte d'assurance maladie n'excédera pas 1 000 $ en utilisant les tarifs d'aujourd'hui[41]. De plus, comme ce compte partira à zéro, il sera facile d'implanter et d'utiliser les ressources d'Internet pour réduire, sinon éliminer, une grande partie des coûts d'administration.

Le compte d'assurance maladie sera en outre en position d'autorité en ce qui concerne la promotion de l'efficacité, au-delà de l'élimination de tout ce qui ne l'est pas. Il n'y a aucune bonne raison de tolérer les rémunérations scandaleuses que certains continuent de prélever dans «l'industrie des services de santé». Le compte d'assurance maladie pourra préciser le taux des frais d'administration qu'il accepte de rembourser. Il est de plus parfaitement correct d'ajouter au coût du NFT l'estimation obtenue par la statistique du montant engagé pour prévenir un événement (CEPE), ce qui permet d'inclure le coût du traitement dans le NFT[42].

Il n'y a aucune raison d'interdire au compte d'assurance maladie de négocier avec les dispensateurs de services sur la foi du rapport coût/efficacité d'une intervention. Par exemple, les inhibiteurs alpha-TNF sont des prouesses de la biotechnologie qui peuvent produire des améliorations spectaculaires chez près de la moitié des patients souffrant d'arthrite rhumatoïde résistante aux traitements traditionnels. Ce sont là des médicaments efficaces. Ils coûtent plus de 10 000 $ par année. L'arthrite rhumatoïde survient chez près de 1 % de la population, mais elle n'est pas une maladie progressive pour la plupart des patients. Ces médicaments sont merveilleux, mais l'énergie intellectuelle pour les mettre au point provient de contributions de laboratoires soutenus par l'État, des contributions qui ont été honorées par le prix Nobel et le prix Lasker. Il n'y a aucun avantage pour le compte d'assurance maladie de subventionner les budgets de commercialisation des fabricants, ni leur budgets «d'éducation» ni non plus leur scandaleuse marge bénéficiaire. Le calcul du NFT-CEPE va permettre de justifier un coût qui ne sera qu'une fraction des coûts actuels et c'est sur la place publique que le compte d'assurance maladie fera état de son exigence.

Remarquez que je ne préconise pas la notion du co-paiement. Quand une intervention est efficace, on la rembourse. Je redoute cependant une forte réaction d'opposition de la part des détenteurs d'enjeux dans le système actuel, y compris les fournisseurs et les dispensateurs de services sans efficacité, une opposition qui pourrait donner lieu à des poursuites. Ma solution est de prévoir qu'il y ait deux niveaux de co-paiement ; 0 pour cent et 100 pour cent. Quand un patient insiste pour recevoir un service qui n'est pas remboursé pour le motif qu'il n'est pas suffisamment efficace, ce qui implique un co-paiement de 100 pour cent, on l'en avertira, tout comme on lui rappellera qu'il dispose toujours d'un recours auprès du compte d'assurance maladie, comme on le verra plus loin. Remarquez aussi que je ne préconise pas un système de service de santé à plusieurs classes. Le compte d'assurance maladie rembourse tout ce qui est d'utilité démontrée pour un patient, qu'il soit salarié, chômeur, accidenté ou bien handicapé. Ce qui a été remboursé par Medicaid, ou les commissions d'accidents du travail, ainsi que tout ce qui provient des diverses variétés d'indemnités des assurances privées seront groupés dans le fonds d'assurance maladie. La pratique médicale éthique n'a que faire de ces distinctions.

Le compte de protection de la santé

Il est difficile de définir la santé. Je me console en pensant que même feu Hans-Georg Gadamer, un des grands philosophes du XXe siècle, avait du mal à comprendre comment les médecins pouvaient, « en affrontant la maladie, parvenir à résoudre la grande énigme de la santé ». En 1991, il rappelait que « le fait fondamental demeure que c'est la maladie et non la santé qui se manifeste, qui nous fait face, comme une force antagoniste qui s'impose à nous... Le vrai mystère se situe dans le caractère caché de la santé[43] ». Dix-huit années plus tard, la santé reste une énigme, mais pas celle qu'elle était auparavant. L'épidémiologie du parcours de la vie explique une partie du mystère, mais pas encore ses mécanismes. Dans les pays avantagés, la santé requiert les moyens nécessaires pour se sentir bien dans sa peau. Il faut donc se trouver une position dans la communauté qui soit satisfaisante sur plusieurs aspects. Il importe de pouvoir se maintenir dans cette situation au moyen du revenu qu'on tire d'une occupation qui soit gratifiante sur un grand nombre de points. Il faut aussi disposer des ressources nécessaires pour faire face aux afflictions qui ne peuvent manquer de survenir pendant la vie. Au sommet de la liste des afflictions, on trouve les épisodes de douleur, dont la lombalgie régionale constitue une grande partie. La santé ne requiert pas un cholestérol bas, une tension artérielle basse, un indice de masse corporelle bas, une fonction rénale normale, une force d'éjection cardiaque normale, ni d'autres paramètres physiologiques. C'est leur érosion qui constitue un préalable de la maladie. On peut souffrir d'arthrite rhumatoïde et être en pleine possession de la santé tant qu'on reste une personne avec de l'arthrite rhumatoïde et non pas un « rhumatoïdien ».

Le compte de protection de la santé existe pour stimuler la santé. Il croît en fonction des cotisations de chacun dont on doit déduire les frais encourus par le compte d'assurance maladie. On l'administre comme un fonds de retraite de l'État. Il appartient à chaque assuré qui peut l'utiliser pour se procurer des services de santé (comme on les a définis plus tôt) auprès de professionnels réglementés par l'État. Quand il ne l'utilise pas, il est versé à son compte de retraite, au moment de la prise de la retraite. Quand on n'est pas convaincu que le dépistage du cholestérol ou les endoprothèses coronariennes ne sont pas aussi inutiles qu'on l'a mesuré dans les centres de clinimétrie, on peut toujours utiliser les fonds de son compte de protection de la santé pour se les procurer en dehors du compte d'assurance maladie, qui ne les rembourse pas, de toute façon.

Le compte de protection de la santé aura une fonction conseil. Quand on est en début de carrière, il peut s'avérer sage de dépenser des fonds de protection de la santé pour financer des cours de langue anglaise comme langue seconde, ou bien pour acquérir des aptitudes augmentant la mobilité professionnelle. Ces fonds sont disponibles pour aider quand on n'a pas d'autres moyens d'atteindre la position en société qui promeut la santé. Il existe aussi une responsabilité, pour le compte de protection de la santé, d'informer la population des risques liés au fait de ne pouvoir atteindre une situation de vie qui soit satisfaisante. On a fait la preuve que ce moyen est capable de modifier la construction sociale de la « blessure régionale du dos » en certains pays[44]. Il reste à déterminer comment généraliser cette expérience d'éducation à beaucoup plus que la lombalgie.

L'handicapé, le déshérité, le désavoué, le découragé

La détermination de l'incapacité, dont on a discuté en détails aux chapitres 7 et 8, a fait ressortir bien des choses dans son sillage turbulent. Les aptitudes spécialisées du médecin ne sont pas particulièrement pertinentes dans la détermination de l'invalidité. Une société attentive peut toutefois mobiliser un jury de pairs qui pourraient bien être capables de faire ce travail. Plusieurs pays européens utilisent ce recours, tout comme on le fait aux États-Unis, puisque tout appel d'une décision défavorable est traité par un mécanisme sans qu'il y ait intervention d'un médecin, bien qu'il arrive qu'on s'encombre d'avis médicaux portant à confusion. Je ne pense pas que nous, les citoyens, ayons du mal à accorder une pension d'invalidité de la sécurité sociale à toute personne que nous estimerions incapable d'une activité substantiellement rémunératrice. Nous aurions besoin d'un témoignage, soit du demandeur, soit de sa communauté, mais nous pourrions tenter d'écouter attentivement les narratifs dans l'espoir d'arriver à une conclusion qui soit juste. Il pourrait arriver qu'on se fasse rouler, mais je doute que ce soit fréquent et je reste persuadé que l'excès de précautions dans l'établissement de la légitimité de la demande fera plus de tort au processus que le fait d'attraper le fripon qui pourrait, à l'occasion, abuser de notre penchant humanitaire. Pour ce qui concerne le travailleur blessé, la combinaison d'un tableau généreux d'indemnisation et d'une réglementation renforcée pour la sécurité au travail serait parfaitement convenable. Les afflictions de la vie courante comme la lombalgie ne sont pas des « blessures ».

Ce sont là les problèmes faciles. Une leçon de cet ouvrage est que bien des gens réclament une indemnité pour incapacité au travail parce qu'ils sont découragés et parce qu'on leur a interdit l'accès à une situation dans la vie, dans laquelle ils auraient pu se sentir moins déshérités. La détermination de l'incapacité fondée sur le handicap a transformé la médecine en agent de l'État d'une manière qui rend encore les demandeurs plus malades. Il faut que la médecine refuse ce rôle et qu'elle mérite la confiance permettant de conseiller ces patients et d'expliquer leurs contraintes au reste de la société. Le compte de protection de la santé est conçu pour promouvoir les options autres que la réclamation d'indemnité, laquelle est souvent futile et presque toujours un obstacle à la guérison. Il devrait y avoir d'autres mécanismes pour offrir cette ressource à tous ceux qui n'auront pas la propriété d'un compte de protection de la santé, une sorte de fonds d'État qui leur vienne en aide et subventionne leur participation à un programme d'assurance maladie dépourvu de la stigmatisation et des services inadéquats que Medicaid rembourse présentement.

Il s'agit assurément d'un très long tunnel, mais il y a de la lumière, tout au fond.

Notes

Abréviations

Introduction

1. N. M. Hadler, « Regional Back Pain », *N Engl J Med* 315 (1986) : 1090-1992.
2. N. M. Hadler, R. C. Tait et J. T. Chibnall, « Back Pain in the Workplace », *JAMA* 297 (2007) : 1594-1596 ; N. M. Hadler, *Occupational Musculoskeletal Disorders*, 3rd ed. (Philadelphia : Lippincott Williams & Wilkins, 2005).
3. N. M. Hadler, « A Ripe Old Age », *Archives of Internal Medicine* 163 (2003) : 1261-1262 ; N. M. Hadler, *The Last Well Person : How to Stay Well Despite the Health-Care System* (Montréal : McGill-Queen's University Press, 2004).
4. N. M. Hadler, *Worried Sick : A Prescription for Health in an Overtreated America* (Chapel Hill : University of North Carolina Press, 2008).

Chapitre 1

1. P. W. Brandt-Rauf et S. I. Brandt-Rauf, « History of Occupational Medicine : Relevance of Imhotep and the Edwin Smith Papyrus », *British Journal of Industrial Medicine* 44 (1987) : 68-70.
2. O. Sugar, « Charles Lasègue and his "Considerations on Sciatica" », *JAMA* 253 (1985) : 1767-1768.

3. T. Keller et T. Chappell, « The Rise and Fall of Erichsen's Disease (Railroad Spine) », *Spine* 21 (1996) : 1597-1601.

4. E. Caplan, « Trains, Brains, and Sprains : Railway Spine and the Origins of Psychoneuroses », *Bulletin of the History of Medicine* 69 (1995) : 387-420.

5. T. McCrae, *Sir William Osler's « The Principles and Practice of Medicine »*, 10th ed. (New York : Appleton, 1926), p. 1141-1144.

6. H. Beck, *The Origins of the Authoritarian Welfare State in Prussia* (Ann Arbor : University of Michigan Press, 1995), p. 120.

7. W. J. Mixter et J. S. Barr, « Rupture of the Intervertebral Disc with Involvement of the Spinal Canal », *N Engl J Med* 211 (1934) : 210-215.

8. T. Brown, J. C. Nemiah et J. S. Barr, « Psychologic Factors in Low-Back Pain », *N Engl J Med* 251 (1954) : 123-128.

Chapitre 2

1. L. M. Verbrugge et F. J. Ascione, « Exploring the Iceberg : Common Symptoms and How People Care for them », *Medical Care* 25 (1987) : 539-569.

2. T. W. Strine and J. M. Hootman, « U.S. National Prevalence and Correlates of Low Back and Neck Pain among Adults », *Arthritis Rheum* (*Arthritis Care Res*) 57 (2007) : 656-665.

3. K. T. Palmer, K. Walsh, H. Bendall, C. Cooper et D. Coggon, « Back Pain in Britain : Comparison of Two Prevalence Surveys at an Interval of 10 Years », *BMJ* 320 (2000) : 1577-1578.

4. P. Croft, « Is Life Becoming More of a Pain ? », *BMJ* 320 (2000) : 1552-1553.

5. H. Raspe, C. Matthis, P. Croft, T. O'Neill et European Vertebral Osteoporosis Study Group, « Variation in Back Pain between Countries : The Example of Britain and Germany », *Spine* 29 (2004) : 1017-1021.

6. *Ibid.*

Chapitre 3

1. J. D. Cassidy, P. Côté, L. J. Carroll et V. Kristman, « Incidence and Course of Low Back Pain Episodes in the General Population », *Spine* 30 (2005) : 2817-2823.

2. J. A. Kopec, E. C. Sayre et J. M. Esdaile, « Predictors of Back Pain in a General Population Cohort », *Spine* 29 (2004) : 70-78.

3. T. S. Carey, A. Evans, N. Hadler, W. Kalsbeek, C. McLaughlin et J. Fryer, « Care-Seeking among Individuals with Chronic Low Back Pain », *Spine* 20 (1995) : 312-317.

4. D. Carnes, S. Parsons, D. Ashby, A. Breen, N. E. Foster, T. Pincus, S. Vogel et M. Underwood, « Chronic Musculoskeletal Pain Rarely Presents in a Single Body Site : Results for the UK Population Study », *Rheumatology* 46 (2007) : 1168-1170.

5. I. Hacking, *The Social Construction of What?* (Cambridge, Mass. : Harvard University Press, 2000).

6. M. Foucault, *The Birth of the Clinic : An Archaeology of Medical Perception* (New York : Vintage Books, 1973).

7. E. Freidson, *Medical Work in America : Essays on Health Care* (New Haven : Yale University Press, 1989).

8. P. Starr, *The Social Transformation of American Medicine* (New York: Basic Books, 1982).

9. K. K. Barker, *The Fibromyalgia Story: Medical Authority and Women's Worlds of Pain* (Philadelphia: Temple University Press, 2005).

10. D. Mechanic, «Response Factors in Illness: The Study of Illness Behavior», *Social Psychiatry and Psychiatric Epidemiology* 1 (1966): 11-20.

11. N. M. Hadler et G. E. Ehrlich, «Fibromyalgia and the Conundrum of Disability Determination», *J Occup Environ Med* 45 (2003): 1030-1033.

12. N. M. Hadler, «If you Have to Prove you are ill, you Can't Get Well: The Object Lesson of "Fibromyalgia"», *Spine* 21 (1996): 2396-2400.

13. C. R. Chapman et J. Gavrin, «Suffering: The Contributions of Persistent Pain», *Lancet* 353 (1999): 2233-2237; E. J. Cassell, *The Nature of Suffering and the Goals of Medicine*, 2nd ed. (Oxford: Oxford University Press, 2004).

14. P. van Wilgen, M. W. van Ittersum, A. A. Kaptein et M. van Wijhe, «Illness Perceptions in Patients with Fibromyalgia and their Relationship to Quality of Life and Catastrophizing», *Arthritis Rheum* 58 (2008): 3618-3626.

15. R. M. Kaplan, S. M. Schmidt et T. A. Cronan, «Quality of Well Being in Patients with Fibromyalgia», *J Rheumatol* 27 (2000): 785-789.

16. F. Wolfe, H. A. Smythe, M. B. Yunus et autres, «The American College of Rheumatology 1990 Criteria for the Classification of Fibromyalgia», *Arthritis Rheum* 33 (1990): 160-172.

17. F. Wolfe, «Stop Using the American College of Rheumatology Criteria in the Clinic», *J Rheumatol* 30 (2003): 1671-1672.

18. S. Bergman, P. Herrström, K. Högström, I. F. Petersson, B. Svensson et L. T. H. Jacobsson, «Chronic Musculoskeletal Pain, Prevalence Rates, and Sociodemographic Associations in a Swedish Population Study», *J Rheumatol* 28 (2001): 1369-1377; T. Schochat et C. Beckmann, «Sociodemographic Characteristics, Risk Factors, and Reproductive History in Subjects with Fibromyalgia: Results of a Population-Based Case-Control Study», *Zeitschrift für Rheumatologie* 62 (2003): 46-59.

19. K. P. White, W. R. Nielson, M. Harth, T. Ostbye et M. Speechley, «Chronic Widespread Musculoskeletal Pain with or without Fibromyalgia: Psychological Distress in a Representative Community Adult Sample», *J Rheumatol* 29 (2002): 588-594.

20. I. M. Hunt, A. J. Silman, S. Benjamin, J. McBeth et G. J. MacFarlane, «The Prevalence and Associated Features of Chronic Widespread Pain in the Community Using the "Manchester" Definition of Chronic Widespread Pain», *Rheumatology* 38 (1998): 275-279.

21. G. E. Simon, M. VonKorff, M. Piccinelli, C. Fullerton et J. Ormel, «An International Study of the Relation between Somatic Symptoms and Depression», *N Engl J Med* 341 (1999): 1329-1335; H. M. Nordahl et T. C. Stiles, «Personality Styles in Patients with Fibromyalgia, Major Depression, and Healthy Controls», *Annals of General Psychiatry* 6 (2007): 9 (DOI: 10.1186/1744-859X-6-9).

22. S. Benjamin, S. Morris, J. McBeth, G. J. MacFarlane et A. J. Silman, «The Association between Chronic Widespread Pain and Mental Disorder», *Arthritis Rheum* 43 (2000): 561-567; K. G. Raphael, M. N. Janal, S. Nayak, J. E. Schwartz et R. M. Gallagher, «Familial Aggregation of Depression in Fibromyalgia: A Community-Based Test of Alternative Hypotheses», *Pain* 110 (2004): 449-460.

23. A. L. Hassett, L. E. Simonelli, D. C. Radvanski, S. Buyske, S. V. Savage et L. H. Sigal, « The Relationship between Affect Balance Style and Clinical Outcomes in Fibromyalgia », *Arthritis Rheum* (*Arthritis Care Res*) 59 (2008) : 833-840.

24. S. Bergman, P. Herrström, L. T. H. Jacobsson et I. F. Petersson, « Chronic Widespread Pain : A Three Year Follow-up of Pain Distribution and Risk Factors », *J Rheumatol* 29 (2002) : 818-825 ; A. Kassam et S. B. Patten, « Major Depression, Fibromyalgia, and Labour Force Participation : A Population-Based Cross-Sectional Study », *BioMed Central Musculoskeletal Disorders* 7 (2006) : 4 (DOI : 10.1186/1471-2474-7-4) ; M.-A. Fitzcharles, D. DaCosta et R. Pöyhiä, « A Study of Standard Care in Fibromyalgia Syndrome : A Favorable Outcome », *J Rheumatol* 30 (2003) : 154-159.

25. A. C. Papageorgiou, A. J. Silman et G. J. MacFarlane, « Chronic Widespread Pain in the Population : A Seven Year Follow-up Study », *Ann Rheum Dis* 61 (2002) : 1071-1074.

26. G. J. MacFarlane, E. Thomas, A. C. Papageorgiou, J. Schollum, P. R. Croft et A. J. Silman, « The Natural History of Chronic Pain in the Community : A Better Prognosis than in the Clinic ? », *J Rheumatol* 23 (1996) : 1617-1620.

27. B. C. Kersh, L. A. Bradley, G. S. Alarcón et autres, « Psychosocial and Health Status Variables Independently Predict Health Care Seeking in Fibromyalgia », *Arthritis Care Res* 45 (2001) : 362-71l.

28. E. Scarry, *The Body in Pain : The Making and Unmaking of the World* (Oxford : Oxford University Press, 1985).

29. G. M. Aronoff, J. B. Feldman et T. S. Campion, « Management of Chronic Pain and Control of Long-Term Disability », *Occupational Medicine* 15 (2000) : 755-770.

30. R. R. Ferrari et A. S. Russell, « Fibromyalgia : 30 Years of Drug-Seeking Behavior », *Nature Clinical Practice Rheumatology* 3 (2007) : 62-63.

31. R. Rey, *The History of Pain* (Cambridge : Harvard University Press, 1995).

32. A. J. Barsky, « The Patient with Hypochondriasis », *N Engl J Med* 345 (2001) : 1395-1399.

33. A. J. Barsky et J. F. Borus, « Functional Somatic Syndromes », *Ann Intern Med* 130 (1999) : 910-921.

34. C. E. Rosenberg et J. Golden, ed., *Framing Disease : Studies in Cultural History* (New Brunswick : Rutgers University Press, 1992).

35. J. Stone, W. Wojcik, D. Durrance et autres, « What Should We Say to Patients with Symptoms Unexplained by Disease ? The "Number Needed to Offend" », *BMJ* 325 (2002) : 1449-1450.

36. P. Watkins, « Medically Unexplained Symptoms », *Clinical Medicine* (*JRCPL*) 2 (2002) : 389-390.

37. I. Hazemaijer et J. J. Rasker, « Fibromyalgia and the Therapeutic Domain : A Philosophical Study on the Origins of Fibromyalgia in a Specific Social Setting », *Rheumatology* 42 (2003) : 507-515.

38. D. Mechanic, « Social Psychologic Factors Affecting the Presentation of Bodily Complaints », *N Engl J Med* 286 (1972) : 1132-1139.

39. D. J. Wallace et D. J. Clauw, ed., *Fibromyalgia and other Central Pain Syndromes* (Philadelphia : Lippincott Williams & Wilkins, 2005).

40. N. M. Hadler, « Mongering Diseases to Hawk Pills : The Case of Fibromyalgia », *Public Citizen Health Research Group Health Letter* 24 (2008) : 9-12.

41. N. M. Hadler et S. Greenhalgh, « Labeling Woefulness: The Social Construction of Fibromyalgia », *Spine* 30 (2005): 1-4.

42. S. Greenhalgh, *Under the Medical Gaze: Facts and Fictions of Chronic Pain* (Berkeley: University of California Press, 2001).

43. J. McBeth, D. P. Symmons, A. J. Silman, T. Allison, R. Webb, T. Brammah et G. J. MacFarlane, « Musculoskeletal Pain is Associated with Long-Term Increased Risk of Cancer and Cardiovascular-Related Mortality », *Rheumatology* 48 (2009): 74-77.

44. G. T. Jones, A. J. Silman, C. Power et G. J. MacFarlane, « Are Common Symptoms in Childhood Associated with Chronic Widespread Body Pain in Adulthood? », *Arthritis Rheum* 56 (2007): 1669-1675.

Chapitre 4

1. R. A. Deyo, S. K. Mirza et B. I. Martin, « Back Pain Prevalence and Visit Rates: Estimates from U.S. National Surveys, 2002 », *Spine* 31 (2006): 2724-2727.

2. J. Horal, « The Clinical Appearance of Low Back Disorders in the City of Gothenburg, Sweden: Comparisons of Incapacitated Probands with Matched Controls », *Acta Orthopaedica Scandinavica* 118, suppl. (1969): 1-109.

3. J. Smedley, H. Inskip, P. Buckle, C. Cooper et D. Coggon, « Epidemiological Differences between Back Pain of Sudden and Gradual Onset », *J Rheumatol* 32 (2005): 528-532.

4. J. J. Liszka-Hackzell et D. P. Martin, « An Analysis of the Relationship between Activity and Pain in Chronic and Acute Low Back Pain », *Anesthesia and Analgesia* 9 (2004): 477-481.

5. E. M. Hagen, E. Svensen, H. R. Eriksen, C. M. Ihlebæk et H. Ursin, « Comorbid Subjective Health Complaints in Low Back Pain », *Spine* 31 (2006): 1491-1495.

6. H. M. Hadler, « Four Laws of Therapeutic Dynamics », *Journal of Occupational and Environmental Medicine* 39 (1997): 295-298.

7. B. W. Koes, M. W. van Tulder, R. Ostelo, A. K. Burton et G. Waddell, « Clinical Guidelines for the Management of Low Back Pain in Primary Care: An International Comparison », *Spine* 26 (2001): 2504-2514.

8. D. G. Borenstein, J. W. O'Mara, S. D. Boden et autres, « The Value of Magnetic Resonance Imaging of the Lumbar Spine to Predict Low-Back Pain in Asymptomatic Subjects », *Journal of Bone and Joint Surgery* (American) 83A (2001): 1306-1311.

9. T. Videman, M. C. Battié, L. E. Gibbons, K. Maravilla, H. Manninen et J. Kaprio, « Associations between Back Pain History and Lumbar MRI Findings », *Spine* 28 (2003): 583-588.

10. J. G. Jarvik et R. A. Deyo, « Diagnostic Evaluation of Low Back Pain with Emphasis on Imaging », *Ann Intern Med* 137 (2002): 586-597.

11. P. Miller, D. Kendrick, E. Bentley et K. Fielding, « Cost-effectiveness of Lumbar Spine Radiography in Primary Care Patients with Low Back Pain », *Spine* 27 (2002): 2391-2397.

12. D. Kendrick, K. Fielding, E. Bentley et autres, « Radiography of the Lumbar Spine in Primary Care Patients with Low Back Pain: Randomized Controlled Trial », *BMJ* 322 (2001): 400-405.

13. J. D. Lurie, N. J. Birkmeyer et J. N. Weinstein, « Rates of Advanced Spinal Imaging and Spine Surgery », *Spine* 28 (2003) : 616-620.

14. T. S. Carey, M. Garrett, A. Jackman et N. M. Hadler, « Recurrence and Care Seeking after Acute Back Pain », *Medical Care* 37 (1999) : 157-164.

15. V. Sundararajn, T. R. Konrad, J. Garrett et T. Carey, « Patterns and Determinants of Multiple Provider Use in Patients with Acute Low Back Pain », *Journal of General Internal Medicine* 13 (1998) : 528-533.

16. L. Goubert, G. Crombez et I. De Bourdeaudhuij, « Low Back Pain, Disability, and Back Pain Myths in a Community Sample : Prevalence and Interrelationships », *European Journal of Pain* 8 (2004) : 385-394.

17. M. C. Battié et T. Videman, « Lumbar Disc Degeneration : Epidemiology and Genetics », *Journal of Bone and Joint Surgery* (American) 88 (2006) : 3-9 ; M. C. Battié, T. Videman, J. Kaprio et autres, « The Twin Spine Study : Contributions to a Changing View of Disc Degeneration », *Spine Journal* 9 (2009) : 47-59.

18. A. Levin, « The Cochrane Collaboration », *Ann Intern Med* 135 (2001) : 309-312.

19. S. Mallett et M. Clarke, « How Many Cochrane Reviews are Needed to Cover Existing Evidence on the Effects of Health Care Interventions ? », *ACP Journal Club* 139 (2003) : A-11-12.

20. G. H. Swingler, J. Volmink et J. P. A. Ioannidis, « Number of Published Systematic Reviews and Global Burden of Disease : Database Analysis », *BMJ* 327 (2003) : 1083-1084.

21. L. M. Bouter, V. Pennick et C. Bombardier, « Cochrane Back Review Group », *Spine* 28 (2003) : 1215-1218.

22. M. van Tulder, A. Furlan, C. Bombardier et L. Bouter, « Updated Method Guidelines for Systematic Reviews in the Cochrane Collaboration Back Review Group », *Spine* 28 (2003) : 1290-1299.

23. P. H. Ferreira, M. L. Ferreira, C. G. Maher, K. Refshauge, R. D. Herbert et J. Latimer, « Effect of Applying Different "Levels of Evidence" Criteria on Conclusions of Cochrane Reviews of Interventions for Low Back Pain », *Journal of Clinical Epidemiology* 55 (2002) : 1126-1129.

24. L. P. Moja, E. Telaro, R. D'Amico, I. Moschetti, L. Coe et A. Liberati, « Assessment of Methodological Quality of Primary Studies by Systematic Reviews : Results of the Metaquality Cross-Sectional Study », *BMJ* 330 (2005) : 1053-1055.

25. A. Jørgensen, J. Hilden et P. Gøtzsche, « Cochrane Reviews Compared with Industry Supported Meta-Analyses and other Meta-Analyses of the Same Drugs : Systematic Review », *BMJ* 332 (2006) : 782-786.

26. M. W. van Tulder, T. Touray, A. D. Furlan, S. Solway et L. M. Bouter, « Muscle Relaxants for Non-Specific Low Back Pain », *Cochrane Database of Systematic Reviews* (2003), issue 4, art. nº CD004252, DOI : 10.1002/14651858.CD004252.

27. T. Sahar, M. J. Cohen, V. Ne'eman, L. Kandel, D. O. Odebiyi, I. Lev, M. Brezis et A. Lahad, « Insoles for Prevention and Treatment of Back Pain », *Cochrane Database of Systematic Reviews* (2007), issue 4, art. nº CD005275, DOI : 10.1002/14651858. CD005275.pub2.

28. J. A. Clarke, M. W. van Tulder, S. E. I. Blomberg, H. C. W. de Vet, G. J. M. G. van der Heijden, G. Bronfort et L. M. Bouter, « Traction for Low-Back Pain with or without

Sciatica», *Cochrane Database of Systematic Reviews* (2007), issue 2, art. n° CD003010, DOI: 10.1002/14651858.CD003010.pub4.

29. S. D. French, M. Cameron, B. F. Walker, J. W. Reggars et A. J. Esterman, «Superficial Heat or Cold for Low Back Pain», *Cochrane Database of Systematic Reviews* (2006), issue 1, art. n° CD004750, DOI: 10.1002/14651858.CD004750.pub2.

30. J. Gabbay et A. le May, «Evidence-Based Guidelines or Collectively Constructed "Mindlines"? Ethnographic Study of Knowledge Management in Primary Care», *BMJ* 329 (2004): 1013-1016.

31. Quebec Task Force of Spinal Disorders, «Scientific Approach to the Assessment and Management of Activity-Related Spinal Disorders», *Spine* 12, suppl. 1 (1987): S1-59.

32. S. Bigos, O. Bowyer, G. Braen et autres, «Acute Low Back Problems in Adults», *Clinical Practice Guideline* n° 14, *AHCPR Publication* n° 95-0642 (Rockville, Md.: Agency for Health Care Policy and Research, Public Health Service, U.S. Department of Health and Human Services, December 1994).

33. E. G. Gonzalez et R. S. Materson, ed., *The Nonsurgical Management of Acute Low Back Pain: Cutting through the AHCPR Guidelines* (New York: Demos, 1997).

34. N. Freemantle, «Commentary: Is NICE Delivering the Goods?», *BMJ* 329 (2004): 1003-1004.

35. R. Taylor et J. Giles, «Cash Interests Taint Drug Advice», *Nature* 437 (2005): 1070-1071.

36. R. Chou, A. Qaseem, V. Snow et autres, «Diagnosis and Treatment of Low Back Pain: A Joint Clinical Practice Guideline for the American College of Physicians and the American Pain Society», *Ann Intern Med* 147 (2007): 478-491; R. Chou et L. H. Huffman, «Nonpharmacologic Therapies for Acute and Chronic Low Back Pain: A Review of the Evidence for an American Pain Society/American College of Physicians Clinical Practice Guideline», *Ann Intern Med* 147 (2007): 492-504; R. Chou et L. H. Huffman, «Medications for Acute and Chronic Low Back Pain: A Review of the Evidence for an American Pain Society/American College of Physicians Clinical Practice Guideline», *Ann Intern Med* 147 (2007): 505-514.

37. S. J. Linton, «A Review of Psychological Risk Factors in Back and Neck Pain», *Spine* 25 (2000): 1148-1156; M. A. Adams, A. F. Mannion et P. Dolan, «Personal Risk Factors for First-Time Low Back Pain», *Spine* 24 (1999): 2497-2505.

38. W. E. Hoogendoorn, M. N. M. van Poppel, P. M. Bongers, B. W. Koes et L. M. Bouter, «Systematic Review of Psychosocial Factors at Work and Private Life as Risk Factors for Back Pain», *Spine* 25 (2000): 2114-2125.

39. P. R. Croft, A. C. Papagerogiou, S. Ferry, E. Thomas, M. I. V. Jayson et J. F. Silman, «Psychological Distress and Low Back Pain: Evidence from a Prospective Cohort Study in the General Population», *Spine* 20 (1995): 2731-2737.

40. T. Pincus, A. K. Burton, S. Vogel et A. P. Field, «A Systematic Review of Psychological Factors as Predictors of Chronicity/Disability in Prospective Cohorts of Low Back Pain», *Spine* 27 (2002): E109-E120.

41. N. M. Hadler, «Rheumatology and the Health of the Workforce», *Arthritis Rheum* 44 (2001): 1971-1974.

42. N. M. Hadler, «The Injured Worker and the Internist», *Ann Intern Med* 120 (1994): 163-164.

43. M. von Korff, W. Barlow, D. Cherkin et R. Deyo, « Effects of Practice Style in Managing Back Pain », *Ann Intern Med* 121 (1994) : 187-195.

44. M. von Korff, J. E. Moore, K. Lorig et autres, « A Randomized Trial of a Lay Person-Led Self-Management Group Intervention for Back Pain Patients in Primary Care », *Spine* 23 (1998) : 2608-2615.

45. C. J. Main et A. C. Williams, « Musculoskeletal Pain », *BMJ* 325 (2002) : 534-537 ; C. J. Main, « Early Psychosocial Interventions for Low Back Pain in Primary Care », *BMJ* 331 (2005) : 88.

46. P. Jellema, D. A. W. M. van der Windt, H. E. van der Horst, J. W. R. Twisk, W. A. B. Stalman et L. M. Bouter, « Should Treatment of (Sub)acute Low Back Pain be Aimed at Psychosocial Prognostic Factors ? Cluster Randomised Clinical Trial in General Practice », *BMJ* 331 (2005) : 84-87.

47. D. van der Windt, E. Hay, P. Jellema et C. Main, « Psychosocial Interventions for Low Back Pain in Primary Care », *Spine* 33 (2008) : 81-89.

Chapitre 5

1. R. Ferrari, A. S. Russell, L. J. Carroll et J. D. Cassidy, « A Reexamination of the Whiplash Associated Disorders (WAD) as a Systemic Illness », *Ann Rheum Dis* 64 (2005) : 1337-1342.

2. A. Malleson, *Whiplash and other Useful Illnesses* (Montréal : McGill-Queen's University Press, 2002).

3. M. Partheni, C. Constantoyannis, R. Ferrari et autres, « A Prospective Cohort Study of the Outcome of Acute Whiplash Injury in Greece », *Clinical and Experimental Rheumatology* 18 (2000) : 67-70.

4. R. Ferrari et C. Lang, « A Cross-Cultural Comparison between Canada and Germany of Symptom Expectation for Whiplash Injury », *Journal of Spinal Disorders and Techniques* 18 (2005) : 92-97.

5. A. Russell et R. Ferrari, « Whiplash : Social Interventions and Solutions », *J Rheumatol* 35 (2008) : 2300-2302.

6. A. A. Berglund, L. Alfredsson, J. D. Cassidy et autres, « The Association between Exposure to a Rear-End Collision and Future Neck or Shoulder Pain : A Cohort Study », *Journal of Clinical Epidemiology* 53 (2000) : 1089-1094.

7. J. D. Cassidy, L. Carroll, P. Cote et autres, « Effect of Eliminating Compensation for Pain and Suffering on the Outcome of Insurance Claims for Whiplash Injury », *N Engl J Med* 342 (2000) : 1179-1186.

8. A. Berglund, L. Alfredsson, I. Jensen, J. D. Cassidy et Å. Nygren, « The Association between Exposure to a Rear-End Collision and Future Health Complaints », *Journal of Clinical Epidemiology* 54 (2001) : 851-856.

9. J. D. Cassidy, L. Carroll, P. Côté, A. Berglund et Å. Nygren, « Low Back Pain after Traffic Collisions : A Population-Based Cohort Study », *Spine* 28 (2003) : 1002-1009.

10. L. H. Pobereskin, « Whiplash following Rear End Collisions : A Prospective Cohort Study », *Journal of Neurology, Neurosurgery, and Psychiatry* 76 (2005) : 1146-1151.

11. A. L. Shannon, R. Ferrari et A. Russell, « Alberta Rodeo Athletes do not Develop the Chronic Whiplash Syndrome », *J Rheumatol* 33 (2006) : 975-977.

12. H. Malik et M. Lovell, « Soft Tissue Neck Symptoms following High-Energy Road Traffic Accidents », *Spine* 29 (2004): E315-317.

13. J. A. Dufton, J. A. Kopec, H. Wong, J. D. Cassidy, J. Quon, G. McIntosh et M. Keohoom, « Prognostic Factors Associated with Minimal Improvement following Acute Whiplash-Associated Disorders », *Spine* 31 (2006): E759-765.

14. P. Côté, S. Hogg-Johnson, J. D. Cassidy, C. Carroll, J. W. Frank et C. Bombardier, « Early Aggressive Care and Delayed Recovery from Whiplash: Isolated Finding or Reproducible Result? », *Arthritis Rheum (Arthritis Care Res)* 57 (2007): 861-868.

15. L. Holm, L. J. Carroll, J. D. Cassidy, E. Skillgate et A. Ahlbom, « Widespread Pain following Whiplash-Associated Disorders: Incidence, Course, and Risk Factors », *J Rheumatol* 34 (2007): 193-200; L. J. Carroll, J. D. Cassidy et P. Côté, « The Role of Pain Coping Strategies in Prognosis after Whiplash Injury: Passive Coping Predicts Slowed Recovery », *Pain* 124 (2006): 18-26.

16. N. J. Wiles, G. T. Jones, A. J. Silman et G. J. MacFarlane, « Onset of Neck Pain after a Motor Vehicle Accident: A Case-Control Study », *J Rheumatol* 32 (2005): 1576-1583.

17. R. J. Brison, L. Harting, S. Dostaler, A. Leger, B. H. Rowe, I. Stiell et W. Pickett, « A Randomized Controlled Trial of an Educational Intervention to Prevent the Chronic Pain of Whiplash Associated Disorders following Rear-End Motor Vehicle Collisions », *Spine* 30 (2005): 1799-1807.

18. A. P. Verhagen, G. G. M. Peeters, R. A. de Bie et R. A. B. Oostendorp, « Conservative Treatment for Whiplash », *Cochrane Library*, 4 (Oxford: Update Software, 2001).

19. J. D. Cassidy, L. J. Carroll, P. Côté et J. Frank, « Does Multidisciplinary Rehabilitation Benefit Whiplash Recovery? », *Spine* 32 (2007): 126-131.

20. J. Kaptchuk, W. B. Stason, R. B. Davis, A. T. R. Legedza, R. N. Schnyer, C. E. Kerr, D. A. Stone, B. H. Nam, I. Kirsch et R. H. Goldman, « Sham Device v. Inert Pill: Randomised Controlled Trial of Two Placebo Treatments », *BMJ* 332 (2006): 391-397.

21. Y. Lucire, *Constructing RSI: Belief and Desire* (Sydney: University of New South Wales Press, 2003); N. M. Hadler, *Occupational Musculoskeletal Disorders*, 3rd ed. (Philadelphia: Lippincott Williams & Wilkins, 2005).

22. N. Gevitz, ed., *Other Healers: Unorthodox Medicine in America* (Baltimore: Johns Hopkins University Press, 1988), p. 11.

23. H. C. Sox, « Medical Professionalism and the Parable of the Craft Guilds », *Ann Intern Med* 147 (2007): 809-810.

24. M. C. P. Livingston, « Spinal Manipulation in Medical Practice: A Century of Ignorance », *Medical Journal of Australia* 2 (1968): 552-555.

25. J. D. Howell, « The Paradox of Osteopathy », *N Engl J Med* 341 (1999): 1965-1968.

26. P. G. Shakelle, « What Role for the Chiropractic in Health Care? », *N Engl J Med* 339 (1998): 1074-1075.

27. J. Balen, P. D. Aker, E. R. Crowther, C. Danielson, P. G. Cox, D. O'Shaughnessy, C. Walker, C. H. Goldsmith, E. Duku et M. R. Sears, « A Comparison of Active and Stimulated Chiropractic Manipulation as Adjunctive Treatment for Childhood Asthma », *N Engl J Med* 339 (1998): 1013-1020.

28. N. M. Hadler, P. Curtis, D. B. Gillings et S. Stinnett, « A Benefit of Spinal Manipulation as Adjunctive Therapy for Acute Low Back Pain: A Stratified Controlled Trial », *Spine* 12 (1987): 703-706.

29. G. B. J. Andersson, T. Lucente, A. M. Davis, R. E. Kappler, J. A. Lipton et S. Leurgans, «A Comparison of Osteopathic Spinal Manipulation with Standard Care for Patients with Low Back Pain», *N Engl J Med* 341 (1999): 1426-1431; J. C. Licciardone, S. T. Stoll, K. G. Fulda, D. P. Russo, J. Siu, W. Winn et J. Swift, «Osteopathic Manipulative Treatment for Chronic Low Back Pain», *Spine* 28 (2003): 1355-1362.

30. W. J. J. Assendelft, S. C. Morton, E. I. Yu, M. J. Suttorp et P. G. Shekelle, «Spinal Manipulative Therapy for Low Back Pain: A Meta-Analysis of Effectiveness Relative to other Therapies», *Ann Intern Med* 138 (2003): 871-881.

31. R. A. Deyo, «Treatments for Back Pain: Can We Get Past Trivial Effects?», *Ann Intern Med* 141 (2004): 957-958.

32. T. S. Carey, J. Garrett, A. Jackman, C. McLaughlin, J. Fryer, D. R. Smucker et the N.C. Back Pain Project, «The Outcomes and Costs of Care for Acute Low Back Pain among Patients Seen by Primary Care Practitioners, Chiropractors, and Orthopedic Surgeons», *N Engl J Med* 333 (1995): 913-917.

33. E. L. Hurwitz, H. Morgenstern et F. Yu, «Satisfaction as a Predictor of Clinical Outcomes among Chiropractic and Medical Patients Enrolled in the UCLA Low Back Pain Study», *Spine* 30 (2005): 2121-2128.

34. R. P. Hertzman-Miller, H. Morgenstern, E. L. Hurwitz, F. Yu, A. H. Adams, P. Harber et G. F. Kominski, «Comparing the Satisfaction of Low Back Pain Patients Randomized to Receive Medical or Chiropractic Care: Results from the UCLA Low Back Pain Study», *American Journal of Public Health* 92 (2002): 1628-1633.

35. UK BEAM Trial Team, «United Kingdom Back Pain Exercise and Manipulation (UK BEAM) Randomised Trial: Effectiveness of Physical Treatments for Back Pain in Primary Care», *BMJ* 329 (2004): 1377-1381; D. M. Eisenberg, D. E. Post, R. B. Davis, M. T. Connelly, A. T. R. Legedza, A. L. Hrbek, L. A. Prosser, J. E. Buring, T. S. Inui et D. C. Cherkin, «Addition of Choice of Complementary Therapies to Usual Care for Acute Low Back Pain», *Spine* 32 (2007): 151-158.

36. E. L. Hurwitz, H. Morgenstern, G. F. Kominski, F. Yu et L.-M. Chiang, «A Randomized Trial of Chiropractic and Medical Care for Patients with Low Back Pain», *Spine* 31 (2006): 611-621.

37. J. A. Austin, «Why Patients Use Alternative Medicine», *JAMA* 279 (1998): 1548-1553.

38. I. D. Coulter, E. L. Hurwitz, A. H. Adams, B. J. Genovese, R. Hays et P. G. Shekelle, «Patients Using Chiropractors in North America: Who Are They, and Why Are They in Chiropractic Care?», *Spine* 27 (2002): 291-297.

39. A. K. Burton, T. D. McClune, R. D. Clarke et C. J. Main, «Long-Term Follow-up of Patients with Low Back Pain Attending for Manipulative Care: Outcomes and Predictors», *Manual Therapy* 9 (2004): 30-35.

40. R. A. Deyo, S. Mirza et B. I. Martin, «Back Pain Prevalence and Visit Rates: Estimates from U.S. National Surveys, 2002», *Spine* 31 (2006): 2724-2427.

41. P. Enthoven, E. Skargren et B. Oberg, «Clinical Course in Patients Seeking Primary Care for Back or Neck Pain: A Prospective 5-Year Follow-up of Outcome and Health Care Consumption with Subgroup Analysis», *Spine* 29 (2004): 2458-2465.

Chapitre 6

1. J. T. Goodrich, « History of Spine Surgery in the Ancient and Medieval Worlds », *Neurosurgical Focus* 16, n° 1 (2004) : 1-13.

2. R. Dallek, « The Medical Ordeals of JFK », *Atlantic Monthly*, December 2002.

3. 1976 Medical Device Amendments, 21 U.S.C. § 301 et. seq. to the Federal Food, Drug, and Cosmetic Act, 21 U.S.C. § 301 et. seq.

4. *Medtronic, Inc. v. Lohr*, 518 U.S. 470 (1976).

5. G. D. Curfman, S. Morrissey et J. M. Drazen, « A Pivotal Medical-Device Case », *N Engl J Med* 358 (2008) : 76-77.

6. P. R. Schwetschenau, A. Ramirez, J. Johnston, C. Wiggs et A. N. Martins, « Double-Blind Evaluation of Intradiscal Chymopapain for Herniated Lumbar Discs : Early Results », *Journal of Neurosurgery* 45 (1976) : 622-627.

7. « Chymopapain Approved », *FDA Drug Bulletin* 12 (1982) : 61-63.

8. J. S. Saal et J. A. Saal, « Management of Chronic Discogenic Low Back Pain with a Thermal Intradiscal Catheter : A Preliminary Report », *Spine* 25 (2000) : 382-388.

9. J. A. Saal et J. S. Saal, « Intradiscal Electrothermal Treatment for Chronic Discogenic Low Back Pain : A Prospective Outcome Study with Minimum 1-Year Follow-up », *Spine* 25 (2000) : 262-267.

10. J. A. Saal et J. S. Saal, « Intradiscal Electrothermal Treatment for Chronic Discogenic Low Back Pain : A Prospective Outcome Study with Minimum 2-Year Follow-up », *Spine* 27 (2002) : 966-974.

11. M. Karasek et N. Bogduk, « Twelve-Month Follow-up of a Controlled Trial of Intradiscal Thermal Anuloplasty for Back Pain due to Internal Disc Disruption », *Spine* 25 (2000) : 2601-2607.

12. B. J. C. Freeman, R. D. Fraser, C. M. J. Cain, D. J. Hall et D. C. L. Chapple, « A Randomized, Double-Blind Controlled Trial : Intradiscal Electrothermal Therapy versus Placebo for the Treatment of Chronic Discogenic Low Back Pain », *Spine* 30 (2005) : 2369-2377.

13. R. Derby, R. M. Baker, C.-H. Lee et P. A. Anderson, « Evidence-Informed Management of Chronic Low Back Pain with Intradiscal Electrothermal Therapy », *Spine Journal* 8 (2008) : 80-95.

14. G. Onik, J. Maroon, C. Helms, J. Schweigel, V. Mooney, N. Kahanovitz, A. Day, J. Morris, J. A. McCulloch et M. Reicher, « Automated Percutaneous Discectomy : Initial Patient Experience », *Radiology* 162 (1987) : 129-132.

15. G. Onik et C. A. Helms, « Automated Percutaneous Lumbar Discectomy », *American Journal of Roentgenology* 156 (1991) : 531-538.

16. M. Revel, C. Payan, C. Vallee, J. D. Laredo, B. Lassale, C. Roux, H. Carter, C. Salomon, E. Delmas et autres, « Automated Percutaneous Lumbar Discectomy versus Chemonucleolysis in the Treatment of Sciatica : A Randomized Multicenter Trial », *Spine* 18 (1993) : 1-7.

17. N. M. Hadler, *Worried Sick : A Prescription for Health in an Overtreated America* (Chapel Hill : University of North Carolina Press, 2008).

18. L. L. Wiltse, « The History of Spinal Disorders », *The Adult Spine*, 2nd ed., J. W. Frymoyer, T. B. Ducker, N. M. Hadler et autres (Philadelphia : Lippincott-Raven, 1997), p. 3-40.

19. H. F. Farfan, « The Effects of Torsion of the Intervertebral Joints », *Canadian Journal of Surgery* 12 (1969) : 336-341.

20. J. G. Love, « Removal of Intervertebral Discs without Laminectomy », *Mayo Clinic Proceedings* 14 (1939) : 800-805.

21. R. W. Williams, « Microsurgical Lumbar Discectomy », *Neurosurgery* 4 (1979) : 130-135.

22. E. J. Carragee, S. J. Paragioudakis et S. Khurana, « Lumbar High-Intensity Zone and Discography in Subjects without Low Back Problems », *Spine* 25 (2000) : 2987-2992.

23. E. J. Carragee, T. Lincoln, V. S. Parmar et T. Alamin, « A Gold Standard Evaluation of the "Discogenic Pain" Diagnosis as Determined by Provocative Discography », *Spine* 31 (2006) : 2115-2123.

24. G. E. Ehrlich, « Low Back Pain », *Bulletin of the World Health Organization* 81 (2003) : 671-676.

25. J. N. Weinstein, J. D. Lurie, P. R. Olson, K. K. Bronner et E. S. Fisher, « United States' Trends and Regional Variations in Lumbar Spine Surgery : 1992-2003 », *Spine* 31 (2006) : 2707-2714.

26. J. N. Weinstein et J. D. Birkmeyer, ed., *The Dartmouth Atlas of Musculoskeletal Health Care* (Chicago : American Hospital Association Press, 2000).

27. H. Weber, « Lumbar Disc Herniation : A Controlled, Prospective Study with Ten Years of Observation », *Spine* 8 (1983) : 131-140.

28. A. Nachemson, « Lumbar Disc Disease with Discogenic Pain : What Surgical Treatment is Most Effective ? Never Treat with Surgery », *Spine* 21 (1996) : 1835-1836.

29. H. Österman, S. Seitsalo, J. Karppinen et A. Malmivaara, « Effectiveness of Microdiscectomy for Lumbar Disc Herniation : A Randomized Controlled Trial with 2 Years of Follow-up », *Spine* 31 (2006) : 2409-2414.

30. W. C. Peul, H. C. van Houwelingen, W. B. van den Hout, R. Brand, J. A. H. Eekhof, J. T. J. Tans, T. W. M. Thomeer et B. W. Koes pour le Leiden-The Hague Spine Intervention Prognostic Study Group, « Surgery versus Prolonged Conservative Therapy for Sciatica », *N Engl J Med* 356 (2007) : 2245-2256.

31. J. N. Weinstein, T. D. Tosteson, J. D. Lurie, A. N. A. Tosteson, B. Hanscom, J. S. Skiner, W. A. Abdu, A. S. Hilibrand, S. D. Boden et R. A. Deyo, « Surgical vs. Nonoperative Treatment for Lumbar Disk Herniation », *JAMA* 296 (2006) : 2441-2450.

32. J. N. Weinstein, J. D. Lurie, T. D. Tosteson, A. N. A. Tosteson, E. A. Blood, W. A. Abdu, H. Herkowitz, A. Hilbrand, T. Albert et J. Fischgrund, « Surgical versus Nonoperative Treatment for Lumbar Disc Herniation : Four-Year Results for the Spine Patient Outcomes Research Trial (SPORT) », *Spine* 33 (2008) : 2789-2800.

33. T. Hansson, E. Hansson et H. Malchau, « Utility of Spine Surgery : A Comparison of Common Elective Orthopaedic Surgical Procedures », *Spine* 33 (2008) : 2819-2830.

34. A. F. DePalma et R. H. Rothman, « The Nature of Pseudoarthrosis », *Clinical Orthopedics and Related Research* 59 (1968) : 113-118.

35. J. W. Frymoyer, E. Hanley, J. Howe, D. Kuhlmann et R. Matteri, « Disc Excision and Spine Fusion in the Management of Lumbar Disc Disease : A Minimum Ten Year Follow-up », *Spine* 3 (1978) : 1-6.

36. R. A. Hart, « Failed Spine Surgery Syndrome in the Life and Career of John Fitzgerald Kennedy », *Journal of Bone and Joint Surgery* (American) 88 (2006) : 1141-1148.

37. R. Roy-Camille, G. Saillant et C. Mazel, « Internal Fixation of the Lumbar Spine with Pedicle Screw Plating », *Clinical Orthopedics and Related Research* 203 (1986): 7-17.

38. R. A. Deyo, D. T. Grat, W. Kreuter, S. Mirza et B. I. Martin, « United States Trends in Lumbar Fusion Surgery for Degenerative Conditions », *Spine* 30 (2005): 1441-1445.

39. R. V. Shah, T. J. Albert, V. Breugel-Sanchez, A. R. Vaccaro, A. S. Hilibrand et J. N. Brauer, « Industry Support and Correlation to Study Outcome for Papers Published in *Spine*», *Spine* 30 (2005): 1099-1104.

40. P. Fritzell, O. Hägg, P. Wessberg, A. Nordwall et le Swedish Lumbar Spine Study Group, « Lumbar Fusion versus Nonsurgical Treatment for Chronic Low Back Pain », *Spine* 26 (2001): 2521-2534.

41. B. Kwon, J. N. Katz, D. H. Kim et L. G. Jenis, « A Review of the 2001 Volvo Award Winner in Clinical Studies; Lumbar Fusion versus Nonsurgical Treatment for Chronic Low Back Pain: A Multicenter Randomized Controlled Trial from the Swedish Lumbar Spine Study Group », *Spine* 31 (2006): 245-249.

42. J. I. Brox, R. Sørensen, A. Friis, Ø. Nygaard, A. Indahl, A. Keller, T. Ingebrigtsen, H. R. Eriksen, I. Holm, A. K. Koller, R. Riise et O. Reiderås, « Randomized Clinical Trial of Lumbar Instrumented Fusion and Cognitive Intervention and Exercises in Patients with Chronic Low Back Pain and Disc Degeneration », *Spine* 28 (2003): 1913-1921.

43. J. Fairbank, H. Frost, J. Wilson-MacDonald, L.-M. Yu, K. Barker et R. Collins pour le Spine Stabilisation Trial Group, « Randomized Controlled Trial to Compare Surgical Stabilization of the Lumbar Spine with an Intensive Rehabilitation Programme for Patients with Chronic Low Back Pain: The MRC Spine Stabilization Trial », *BMJ* 330 (2005): 1233-1239.

44. R. A. Deyo, A. Nachemson et S. K. Mirza, « Spinal-Fusion Surgery – The Case for Restraint », *N Engl J Med* 350 (2004): 722-726; B. W. Koes, « Surgery versus Intensive Rehabilitation Programmes for Chronic Low Back Pain: Spinal Fusion Surgery has only Modest, if Any, Effects », *BMJ* 330 (2005): 1220-1221; E. Carragee, « Surgical Treatment of Lumbar Disk Disorders », *JAMA* 296 (2006): 2485-2487; R. A. Deyo, « Back Surgery – Who Needs It? », *N Engl J Med* 356 (2007): 2239-2243.

45. J. N. A. Gibson et G. Waddell, « Surgical Interventions for Lumbar Disc Prolapse », Updated Cochrane Review, *Spine* 32 (2007): 1735-1747; J. N. A. Gibson et G. Waddell, « Surgical Interventions for Lumbar Disc Prolapse », *Cochrane Database of Systematic Reviews* (2007), issue 2, art. n° CD001350, DOI: 10.1002/14651858. CD001350.pub4.

46. R. Abelson, « The Spine as a Profit Center », *New York Times*, December 30, 2006.

47. N. M. Hadler et the Ethics Forum, « Would Physician Disclosure of all Industry Gifts Solve the Conflict-of-Interest Problem? Negative Constructive », *American Medical News*, January 7, 2008.

48. J. Mitchell, « Utilization Changes following Market Entry by Physician-Owned Specialty Hospitals », *Medical Care Research and Review* 64 (2007): 395-415.

49. J. L. Zeller, « Artificial Spinal Disk Superior to Fusion for Treating Degenerative Disk Disease », *JAMA* 296 (2006): 2665-2667.

50. J. Zigler, R. Delamarter, J. M. Spivak, R. J. Linovitz, G. O. Danielson, T. T. Haider, F. Cammisa, J. Zuchermann, R. Balderston, S. Kitchel, K. Foley, R. Watkins, D. Bradford, J. Yue, H. Yuan, H. Herkowitz, D. Geiger, J. Bendo, T. Peppers, B. Sachs, F. Girardi, M. Kropf et J. Goldstein, « Results of the Prospective, Randomized, Multicenter Food and Drug Administration Investigational Device Exemption Study

of the ProDisc-L Total Disc Replacement versus Circumferential Fusion for Treatment of 1-Level Degenerative Disc Disease», *Spine* 32 (2007): 1155-1162.

51. J. Zigler, J. Walsh et J. Zigler, « Medical Device Reporting: Issues with Class III Medical Devices», *Food and Drug Law Journal* 62 (2007): 573-580.

52. R. Abelson, « Financial Ties are Cited as Issue in Spine Study», *New York Times*, January 30, 2008.

Chapitre 7

1. J. Barry et C. Jones, ed., *Medicine and Charity before the Welfare State* (London: Routledge, 1991).

2. W. I. Trattner, *From Poor Law to Welfare State* (New York: Free Press, 1994).

3. C. E. Rosenberg, *The Care of Strangers: The Rise of America's Hospital System* (New York: Basic Books, 1987), p. 322.

4. G. Orwell, « How the Poor Die», *The Orwell Reader* (New York: Harcourt Brace, 1984), p. 89-95.

5. J. London, *The People of the Abyss*, dans *Jack London: Novels and Social Writings* (New York: Library Classics of the United States, 1982), p. 165.

6. H. Mayhew, *London Labour and the London Poor*, vol. 1-4 (New York: Dover Publications, 1968).

7. J. Grigg, *Lloyd George: The People's Champion, 1902-1911* (London: Eyre Methuen, 1978), p. 333.

8. H. M. Somers et A. R. Somers, *Workmen's Compensation* (New York: Wiley, 1954), p. 18.

9. G. A. Craig, *Germany, 1866-1945* (Oxford: Oxford University Press, 1978), p. 150-152.

10. H. Beck, *The Origins of the Authoritarian Welfare State in Prussia* (Ann Arbor: University of Michigan Press, 1995), p. 241.

11. M. Savage et A. Miles, *The Remaking of the British Working Class, 1840-1940* (London: Routledge, 1994), p. 50-55.

12. N. M. Hadler, «The Disabling Backache: An International Perspective», *Spine* 20 (1995): 640-649.

13. R. H. Cox, *The Development of the Dutch Welfare State* (Pittsburgh: University of Pittsburgh Press, 1993).

14. T. Billroth, *The Medical Sciences in the German Universities: A Study in the History of Civilization* (New York: MacMillan, 1924), p. 91.

15. I. M. Rubinow, *Social Insurance* (New York: Henry Holt, 1916).

16. J. L. Kreader, « Isaac Max Rubinow: Pioneering Specialist in Social Insurance», *Social Service Review* 50 (1976): 402-425.

17. I. M. Rubinow, *The Quest for Security* (New York: Henry Holt, 1934), p. 20-21.

18. T. F. Schlabach, *Edwin E. Witte: Cautious Reformer* (Madison: State Historical Society of Wisconsin, 1969).

19. E. E. Wittee, *The Development of the Social Security Act* (Madison: University of Wisconsin Press, 1963).

20. N. M. Hadler, « Legal Ramifications of the Medical Definition of Back Disease », *Ann Intern Med* 89 (1978) : 992-999.

21. N. M. Hadler, « Workers' Compensation and Chronic Regional Musculoskeletal Pain », *British Journal of Rheumatology* 37 (1998) : 815-818.

22. A. E. Dembe, *Occupation and Disease* (New Haven : Yale University Press, 1996), p. 24-101.

23. W. J. Mixter et J. S. Barr, « Rupture of the Intervertebral Disc with Involvement of the Spinal Canal », *N Engl J Med* 211 (1934) : 210-215.

24. W. J. Mixter et J. B. Ayer, « Herniation or Rupture of the Intervertebral Disc into the Spinal Canal », *N Engl J Med* 213 (1935) : 385-395.

25. M. C. Battié, T. Videman et E. Parent, « Lumbar Disc Degeneration : Epidemiology and Genetic Influences », *Spine* 29 (2004) : 2679-2690 ; T. Videman, M. C. Battié, S. Ripatti, K. Gill, H. Manninen et J. Kaprio, « Determinants of the Progression in Lumbar Degeneration : A 5-Year Follow-up Study of Adult Male Monozygotic Twins », *Spine* 31 (2006) : 671-678 ; M. C. Battié, T. Videman, J. Kaprio et autres, « The Twin Spine Study : Contributions to a Changing View of Disc Degeneration », *Spine Journal* 9 (2009) : 47-59.

26. N. M. Hadler, « MRI for Regional Back Pain : Need for Less Imaging, Better Understanding », *JAMA* 289 (2003) : 2863-2865.

27. K. P. Martimo, J. Verbeek, J. Karppinen, A. D. Furland, P. P. R. M. Kuijer, E. Viidari-Juntura, E. P. Takala et M. Jauhiainen, « Manual Material Handling Advice and Assistive Devices for Preventing and Treating Back Pain in Workers » (review), *Cochrane Database of Systematic Reviews* (2007), issue 3, art. n° CD005958, DOI : 10.1002/14651858.CD005958.pub2.

28. E. Carragee. T. Alamin, I. Cheng, T. Franklin et E. Hurwitz, « Does Minor Trauma Cause Serious Low Back Illness ? », *Spine* 31 (2006) : 2942-2949.

29. N. M. Hadler, *Occupational Musculoskeletal Disorders*, 3rd ed. (Philadelphia : Lippincott Williams & Wilkins, 2005).

30. L. Hashemi, B. S. Webster et E. A. Clancy, « Trends in Disability Duration and Costs of Workers' Compensation Low Back Pain Claims (1988-1996) », *J Occup Environ Med* 40 (1998) : 110-119.

31. F. Blum et J. F. Burton, « Workers' Compensation Costs in 2005 : Regional, Industrial, and Other Variations », *Workers' Compensation Policy Review* 6, n° 4 (2006) : 3-20.

32. E. R. Tichauer, « Some Aspects of Stress on Forearm and Hand in Industry », *Journal of Occupational Medicine* 8 (1966) : 63-71.

33. S. H. Snook, C. H. Irvine et S. F. Bass, « Maximum Weight and Work Loads Acceptable to Male Industrial Workers », *American Industrial Hygiene Association Journal* 31 (1970) : 579-586.

34. D. B. Chaffin et K. S. Park, « A Longitudinal Study of Low-Back Pain as Associated with Occupational Weight Lifting Factors », *American Industrial Hygiene Association Journal* 34 (1973) : 513-525 ; D. B. Chaffin, « Human Strength Capability and Low-Back Pain », *Journal of Occupational Medicine* 16 (1974) : 248-254.

35. S. A. Lavender, D. M. Oleske, L. Nicholson, G. B. Andersson et J. Hahn, « Comparison of Five Methods Used to Determine Low Back Disorder Risk in a Manufacturing Environment », *Spine* 24 (1999) : 1441-1448.

36. N. G. Stillman et J. R. Wheeler, «The Expansion of Occupational Safety and Health Law», *Notre Dame Law Review* 62 (1987): 969-1009.

37. B. P. Bernard, ed., *Musculoskeletal Disorders and Workplace Factors*, DHHS (NIOSH) Publication n° 97-141 (Cincinnati: NIOSH, 1997).

38. R. J. Gatchel et D. C. Turk, «Criticisms of the Biopsychosocial Model in Spine Care», *Spine* 25 (2008): 2831-2836.

39. I. A. Harris, J. M. Young, H. Rae, B. B. Jalaludin et M. J. Solomon, «Factors Associated with Back Pain after Physical Injury: A Survey of Consecutive Major Trauma Patients», *Spine* 32 (2007): 1561-1565.

40. R. A. Deyo, S. K. Mirza et B. I. Martin, «Back Pain Prevalence and Visit Rates», *Spine* 31 (2006): 2724-2727.

41. L. H. M. Pengel, R. D. Herbert, C. G. Maher et K. M. Refshauge, «Acute Low Back Pain: Systematic Review of Its Prognosis», *BMJ* 327 (2003): 323-327.

42. J. M. Hush, K. Refshauge, G. Sullivan, L. de Souza, C. G. Maher et J. H. McAuley, «Recovery: What Does This Mean to Patients with Low Back Pain?», *Arthritis Rheum* (*Arthritis Care Res*) 61 (2009): 124-131.

43. T. R. Stanton, N. Henschke, C. G. Maher, K. M. Refshauge, J. Latimer et J. H. McAuley, «After an Episode of Acute Low Back Pain, Recurrence is Unpredictable and not as Common as Previously Thought», *Spine* 33 (2008): 2923-2928.

44. A. Magora, «Investigation of the Relation between Low Back Pain and Occupation: V. Psychological Aspects», *Scandinavian Journal of Rehabilitation Medicine* 5 (1973): 191-196.

45. N. M. Hadler, «The Injured Worker and the Internist», *Ann Intern Med* 120 (1994): 163-164.

46. S. J. Linton, «A Review of Psychological Risk Factors in Back and Neck Pain», *Spine* 25 (2000): 1148-1156; W. E. Hoogendoorn, N. M. van Popper, P. M. Bongers, B. W. Koes et L. M. Bouter, «Systematic Review of Psychosocial Factors at Work and Private Life as Risk Factors for Back Pain», *Spine* 25 (2000): 2114-2125.

47. E. F. Harkness, G. J. MacFarlane, E. S. Nahit, A. J. Silman et J. McBeth, «Risk Factors for New-Onset Low Back Pain amongst Cohorts of Newly Employed Workers», *Rheumatology* 42 (2003): 959-968; S. Bartys, K. Burton et C. Main, «A Prospective Study of Psychosocial Risk Factors and Absence due to Musculoskeletal Disorders – Implications for Occupational Screening», *Occupational Medicine* 55 (2005): 375-379.

48. E. Clays, D. de Bacquer, F. Leynen, M. Kornitzer, F. Kittel et G. de Backer, «The Impact of Psychosocial Factors on Low Back Pain: Longitudinal Results from the Belstress Study», *Spine* 32 (2007): 262-268.

49. J. Head, M. Kivimäki, P. Martikainen, J. Vahtera, J. E. Ferrie et M. G. Marmot, «Influence of Change in Psychosocial Work Characteristics on Sickness Absence: The Whitehall II Study», *Journal of Epidemiology and Community Health* 60 (2006): 55-61.

50. F. Lötters, R.-L. Franche, S. Hogg-Johnson, A. Burdorf et J. D. Pole, «The Prognostic Value of Depressive Symptoms, Fear-Avoidance, and Self-Efficacy for Duration of Lost-Time Benefits in Workers with Musculoskeletal Disorders», *Occup Environ Med* 63 (2006): 794-801.

51. L. Kaila-Kangas, M. Kivimäki, H. Riihimäki, R. Luukkonen, J. Kirjonen et P. Leino-Arjas, «Psychosocial Factors at Work as Predictors of Hospitalization for Back Disorders: A 28-Year Follow-up of Industrial Employees», *Spine* 29 (2004): 1823-1830.

52. M. L. Nielsen, R. Rugulies, K. B. Christensen, L. Smith-Hansen et T. S. Kristensen, « Psychosocial Work Environment Predictors of Short and Long Spells of Registered Sickness Absence during a 2-Year Follow Up », *J Occup Environ Med* 48 (2006): 591-598.

53. M. Feuerstein, C. B. Harrington, M. Lopez et A. Haufler, « How Do Job Stress and Ergonomic Factors Impact Clinic Visits in Acute Low Back Pain ? A Prospective Study », *J Occup Environ Med* 48 (2006): 607-614.

54. J. H. Andersen, J. P. Haahr et P. Frost, « Risk Factors for More Severe Regional Musculoskeletal Symptoms: A Two-Year Prospective Study of a General Working Population », *Arthritis Rheum* 56 (2007): 1355-1364.

55. R. A. Lles, M. Davidson et N. F. Taylor, « Psychosocial Predictors of Failure to Return to Work in Non-chronic Non-specific Low Back Pain: A Systematic Review », *Occup Environ Med* 65 (2008): 507-517.

56. K.-P. Martimo, J. Verbeek, J. Karppinen, A. D. Furlan, E.-P. Takata, P. P. F. M. Kuijer, M. Jauhlainen et E. Viikari-Juntura, « Effect of Training and Lifting Equipment for Preventing Back Pain in Lifting and Handling: Systematic Review », *BMJ* 336 (2008): 429-431.

57. DoD Ergonomics Working Group, « Psychosocial Factors and Musculoskeletal Disorders », *DoD Ergonomics Working Group News* (*www.ergoworkinggroup.org*), issue 72 (2007): 1-2.

58. N. M. Hadler, « Comments on the "Ergonomics Program Standard" Proposed by the Occupational Safety and Health Administration », *J Occup Environ Med* 42 (2000): 951-969.

59. R. J. Butler, W. G. Johnson et P. Côté, « It Pays to Be Nice: Employer-Worker Relationships and the Management of Back Pain Claims », *J Occup Environ Med* 49 (2007): 214-225.

60. T. J. Mielenz, J. M. Garrett et T. S. Carey, « Association of Psychosocial Work Characteristics with Low Back Pain Outcomes », *Spine* 33 (2008): 1270-1275.

61. N. M. Hadler, « Rheumatology and the Health of the Workforce », *Arthritis Rheum* 44 (2001): 1971-1974.

62. R. C. Tait, J. T. Chibnall, E. M. Andresen et N. M. Hadler, « Management of Occupational Back Injuries: Differences among African Americans and Caucasians », *Pain* 112 (2004): 389-396.

63. J. T. Chibnall, R. C. Tait, E. M. Andresen et N. M. Hadler, « Race Differences in Diagnosis and Surgery for Occupational Low Back Injuries », *Spine* 31 (2006): 1272-1275; I. Harris, J. Mulford, M. Solomon, J. M. van Gelder et J. Young, « Association between Compensation Status and Outcome after Surgery: A Meta-Analysis », *JAMA* 293 (2005): 1644-1652.

64. R. C. Tait, J. T. Chibnall, E. M. Andresen et N. M. Hadler, « Disability Determination: Validity with Occupational Low Back Pain », *Journal of Pain* 7 (2006): 951-957.

65. N. M. Hadler, « Workers with Disabling Back Pain », *N Engl J Med* 337 (1997): 341-343.

Chapitre 8

1. T. S. Carey, A. Evans, N. Hadler, W. Kalsbeek, C. McLaughlin et J. Fryer, « Care-Seeking among Individuals with Chronic Low Back Pain », *Spine* 20 (1995): 312-317;

J. K. Freburger, G. M. Holmes, R. P. Agans et autres, «The Rising Prevalence of Low Back Pain», *Archives of Internal Medicine* 169 (2009) : 251-258.

2. T. S. Carey, J. M. Garrett, A. Jackman, N. M. Hadler et le North Carolina Back Pain Project, «Recurrence and Care Seeking after Acute Back Pain : Results of a Long-Term Follow-up Study», *Medical Care* 37 (1999) : 157-164.

3. N. M. Hadler, T. S. Carey et J. Garrett, «The Influence of Indemnification by Workers' Compensation Insurance on Recovery from Acute Backache», *Spine* 20 (1995) : 2710-2715.

4. K. M. Dunn, K. Jordan et P. R. Croft, «Characterizing the Course of Low Back Pain : A Latent Class Analysis», *American Journal of Epidemiology* 163 (2006) : 754-761.

5. J. D. Cassidy, P. Côté, L. J. Carroll et V. Kristman, «Incidence and Course of Low Back Pain Episodes in the General Population», *Spine* 30 (2005) : 2817-2823.

6. N. M. Hadler et T. S. Carey, «Low Back Pain : An Intermittent and Remittent Predicament of Life», *Ann Rheum Dis* 57 (1998) : 1-2.

7. C. Chen, S. Hogg-Johnson et P. Smith, «The Recovery Patterns of Back Pain among Workers with Compensated Occupational Back Injuries», *Occup Environ Med* 64 (2007) : 534-540.

8. N. M. Hadler, «Back Pain in the Workplace : What You Lift or How You Lift Matters Far Less than Whether You Lift or When», *Spine* 22 (1997) : 935-940.

9. J. M. Melhorn et W. E. Ackerman, ed., *Guides to the Evaluation of Disease and Injury Causation* (Chicago : American Medical Association, 2008), p. 114-129.

10. T. K. Courtney, S. Matz et B. S. Webster, «Disabling Occupational Injury in the U.S. Construction Industry, 1996», *J Occup Environ Med* 44 (2002) : 1161-1168.

11. I. Sengupta, V. Reno et J. F. Burton, *Workers' Compensation : Benefits, Coverage, and Costs, 2005* (Washington, D.C. : National Academy of Social Insurance, 2007), p. 1-94.

12. C. Rasmussen, C. Leboeuf-Yde, L. Hestbaek et C. Manniche, «Poor Outcome in Patients with Spine-Related Leg or Arm Pain Who are Involved in Compensation Claims : A Prospective Study of Patients in the Secondary Care Sector», *Scandinavian Journal of Rheumatology* 37 (2008) : 462-468 ; E. J. Bernacki et X. Tao, «The Relationship between Attorney Involvement, Claim Duration and Worker's Compensation Costs», *J Occup Environ Med* 50 (2008) : 1013-1018.

13. I. D. Cameron, T. Rebbeck, D. Sindhusake, G. Rubin, A.-M. Feyer, J. Walsh et W. N. Schofield, «Legislative Change is Associated with Improved Health Status in People with Whiplash», *Spine* 33 (2008) : 250-254.

14. S. Bartys, K. Burton et C. Main, «A Prospective Study of Psychosocial Risk Factors and Absence due to Musculoskeletal Disorders – Implications for Occupational Screening», *Occupational Medicine* 55 (2005) : 375-379.

15. N. M. Hadler, «If you Have to Prove you are Ill, you Can't Get Well», *Spine* 21 (1996) : 2397-2400.

16. T. Pincus, S. Vogel, A. K. Burton, R. Santos et A. P. Field, «Fear Avoidance and Prognosis in Back Pain : A Systematic Review and Synthesis of Current Evidence», *Arthritis Rheum* 54 (2006) : 3999-4010.

17. S. Øverland, N. Glozier, M. Henderson, J. G. Maeland, M. Hotopf et A. Mykletun, «Health Status before, during, and after Disability Pension Award : The Hordaland Health Study», *Occup Environ Med* 65 (2008) : 769-773.

18. D. M. Phillips, «JCAHO Pain Management Standards are Unveiled», *JAMA* 284 (2000): 428.

19. J. J. Liszka-Hackzell et D. P. Martin, «An Analysis of the Relationship between Activity and Pain in Chronic and Acute Low Back Pain», *Anesthesia and Analgesia* 99 (2004): 477-481.

20. J. B. Staal, H. Hlobil, J. W. R. Twisk, T. Smid, A. J. A. Köke et W. van Mechelen, «Graded Activity for Low Back Pain in Occupational Health Care: A Randomized, Controlled Trial», *Ann Intern Med* 140 (2004): 77-84.

21. J. R. Anema, B. Cuelenaere, A. J. van der Beek, D. L. Knol, H. C. W. de Vet et W. van Mechelen, «The Effectiveness of Ergonomic Interventions on Return-to-Work after Low Back Pain: A Prospective Two Year Cohort Study in Six Countries on Low Back Pain Patients Sicklisted for 3-4 Months», *Occup Environ Med* 61 (2004): 289-294; E. Haukka, P. Leino-Arjas, E. Viikari-Juntura, E.-P. Takala, A. Malmivaara, L. Hopsu, P. Mutanen, R. Ketola, T. Virtanen, I. Pehkonen, M. Holtari-Leino, J. Nykänen, S. Stenholm, E. Nykyri et H. Riihimäki, «A Randomized Controlled Trial of whether a Participatory Ergonomics Intervention could Prevent Musculoskeletal Disorders», *Occup Environ Med* 65 (2008): 849-856.

22. E. J. Steele, A. P. Dawson et J. E. Hiller, «School-Based Interventions for Spinal Pain: A Systematic Review», *Spine* 31 (2006): 226-233.

23. G. Waddell, M. Aylward et P. Sawney, *Back Pain, Incapacity for Work, Social Security Benefits: An International Literature Review and Analysis* (London: The Royal Society of Medicine Press, 2002), 208-212.

24. K. B. Hagen et O. Thune, «Work Incapacity from Low Back Pain in the General Population», *Spine* 23 (1998): 2091-2095.

25. I. B. Scheel, K. B. Hagen, J. Herrin et autres, «Blind Faith? The Effects of Promoting Active Sick Leave for Back Pain Patients», *Spine* 27 (2002): 2734-2740.

26. E. M. Hagen, A. Grasdal et H. R. Eriksen, «Does Early Intervention with a Light Mobilization Program Reduce Long-Term Sick Leave for Low Back Pain? A 3-Year Follow-up Study», *Spine* 28 (2003): 2309-2316.

27. K. B. Hagen, K. Tambs et T. Bjerkedal, «A Prospective Cohort Study of Risk Factors for Disability Retirement because of Back Pain in the General Working Population», *Spine* 27 (2002): 1790-1796.

28. E. M. Hagen, E. Svensen, H. R. Eriksen, C. M. Ihlebæk et H. Ursin, «Comorbid Subjective Health Complaints in Low Back Pain», *Spine* 31 (2006): 1491-1495.

29. P. Loisel, L. Abenhaim, P. Durand, J. M. Esdaile, S. Suissa, L. Gosselin, R. Simard, J. Turcotte et J. Lemaire, «A Population-Based, Randomized Clinical Trial on Back Pain Management», *Spine* 22 (1997): 2911-2918.

30. P. Loisel, L. Gosselin, P. Durand, J. Lemaire, S. Poitras et L. Abenhaim, «Implementation of a Participatory Ergonomics Program in the Rehabilitation of Workers Suffering from Subacute Back Pain», *Applied Ergonomics* 32 (2001): 53-60.

31. S. A. Lavender, E. P. Lorenz et G. B. Andersson, «Can a New Behaviorally Oriented Training Process to Improve Lifting Technique Prevent Occupationally Related Back Injuries due to Lifting?», *Spine* 32 (2007): 487-494; S. J. Bigos, J. Holland, C. Holland, J. S. Webster, M. Battié et J. A. Malmgren, «High-Quality Controlled Trials on Preventive Episodes of Back Problems: Systematic Literature Review in Working-Age Adults», *Spine Journal* 9 (2009): 147-168.

32. S. Brage, I. Sandanger et J. F. Nygård, « Emotional Distress as a Predictor for Low Back Disability : A Prospective 12-Year Population-Based Study », *Spine* 32 (2007) : 269-274.

33. N. M. Hadler, *Worried Sick : A Prescription for Health in an Overtreated America* (Chapel Hill : University of North Carolina Press, 2008) ; N. M. Hadler, *Occupational Musculoskeletal Disorders*, 3rd ed. (Philadelphia : Lippincott Williams & Wilkins, 2005).

34. J. Dersh, T. G. Mayer, R. J. Gatchel, P. B. Polatin, B. R. Theodore et E. A. K. Mayer, « Prescription Opioid Dependence is Associated with Poorer Outcomes in Disabling Spinal Disorders », *Spine* 20 (2008) : 2219-2227.

35. G. M. Franklin, B. D. Stover, J. A. Turner, D. Fulton-Kehoe et T. M. Wickizer, « Early Opioid Prescription and Subsequent Disability among Workers with Back Injuries », *Spine* 33 (2008) : 199-204.

36. A. D. Furlan, J. A. Sandoval, A. Mailis-Gagnon et E. Tunks, « Opioids for Chronic Noncancer Pain : A Meta-Analysis of Effectiveness and Side Effects », *Canadian Medical Association Journal* 174 (2006) : 1589-1594.

37. A. Deshpande, A. Furlan, A. Mailis-Gagnon, S. Atlas et D. Turk, « Opioids for Chronic Low-Back Pain », *Cochrane Database of Systematic Reviews* (2007), issue 3, art. nº CD004959, DOI : 10.1002/14651858.CD004959.pub3.

38. B. A. Martell, P. G. O'Connor, R. D. Kerns, W. C. Becker, K. S. Morales, T. R. Kosten et D. A. Fiellin, « Systematic Review ; Opioid Treatment for Chronic Back Pain : Prevalence Efficacy and Association with Addiction », *Ann Intern Med* 146 (2007) : 116-127.

39. I. Harris, J. Mulford, M. Solomon, J. M. van Gelder et J. Young, « Association between Compensation Status and Outcome after Surgery », *JAMA* 293 (2005) : 1644-1652.

40. I. A. Harris, « Personal Injury Compensation », *ANZ Journal of Surgery* 77 (2007) : 606-607.

41. J. T. Chibnall, R. C. Tait, E. M. Andresen et N. M. Hadler, « Race Differences in Diagnosis and Surgery for Occupational Low Back Injuries », *Spine* 31 (2006) : 1272-1275.

42. K. Baum, « Independent Medical Examinations : An Expanding Source of Physician Liability », *Ann Intern Med* 142 (2005) : 974-978.

43. G. Waddell, J. A. McCulloch, E. Kummel et R. M. Venner, « Nonorganic Physical Signs in Low-Back Pain », *Spine* 5 (1980) : 117-125.

44. J. Richman, P. Green, R. Gervais, L. Flaro, T. Merten, R. Brockhaus et D. Ranks, « Objective Tests of Symptom Exaggeration in Independent Medical Examinations », *J Occup Environ Med* 48 (2006) : 303-311.

45. C. Sun, C. Jin, C. Martin, R. Gerbo, Y. Wang, W. Hu, J. Atkins et A. Ducatman, « Cost and Outcome Analyses on the Timing of First Independent Medical Evaluation in Patients with Work-Related Lumbosacral Sprain », *J Occup Environ Med* 49 (2007) : 1264-1268.

46. J. B. Staal, R. de Bie, H. C. W. De Vet, J. Hildebrandt et P. Nelemans, « Injection Therapy for Subacute and Chronic Low Back Pain », *Cochrane Database of Systematic Reviews* (2008), issue 3, art. nº CD001824, DOI : 10.1002/14651858.CD001824. pub3.

47. M. W. Heymans, M. W. van Tulder, R. Esmail, C. Bobmardier et B. W. Koes, «Back Schools for Nonspecific Low Back Pain: A Systematic Review within the Framework of the Cochrane Collaboration Back Review Group», *Spine* 30 (2005): 2153-2163.

48. R. W. J. G. Ostelo, M. W. van Tulder, J. W. S. Vlaeyen, S. J. Linton, S. J. Morley et W. J. J. Assendelft, «Behavioural Treatment for Chronic Low-Back Pain», *Cochrane Database of Systematic Reviews* (2005), issue 1, art. n° CD002014, DOI: 10.1002/14651858.CD002014.pub2.

49. J. B. Staal, R. de Bie, H. C. De Vet, J. Hildebrandt et P. Nelemans, «Injection Therapy for Subacute and Chronic Low Back Pain», *Cochrane Database of Systematic Reviews* (2008), issue 3, art. n° CD001824, DOI: 10.1002/14651858.CD001824.pub3.

50. L. Brosseau, S. Milne, V. Robinson, S. Marchand, B. Shea, G. Wells et P. Tugwell, «Efficacy of the Transcutaneous Electrical Nerve Stimulation for the Treatment of Chronic Low Back Pain: A Meta-Analysis», *Spine* 27 (2002): 596-603.

51. M. van der Hulst, M. M. R. Vollenbroek-Hutten et M. J. Ijzerman, «A Systematic Review of Sociodemographic, Physical, and Psychological Predictors of Multidisciplinary Rehabilitation – Or, Back School Treatment Outcome in Patients with Chronic Low Back Pain», *Spine* 30 (2005): 813-825.

52. K. Karjalainen, A. Malmivaara, M. van Tulder, R. Roine, M. Jauhiainen, H. Hurri et B. Koes, «Multidisciplinary Biopsychosocial Rehabilitation for Subacute Low-Back Pain among Working Age Adults», *Cochrane Database of Systematic Reviews* (2003), issue 2, art. n° CD002193, DOI: 10.1002/14651858.CD002193.

53. B. M. Hoffman, R. K. Papas, D. K. Chatkoff et R. D. Kerns, «Meta-Analysis of Psychological Interventions for Chronic Low Back Pain», *Health Psychology* 26 (2007): 1-9.

54. S. J. Linton et E. Nordin, «A 5-Year Follow-up Evaluation of the Health and Economic Consequences of an Early Cognitive Behavioral Intervention for Back Pain: A Randomized Controlled Trial», *Spine* 31 (2006): 853-858.

55. M. Foucault, *The Birth of the Clinic: An Archaeology of Medical Perception* (New York: Vintage Books, 1975).

56. F. Kafka, *The Trial* (New York: Knopf, 1956), p. 217-220.

57. M. Brod, *Franz Kafka: A Biography* (New York: Schockian, 1947), p. 84.

58. M. Osterweis, A. Kleinman et D. Mechanic, eds, *Pain and Disability* (Washington, D.C.: National Academy Press, 1987), p. 21-36.

59. *Ibid.*, p. 25.

60. T. S. Carey, N. M. Hadler, D. Gillings, S. Stinnett et T. Wallsten, «Medical Disability Assessment of the Back Pain Patient for the Social Security Administration: The Weighting of Presenting Clinical Features», *Journal of Clinical Epidemiology* 41 (1988): 691-697.

61. D. H. Autor et M. G. Duggan, «The Growth in the Social Security Disability Rolls: A Fiscal Crisis Unfolding», *Journal of Economic Perspectives* 29 (2006): 71-96.

62. J. Head, M. Kivimäki, P. Martikainen, J. Vahtera, J. E. Ferrie et M. G. Marmot, «Influence of Change in Psychosocial Work Characteristics on Sickness Absence: The Whitehall II Study», *Journal of Epidemiology and Community Health* 60 (2006): 55-61.

63. N. M. Hadler, «Backache and Work Incapacity in Japan», *Journal of Occupational Medicine* 36 (1994): 1110-1114.

64. Autor and Duggan, «The Growth in the Social Security Disability Rolls».

65. D. C. Stapleton et R. V. Burkhauser, *The Decline in Employment of People with Disabilities: A Policy Puzzle* (Kalamazoo, Mich.: Upjohn Institute for Employment Research, 2003); R. Burkhauser et M. Daly, «Policy Watch: U.S. Disability Policy in a Changing Environment», *Journal of Economic Perspectives* 16 (2002): 213-224.

66. P. Mirowski, «Naturalizing the Market on the Road to Revisionism: Bruce Caldwell's *Hayek's Challenge* and the Challenge of Hayek Interpretation», *Journal of Institutional Economics* 3 (2007): 351-372.

67. R. C. Tait, J. T. Chibnall, E. M. Andresen et N. M. Hadler, «Disability Determination: Validity with Occupational Low Back Pain», *Journal of Pain* 7 (2006): 951-957.

68. J. T. Chibnall, R. C. Tait, E. M. Andresen et N. M. Hadler, «Clinical and Social Predictors of Application for Social Security Disability Insurance by Workers' Compensation Claimants with Low Back Pain», *J Occup Environ Med* 48 (2006): 733-740.

69. E. J. Huth, «Illness», dans *The Healer's Art: A New Approach to the Doctor-Patient Relationship*, E. Cassell, ed. (New York: Lippincott, 1976), p. 48.

70. E. Freidson, *Medical Work in America: Essays on Health Care* (New Haven: Yale University Press, 1989).

71. P. Starr, *The Social Transformation of American Medicine* (New York: Basic Books, 1982).

72. S. H. Ehringhaus, J. S. Weissman, J. L. Sears, S. D. Goold, S. Feibelmann et E. G. Campbell, «Responses of Medical Schools to Institutional Conflicts of Interest», *JAMA* 299 (2008): 665-671.

73. K. Finkler, *Experiencing the New Genetics: Family and Kinship on the Medical Frontier* (Philadelphia: University of Pennsylvania Press, 2000).

74. N. M. Hadler et S. Greenhalgh, «Labeling Woefulness: The Social Construction of Fibromyalgia», *Spine* 30 (2005): 1-4.

75. L. I. Iezzoni et V. A. Freedman, «Turning the Disability Tide: The Importance of Definitions», *JAMA* 299 (2008): 332-334.

Chapitre 9

1. J. T. Cohen, P. J. Neumann et M. C. Weinstein, «Does Preventive Care Save Money? Health Economics and the Presidential Candidates», *N Engl J Med* 358 (2008): 661-663; E. Golberstein, J. Liang, A. Quiñones et F. D. Wolinsky, «Does More Health Care Improve Health among Older Adults?», *Journal of Aging and Health* 19 (2007): 888-906.

2. R. Angelmar, S. Angelmar et L. Kane, «Building Strong Condition Brands», *Journal of Medical Marketing* 7 (2007): 341-351; M. Mitka, «Direct-to-Consumer Advertising of Medical Devices under Scrutiny», *JAMA* 300 (2008): 1985-1986.

3. D. J. Rothman, «Academic Medical Centers and Financial Conflicts of Interest», *JAMA* 299 (2008): 695-697.

4. B. L. Martin, R. A. Deyo, S. K. Mirza, J. A. Turner, B. A. Comstock, W. Hollingworth et S. D. Sullivan, «Expenditures and Health Status among Adults with Back and Neck Problems», *JAMA* 299 (2008): 656-664.

5. N. M. Hadler, *The Last Well Person: How to Stay Well Despite the Health Care System* (Montréal: McGill-Queen's University Press, 2004); N. M. Hadler, *Worried Sick: A*

Prescription for Health in an Overtreated America (Chapel Hill: University of North Carolina Press, 2008).

6. R. Bayer, L. O. Gostin, B. Jennings et B. Steinbock, ed., *Public Health Ethics: Theory, Policy, and Practice* (Oxford: Oxford University Press, 2007).

7. D. Kuh et Y. Ben-Shlomo, ed., *A Life Course Approach to Chronic Disease Epidemiology* (Oxford: Oxford University Press, 1997).

8. N. M. Hadler, « A Ripe Old Age », *Archives of Internal Medicine* 163 (2003): 1261-1262.

9. M. E. Williams et N. M. Hadler, « The Illness as the Focus of Geriatric Medicine », *N Engl J Med* 308 (1983): 1357-1360.

10. M. Marmot, *The Status Syndrome: How Social Standing Affects our Health and Longevity* (New York: Henry Holt, 2004).

11. I. Kawachi et L. F. Berkman, ed., *Neighborhoods and Health* (Oxford: Oxford University Press, 2003); M. Winkleby, C. Cubbin et D. Ahn, « Low Individual Socioeconomic Status, Neighborhood Socioeconomic Status and Adult Mortality », *American Journal of Public Health* 96 (2006): 2145-2153.

12. I. Kawachi, B. P. Kennedy et R. G. Wilkinson, ed., *The Society and Population Health Reader*, vol. 1, *Income Inequality and Health* (New York: The New Press, 1999); N. M. Hadler, « Rheumatology and the Health of the Workforce », *Arthritis Rheum* 44 (2001): 1971-1974.

13. J.-P. Michel, J. L. Newton et T. B. L. Kirkwood, « Medical Challenges of Improving the Quality of a Longer Life », *JAMA* 299 (2008): 688-690.

14. N. Gilbert, *Transformation of the Welfare State: The Silent Surrender of Public Responsibility* (Oxford: Oxford University Press, 2004).

15. S. W. Glickman, F.-S. Ou, E. R. DeLong, M. T. Roe, B. L. Lytle, J. Mulgund, J. S. Rumsfeld, W. B. Gibler, E. M. Ohman, K. A. Schulman et E. D. Peterson, « Pay for Performance, Quality of Care and Outcomes in Acute Myocardial Infarction », *JAMA* 297 (2007): 2373-2380.

16. N. M. Hadler, *The Last Well Person*; N. M. Hadler, *Worried Sick*.

17. E. von Elm, D. G. Altman, M. Egger, S. J. Pocock, P. C. Gøtzsche et J. P. Vandenbroucke, « Strengthening the Reporting of Observational Studies in Epidemiology (STROBE) Statement: Guidelines for Reporting Observational Studies », *Ann Intern Med* 147 (2007): 573-577.

18. N. Freemantle, « Observational Evidence for Determining Drug Safety is no Substitute for Evidence from Randomised Controlled Trials », *BMJ* 336 (2008): 627-628.

19. N. M. Hadler, *Worried Sick*, p. 244-248.

20. P. A. Halvorsen, R. Selmer et I. S. Kristiansen, « Different Ways to Describe the Benefits of Risk-Reducing Treatments », *Ann Intern Med* 146 (2007): 848-856.

21. P. Slovic, M. Finucane, E. Peters et D. G. MacGregor, « Risk as Analysis and Risk as Feelings: Some Thoughts about Affect, Reason, Risk, and Rationality », *Risk Analysis* 24, n° 2 (2004): 1-12.

22. G. Rose, *The Strategy of Preventive Medicine* (Oxford: Oxford University Press, 1992).

23. D. Hunter, « First, Gather the Data », *N Engl J Med* 354 (2006): 329-331.

24. S. W. Smith, « Sidelining Safety – The FDA's Inadequate Response to the IOM », *N Engl J Med* 357 (2007): 960-963; B. M. Psaty et R. A. Charo, « FDA Responds to

Institute of Medicine Drug Safety Recommendations – In Part », *JAMA* 297 (2007): 1917-1920.

25. T. H. Lee, « "Me-too" Products – Friend or Foe ? », *N Engl J Med* 350 (2004): 211-212.

26. L. A. Cobb, G. I. Thomas, D. H. Dillard et autres, « An Evaluation of Internal-Mammary Ligation by a Double-Blind Technique », *N Engl J Med* 260 (1959): 1115-1118.

27. *Ibid.*

28. J. B. Staal, R. de Bie, H. C. W. de Vet, J. Hildebrandt et P. Nelemans, « Injection Therapy for Subacute and Chronic Low-Back Pain » (review), *Cochrane Database of Systematic Reviews* (2008), issue 3, art. n° CD001824, DOI: 10.1002/14651858. CD001824.pub3.

29. J. B. Moseley, K. O'Malley, N. J. Petersen et autres, « A Controlled Trial of Arthroscopic Surgery for Osteoarthritis of the Knee », *N Engl J Med* 347 (2002): 81-88.

30. F. G. Miller, « Sham Surgery: An Ethical Analysis », *American Journal of Bioethics* 3, n° 4 (2003): 41-48.

31. N. M. Hadler, *Worried Sick*, p. 15-32.

32. *Ibid.*

33. S. H. Ehringhaus, J. S. Weissman, J. L. Sears, S. D. Goold, S. Feibelmann et E. G. Campbell, « Responses of Medical Schools to Institutional Conflicts of Interest », *JAMA* 299 (2008): 665-671.

34. N. M. Hadler et l'Ethics Forum, « Would Physician Disclosure of all Industry Gifts Solve the Conflict-of-Interest Problem? Negative Constructive », *American Medical News*, January 7, 2008.

35. N. M. Hadler et D. B. Gillings, « On the Design of the Phase III Drug Trial », *Arthritis Rheum* 26 (1983): 1354-1361.

36. N. M. Hadler, « The Health Assurance, Disease Insurance Plan: Harnessing Reason to the Benefits of Employees », *Journal of Occupational and Environmental Medicine* 47 (2005): 655-657.

37. R. S. Braithwaite, M. S. Roberts et A. C. Justice, « Incorporating Quality of Evidence into Decision Analytic Modeling », *Ann Intern Med* 146 (2007): 133-141.

38. R. L. Wears et M. Berg, « Computer Technology and Clinical Work: Still Waiting for Godot », *JAMA* 293 (2005): 1261-1263.

39. R. A. McNutt, « Shared Medical Decision Making: Problems, Process, Progress », *JAMA* 292 (2004): 2516-2518.

40. L. E. Boulware, S. Marinopoulos, K. A. Phillips et autres, « Systematic Review: The Value of the Periodic Health Evaluation », *Ann Intern Med* 146 (2007): 289-300.

41. N. M. Hadler, *Worried Sick*.

42. R. Maharaj, « Adding Cost to NNT: COPE Statistic », *ACP Journal Club* 148 (2008): A-8.

43. H.-G. Gadamer, *The Enigma of Health: The Art of Healing in a Scientific Age*, trad. par J. Gaiger et N. Walker (Stanford: Stanford University Press, 1996), p. 107.

44. R. Buchbinder, D. P. Gross, E. L. Werner et J. A. Hayden, « Understanding the Characteristics of Effective Mass Media Campaigns for Back Pain and Methodological Challenges in Evaluating their Effects », *Spine* 33 (2008): 4-80.

Index

RECYCLÉ
Papier fait à partir
de matériaux recyclés
FSC® C103567

Marquis imprimeur inc.

Québec, Canada
2011

Imprimé sur du papier Silva Enviro 100% postconsommation
traité sans chlore, accrédité Éco-Logo et fait à partir de biogaz.